Michael Hesemann

Die Kornkreis-Chroniken

Die Geschichte eines Phänomens geht weiter

SILBERSCHNUR

ISBN 3-89845-012-0

1. Auflage 2002

Umschlagsfoto: Milk Hill, Wiltshire © Steven Alexander
Alle Skizzen: © 2001 by Bertold Zugelder, Würzburg
Gestaltung: XPresentation, Boppard
Druck: FINIDR s. r. o., Český Těšín

Verlag »Die Silberschnur« GmbH · Steinstraße 1 · D-56593 Güllesheim

www.silberschnur.de
e-mail: info@silberschnur.de

INHALTSVERZEICHNIS

EINLEITUNG

Glauben wir der internationalen Presse, so hätte es sie eigentlich gar nicht mehr geben dürfen. Nachdem die mysteriösen Kreise und Muster in den Kornfeldern Südenglands und zahlreicher anderer Regionen der Welt in den Jahren 1989 bis 1991 für Schlagzeilen sorgten, war es offiziell ziemlich still um sie geworden. Fragte man die Kollegen in den Redaktionsstuben von London, Hamburg oder Rom, so erhielt man stets dieselbe monotone Antwort. Das sei doch alles ein Riesenschwindel gewesen, das Werk zweier Rentner, längst aufgeklärt und dem Spott der Öffentlichkeit preisgegeben. Doug & Dave, die bierseligen Pubbrüder, die der Welt eins ausgewischt hatten, einen Schwindel hinlegten von der Dimension des Piltdown-Menschen oder der Hitler-Tagebücher, waren geradezu zum Archetypus geworden, aus unseren Köpfen, unserem kollektiven Bewusstsein, nicht mehr zu vertreiben. Haben wir nicht alle gelacht oder zumindest geschmunzelt über die ebenso irritierten wie blamierten Kornkreis-Forscher, die, so kräftig geleimt, es immer noch nicht wahrhaben wollten, dass der schöne Traum von einer Kontaktaufnahme außerirdischer Intelligenzen im höhnischen Gelächter dieses Trickster-Duos wie eine Seifenblase zerplatzte? Es war so beruhigend, so erleichternd, dass das gute, alte Weltbild wieder einmal gerettet, einer latenten Bedrohung beraubt worden war. Doch war es wirklich so einfach, wie man uns weismachen wollte?

Die lustigen Pubbrüder, müde der anstrengenden Nächte, in denen sie mit Stöcken, Brettern und Kordeln durch die Kornfelder ihrer südenglischen Heimat stapften, setzten sich bald offiziell zur Ruhe. Dave, bürgerlich Dave Chorley, verstarb 1996. Dem Kornkreis-Phänomen taten weder Ruhestand noch ewiger Friede seiner vorgeblichen Väter einen Abbruch. Im Gegenteil: Nach dem öffentlichen „outing“ der alternden Scherzbolde nahm es weltweit an Quantität und Qualität zu, und das auf äußerst beeindruckende Weise. Haben die Greise der Kreise Nachahmer gefunden, die längst zu ihren Lehrmeistern hätten werden können? Oder hat es von Anfang an neben den schiefen, krummen, sogar peinlichen Imitationen der rüstigen Korntrampler auch ein echtes Phänomen gegeben, das sich, wie die Kornkreis-Forscher sagen, in einer „exponentiellen Kurve“ weiterentwickelt, hin zu einem „Punkt Omega“ – der ultimativen Kommunikation, dem offenen Kontakt mit ihren Machern?

Diese These habe ich bereits 1992 in meinem Buch „Botschaft aus dem Kosmos“ vertreten. Seitdem ist viel geschehen. Während das Buch in einer Weltauflage von 75.000 Exemplaren in den USA, England, den Niederlanden, Tschechien, Rumänien, Italien und Deutschland erschien, wurden wir Jahr für Jahr durch neue Piktogramme bereichert, hatten Forscher aus aller Welt im Kornkreisland unheimliche Begegnungen, gingen Wissenschaftler dem Geheimnis dieses Phänomens auf den Grund. Deshalb habe ich mich entschlossen, wieder zur Feder zu greifen, um die Leserinnen und Leser über das, was zwischenzeitlich geschehen ist, und über den neuesten Stand der Forschungen zu informieren.

Doch dann geschah das Unerwartete. Während ich versuchte, eine Bilanz der Kornkreisforschung und der Entwicklung des Phänomens zu ziehen, geriet es buchstäblich über Nacht wieder in die Schlagzeilen. Am Fuße des Milk Hill bei Alton Barnes, einem der Zentren der Kornkreis-Aktivitäten der letzten Jahre, war plötzlich ein Muster aufgetaucht, das selbst die kühnsten Erwartungen übertraf. Über 400 Kreise, alle in perfekter Symmetrie, erschienen in einer völlig verregneten

Augustnacht auf einer Fläche von 90.000 Quadratmetern. Plötzlich waren die Kornkreise wieder in aller Munde, sorgten für Schlagzeilen in der Weltpresse, für Beiträge in Fernsehsendungen rund um den Globus. Verlacht, verspottet und längst aufgegeben feierte das Wunder der frühen neunziger Jahre im ersten Jahr des neuen Jahrtausends sein glorioses comeback!

Was folgte, rechtfertigte das neuerwachte Interesse. Zum ersten Mal gaben sich Kornmuster eindeutig als „Botschaft aus dem Kosmos" zu erkennen – ein Begriff, den ich mit meinem ersten Buch aus dem Jahre 1992 prägte, was damals noch auf heftigste Gegenreaktionen seitens der Skeptiker stieß. Aus heutiger Sicht erscheint diese Kommunikation als Warnung quasi in letzter Minute. Drei Wochen später, am 11. September 2001, standen wir alle am Abgrund, erschüttert von einem schrecklichen Terroranschlag, der die Welt, wie wir sie kannten, grundlegend veränderte.

Die alten Chinesen lehrten, dass jede Katastrophe, jede Krise, auch eine große Chance ist. Um diese zu ergreifen gilt es, die Zeichen der Zeit zu erkennen. Sind wir jetzt endlich bereit, aus unserer Ignoranz zu erwachen?

Bevor wir versuchen, die Botschaften im Korn zu verstehen, müssen wir uns einen Überblick über das Phänomen verschaffen. Wir müssen auch die Spreu vom Weizen trennen: Was ist ein echtes Rätsel, wo waren Fälscher am Werk? Eben diesem Ziel dient das vorliegende Buch. Es besteht aus zwei Teilen. Da das Phänomen „dynamisch" ist, habe ich für den ersten Teil die Form einer Chronik gewählt. In acht Kapiteln schildere ich Ihnen, was zwischen 1993 und 2001 im „Herzland des Phänomens" vorgefallen ist. Zwei weitere Kapitel geben Ihnen einen Überblick über Kornkreise und Piktogramme (also einfache Kreise und komplizierte Muster) in Deutschland und in anderen Teilen der Welt. Im zweiten Teil geht es schließlich, ergänzend zu den Ansätzen in „Botschaft aus dem Kosmos", um Erklärungsversuche: Wer steht hinter den echten Kreisen, wie entstehen sie, was könnten sie bedeuten?

Ich schrieb diesen Rückblick, den ich „Die Kornkreis-Chroniken" nenne, in den ersten Monaten des dritten Jahrtausends. Ich denke, es gibt keinen besseren Zeitpunkt, um eine erste Bilanz zu ziehen. Vor nunmehr elf Jahren, im Sommer 1990, vollzog sich der Wandel von simplen Kreisen zu komplizierten Piktogrammen – ein qualitativer Quantensprung! Sollten tatsächlich auch nur einige dieser aussagekräftigen Muster nicht von Menschenhand stammen – und alles spricht dafür –, dann verbirgt sich hinter ihnen zweifellos eine Intelligenz, die uns Zeichen gibt. Ich bin sicher, dass sich diese Form der Kommunikation auch in diesem Jahr wieder fortsetzt. Und ich bin überzeugt, dass es für die Menschheit des dritten Jahrtausends umso wichtiger ist, die „Zeichen am Himmel und auf der Erde" verstehen zu lernen. „Wer Augen hat zu sehen, der sehe!", lehrt die Bibel. Es war schon immer unklug, in Vogel Strauß-Manier den Kopf in den Sand zu stecken und die „Zeichen der Zeit", das mit feurigem Finger an die Wand des Belsazar geschriebene „Menetekel", zu ignorieren.

Mein Wunsch ist, dass dieses Buch dazu beiträgt, Augen zu öffnen. Die Kornkreise sind nicht nur wieder, sondern noch immer da. Sie erscheinen jedes Jahr erneut, noch zahlreicher, noch größer, komplizierter und aussagekräftiger. Jeder kann sie sehen, besuchen, studieren. Wir müssen nur lernen, unsere Augen für die Zeichen zu öffnen, die so augenscheinlich Himmel und Erde in sich vereinen.

Düsseldorf, 31. Dezember 2001

Michael Hesemann

1. Kapitel

MENETEKEL ZUM MILLENNIUM

Als ich aus dem Wagen stieg, wehte mir ein warmer Abendwind entgegen. Der Himmel war dunkelblau, die Schäfchenwolken eilten der schon tief stehenden Sonne entgegen, die ihre Schatten auf die grünen Hügel der Landschaft projizierte, von ihr in ein goldenes Licht getaucht. Vor mir lag ein Feld aus sanft wogendem Korn – Weizen, so weit das Auge reichte, mit spitzen Ähren, die, wie Antennen, dem Himmel entgegenragten. Ich verschloss die Tür meines Mietwagens, überquerte den Straßengraben, kletterte über die Umzäunung und stand kurz darauf zwischen den Kornähren, umgeben von den reifen Früchten des Feldes, aus denen unser täglich Brot gemacht wird. Meine Beine bahnten sich ihren Weg durch die Halme, immer einer Traktorenspur entlang. Ich spreizte meine Hände ab, ließ sie über die spitzen Härchen der goldenen Ähren streifen, spürte das Prickeln ihrer Berührung. Dann lag sie vor mir. Ihr Anblick raubte mir den Atem: eine kreisrunde Fläche spiralförmig flachgelegten Weizens, umgeben von einem Ring, mit Auswüchsen, deren Form ich noch nicht genau definieren konnte. Sie hatte etwas Surreales, erinnerte an eine Szene aus einem Sciencefiction-Film, so als sei hier in der Nacht zuvor ein riesiges Raumschiff gelandet. Doch es war kein Abdruck einer UFO-Landung. Irgendjemand, irgendeine Kraft hatte hier sanft ihre Kreise gezogen. Und nicht nur hier. Das Kornkreismuster, das ich gerade inspizierte, war nur eines von über hundert, die in diesem Sommer buchstäblich über Nacht auf südenglischen Kornfeldern erschienen waren – eines der über 4000, die es seit 1980 gab. Niemand weiß, warum und auf welche Weise diese Zeichen entstanden. Waren es Außerirdische, die mit uns kommunizieren wollen? Ein unbekanntes Naturphänomen? Oder menschliche Künstler, Studenten oder Pubbrüder, die sich einen Jux erlaubten und zugleich den lokalen Fremdenverkehr ankurbeln wollten (bei mir hatten sie damit zumindest Erfolg gehabt). Ich wusste nur soviel: Ich war mit einem Rätsel konfrontiert, das es zu lösen galt.

Seit 1991 fuhr ich fast jedes Jahr im Sommer für mindestens eine Woche nach Südengland, um dieses Phänomen zu inspizieren. Manchmal kam ich mir dabei vor wie auf verlorenem Posten. Noch zu Anfang der 1990er Jahre hatten die Medien den „Kornkreisen“ ziemliche Beachtung geschenkt. Doch seit im Spätsommer 1991 die beiden rüstigen Rentner Doug Bower und Dave Chorley vor den Kameras und Mikrofonen der Weltpresse behauptet hatten, dies alles sei ihr Werk, ließ das Interesse rapide nach. Nach außen hin war das Rätsel gelöst, trotz all der Widersprüche und Löcher, die es in der Story von Doug und Dave und den Kreisen der Greise gab. Doch tatsächlich änderte weder das öffentliche Outing noch der wohlverdiente Ruhestand der nächtlichen Kreisdreher etwas an der Situation. Kaum war es wieder Frühling geworden, zirkelte es munter weiter. Und so war es jedes Jahr, bis auf den heutigen Tag, im Jahr 10 nach Doug & Dave. Immer mehr Kornkreise, in immer mehr Ländern der Erde, immer komplizierter, aussagekräftiger...

...doch niemand schien mehr davon Notiz zu nehmen. Die Presse schwieg beharrlich, für die Öffentlichkeit gab es keine Kornkreise mehr. Wer sie dennoch sehen wollte, musste schon „auf gut Glück“ ins Kreiseland fahren. Wer gründlich genug suchte, wurde dann auch fündig. Denn nach wie vor strahlten sie auf wogenden Feldern – Weizen, Roggen, Gerste, sogar im knallgelben Raps – der Sonne entgegen als Zeugen einer Begegnung von Himmel und Erde. Ganz so wie jedes Jahr, seit nunmehr fast 30 Jahren.

Was bisher geschah – die Geschichte des Kornkreis-Phänomens von 1972-1992/3/5 – behandle ich ausführlich in meinen Büchern „Botschaft aus dem Kosmos" (1993), und „Kornkreise" (1996). Für jene Leser, die diese Bücher nicht gelesen haben, sei die Entwicklung bis Mitte der Neunziger Jahre hier noch einmal kurz rekapituliert.

DIE ERSTEN KREISE

Alte Texte und die Aussagen betagter Farmer bezeugen, dass es vereinzelte Kornkreise schon lange vor unserer Zeit gab. Vielleicht bezieht sich ein Bericht von 1678 über ein kreisrundes Teufelswerk in einem Haferfeld bereits auf sie, vielleicht auch nicht. Sicher ist, dass die ersten „kreisrunden Zeichen" bereits in den dreißiger und vierziger Jahren in Südengland aufgetaucht sind.

Doch die moderne Ära des Kornkreis-Phänomens nahm ihren Anfang an einem magischen Tag, dem 15. August – ausgerechnet „Mariae Himmelfahrt"! – des Jahres 1972. Damals wurden der amerikanische Rundfunkjournalist Bryce Bond und der britische UFO-Forscher Arthur Shuttlewood Zeugen einer mysteriösen Erscheinung. Als sie eine Reihe lokaler UFO-Sichtungen untersuchten, sahen sie selbst eines nachts einen dreieckigen Flugkörper, umgeben von farbigen Mustern, gefolgt von einem zweiten Leuchtobjekt. Als Shuttlewood es mit seiner Taschenlampe anblinkte, reagierte das unheimliche UFO nicht. Doch wie von unsichtbarer Hand formte sich vor seinen Augen auf einem Weizenfeld ein Muster, ein großes Dreieck von 7 Metern Breite. Ein Kribbeln wie von starker Elektrizität ging durch die Körper der Männer, ein süßlicher Duft erfüllte die warme Nachtluft. Das Flugobjekt war längst verschwunden, als die beiden mit pochendem Herzen das Zeichen inspizierten, das gerade von unsichtbarer Hand ins Korn gemalt worden war.

„Das Korn legte sich nieder wie eine Dame ihren Fächer öffnet", beschrieb Shuttlewood das nächtliche Erlebnis später. „Ein perfekter Kreis entstand so in weniger als einer Minute, während ein sehr hoher Ton zu hören war." Bryce Bond ergänzte: „Als wir noch darüber diskutierten, entdeckte Arthur weitere Abdrücke: einen Kreis von 10 Metern Durchmesser und einen weiteren, zigarrenförmigen Abdruck. Bei allen Mustern war der Weizen gegen den Uhrzeigersinn spiralförmig umgelegt worden."

Es sollte ein paar Jahre dauern, bis ein weiteres „Zeichen des Himmels auf der Erde" erschien. 1975 wurde ein Kreis spiralförmig flachgelegten Korns auf einer Farm bei Winchester entdeckt, ein zweiter folgte ein Jahr später. Gleich fünf Kreise, angeordnet wie die „fünf" auf einem Würfel, der größte in der Mitte, tauchten 1978 in Headbourne auf, ebenfalls nahe Winchester. Das Muster erweckte den Eindruck, als sei ein riesiges Raumschiff auf vier Landefüßen mitten in dem Weizenfeld gelandet. 1980 kehrten die Kreise nach Westbury bei Warminster zurück, ab 1981 breiteten sie sich in ganz Südengland aus... erst zwei Einzelkreise und eine Dreierformation, dann vier Kreise, bald ein halbes Dutzend Einzelkreise und vier „Fünflinge". Das war 1984.

DIE WEISEN DER KREISE

Seit 1981 begannen Forscher, sich der Kreise anzunehmen. Der erste war der Raketeningenieur Pat Delgado, der für die NASA und die britische Luftwaffe gearbeitet hatte und sich seit seiner Pensionierung mit UFOs befasste. Zwei Jahre später stieß Colin Andrews dazu, ein Elektroingenieur einer britischen Kraftwerksgesellschaft. Ab 1985 wurden sie von dem Fahrlehrer und Hobby-Piloten Busty Taylor tatkräftig unterstützt, der sich nicht nur darauf spezialisierte, neue Kreise aus der Luft aufzuspüren, sondern auch noch ein exzellenter Fotograf ist. Der Vierte im Bunde der Weisen der Kreise wurde ab 1987 der IBM-Systemanalytiker George Wingfield. Jeder von ihnen war auf seine ganz persönliche Weise auf das Phänomen aufmerksam geworden, hatte seine Kornkreis-Erleuchtung erlebt und war seitdem geradezu besessen, dem Rätsel auf den Grund zu gehen.

DEFINITION EINES PHÄNOMENS

Bis Ende der 80er Jahre konnten sie die wichtigsten Charakteristiken des Phänomens definieren. Es waren meist geometrische, manchmal aber auch unvollkommene Kreise oder Ellipsen, oft umgeben von Ringen oder rechteckigen Auswüchsen, mit scharfen Rändern in Weizen, Gerste, Roggen, Raps, Hafer oder Gras gezeichnet. Nur ganz selten überschritten sie die Feldgrenzen. Die Kornhalme waren meist gebogen, aber weder geknickt noch beschädigt. In der Regel wuchsen sie in dieser neuen, horizontalen Position weiter. Oft hatten Kornkreise verschiedene Lagen, die auf mehrere Phasen ihres Entstehens hindeuten. Zudem lagen die Halme mal im Uhrzeigersinn, mal entgegen, mal gerade oder vom Zentrum weg, und manchmal waren sie sogar ineinander verflochten. Die Muster erschienen auf rätselhafte Weise über Nacht, ohne dass ihre Urheber irgendwelche Spuren hinterließen. Nur UFO-Sichtungen wurden manchmal zum Zeitpunkt ihres Entstehens gemeldet. Die Größe der Kreise lag zwischen 1,5 und 80 Metern, einzelne Formationen wurden bis zu 1 Kilometer lang. Seit 1978 wurden die Kornmuster jedes Jahr größer und komplizierter. Bis in die neunziger Jahre hinein nahmen sie zudem mit jedem Sommer auch zahlenmäßig zu. Oft tauchten sie in unmittelbarer Nähe prähistorischer Anlagen oder Grabmäler auf. Nicht selten stellten Forscher in ihrem Innern ungewöhnliche Geräusche, z.B. 5-Kilohertz-Sirrgeräusche, fest. Elektrische Geräte versagten, Kameras spielten verrückt, Akkus leerten sich urplötzlich. Starke elektromagnetische Felder und eine erhöhte Radioaktivität zeichneten sie ebenso aus wie bleibende Energiemuster, die mit der Wünschelrute gemessen wurden. Immer öfter beobachteten Zeugen kleine, leuchtende Kugeln, die in unmittelbarer Nähe der Kornkreise manövrierten.

DIE SUCHE NACH DER URSACHE

Das sind die Fakten. Niemand konnte sich daraus einen Reim machen. Waren UFOs die Verursacher, wollten Außerirdische mit uns Kontakt aufnehmen? War das alles ein Scherz einer gut organisierten Fälscher-Mafia? Oder war ein noch unbekanntes Naturphänomen für die „kreisrunden Zeichen“ verantwortlich?

Letzteres war die Hypothese des Oxford-Meteorologen Dr. Terence Meaden. Er behauptete seit 1980 in diversen Fachzeitschriften und zwei Büchern, dass eine „sehr seltene Art Wirbelwind“ die Kreise erzeuge – eine Theorie, die er 1988 modifizierte. Jetzt behauptete er, durch Fallwinde würden so genannte kreiseproduzierende „Plasma-Wirbel“ entstehen. Während diese Hypothese zumindest theoretisch vielleicht noch auf simple Kreise anwendbar war, brach sie in dem Augenblick zusammen, als aus simplen Veränderungen plötzlich komplizierte Piktogramme wurden. Und natürlich hat seine Hypothese nie erklärt, weshalb diese Plasma-Winde ausgerechnet Südengland und die Nähe prähistorischer Kultstätten bevorzugten.

EINE HEILIGE LANDSCHAFT

Die Grafschaften Wiltshire und Hampshire, das eigentliche „Zirkelland“, gelten schon seit Urzeiten als „heilige Landschaft“. Wer auf einer der schmalen Landstraßen durch die sanften, grünen Hügel und die satten, fruchtbaren Weiden Südenglands fährt, wird unweigerlich von ihrem eigenartigen Zauber erfasst. Es ist eine magische Landschaft, ein Reich der Mythen und Legenden, der sagenumwobenen Hügel, Quellen und Bäume. Hier, so heißt es, lebte König Arthur, suchten die Ritter der Tafelrunde nach dem Heiligen Gral. Und schließlich lebte hier auch der weise Merlin, der Archetyp aller Magier, der letzte Schamane, der der Sage nach „mit den Bäumen sprach und mit den Steinen fühlte“. Er wirkte in Cadbury, dem Camelot der Sage. Sein Grabhügel liegt am Rande der Stadt Marlborough, die seinen Namen trägt (Merlin-barrow, d.h. Hügelgrab Merlins). Und er war es, so will es jedenfalls die Legende, der Stonehenge erbaut hat als sein „Observatorium der siebzig Türen und Fenster“. Die Steine dazu soll er mittels magischer Kräfte aus Irland geholt haben, von einem „Tanzplatz der Riesen“.

STONEHENGE – EIN COMPUTER DER VORZEIT

Heute wissen wir, dass Stonehenge sehr viel älter ist als der Magier aus dem 5. Jh. n. Chr. Sein ältester Teil datiert aus der Zeit der Pyramiden, er wurde um 2800 v. Chr. errichtet. Die Steine stammten aus einem Steinbruch an der Westküste von Wales, 220 km Luftlinie oder 380 km auf dem Landweg von ihrem jetzigen Standort entfernt. Niemand weiß, wie dieser Ferntransport bewerkstelligt werden konnte. Doch sicher ist, dass Stonehenge nicht nur lokale Bedeutung hatte, dass es Mittelpunkt und Pilgerzentrum der ganzen Insel war. Hier kreuzten sich die drei uralten englischen „Königsstraßen" schon lange bevor die Römer kamen. Spielte Stonehenge eine ähnliche Rolle wie Eleusis für die Griechen, jener Ort, zu dem diese jedes Jahr pilgerten, um die Weihefeste der Mysterien zu feiern? Stand dem Kultort eine Dynastie von Hohepriestern oder Erzdruiden vor, deren letzter Merlin war? Interessanterweise bezeichnete Geoffrey von Monmouth, ein gewiss nicht unumstrittener Historiker des 12. Jh., ihn als „Propheten der Demeter", der griechischen Korngöttin, der auch die Mysterien von Eleusis geweiht waren.

Der Grieche Diodor von Sizilien wusste von einem anderen Hohepriester, dem sagenhaften Abaris, der auf der „grünen Insel Hyperborea im Nordmeer" einem „kreisrunden Tempel der Sonne" vorstand. Auf einem „goldenen Pfeil", so heißt es weiter, sei er nach Süditalien gereist, um den weisen Pythagoras zu treffen. Ein anderer antiker Autor, der Grieche Hekatäus von Abdera, war noch genauer. Er beschrieb eine „dem Keltenlande (Frankreich) gegenüber liegende" Insel „im nördlichen Ozean", „nicht kleiner als Sizilien". Dort gäbe es inmitten eines Heiligen Hains „einen seltsamen Tempel von kreisrunder Form". Alle zwölf Jahre, so heißt es, würde dort der Sonnengott Apollon zur Erde herabsteigen.

Es besteht kein Zweifel, dass damit Stonehenge gemeint war. Wie der amerikanische Astronom Prof. Gerald Hawkins nachwies, war der gesamte Stonehenge-Komplex ein riesiger, prähistorischer Astronomie-Computer, mit dessen Hilfe unsere Vorfahren selbst komplizierteste astronomische Berechnungen durchführten: Die Position wichtiger Fixsterne, der Stand der Sonne und des Mondes, sogar der Zeitpunkt von Sonnen- und Mondfinsternissen ließen sich mit Hilfe eines ausgeklügelten Systems von Linien, Stein- und Grabhügelpositionen errechnen. Stonehenge war tatsächlich ein „Modell des Universums", ein Ort, an dem die „heilige Hochzeit von Himmel und Erde" zelebriert wurde. Wenn die Sonne zur Sommer-Sonnenwende am 21. Juni über dem „Heelstone" (von keltisch „heol" = Sonne) aufging, so glaubten sie, leitete sie ihre Energie in die Erde, die durch ein Netz von „Leylines", die Wege der Erdenergien, in alle Teile des Landes geleitet wurden und die Fruchtbarkeit der Felder erneuerten. Während sie fortan schwächer wurde, den Winter brauchte, um sich zu regenerieren, spross ihr Licht in dem goldenen Korn empor, das zum Ende des Sommers geerntet wurde und den Menschen für ein weiteres Jahr „ihr tägliches Brot" garantierte.

Noch heute kommen am 21. Juni weißgewandete Neo-Druiden zu diesem uralten Tempel (der 2000 Jahre vor Ankunft des ersten Druiden auf britischem Boden entstand), umlagert von feiernden Hippies, die etwas von der Lebenskraft des Sonnentempels erspüren wollen.

DIE PYRAMIDE VON AVEBURY

Doch nicht das längst zur Touristenattraktion verfremdete Stonehenge ist seit den 80er Jahren das eigentliche Zentrum des Kornkreisgeschehens, sondern der rund 2000 Jahre ältere und sehr viel ursprünglichere Steinkreis von Avebury westlich von Marlborough. Einst angelegt in Gestalt einer riesigen Schlange, die die Sonnenscheibe durchkreuzte – eigentlich ein altägyptisches Symbol – ist Avebury ebenfalls Mittelpunkt einer von Menschen geplanten „heiligen Landschaft". Noch heute stehen viele der bis zu 60 Tonnen schweren Megalithen („Großsteine") der Anlage, führen gewaltige Alleen aus riesenhaften Steinen zu ihr, von denen viele Gesichter zu haben scheinen und vielleicht tatsächlich die Funktion von symbolischen Wächtern ausüben sollten. Im Zentrum der

Anlage stand der Silbury Hill, mit 45 Metern der größte von Menschenhand geschaffene Kulthügel Europas. Interessanterweise entstand er etwa zeitgleich mit der ersten Pyramide Ägyptens in Sakkara, nämlich um 2800 v. Chr., und war wie diese sechsstufig. Sicher ist, dass er nie ein Grabhügel war; weder Skelettreste noch Grabbeigaben wurden in seinem Innern gefunden. Wahrscheinlicher ist, dass es sich um ein Sonnenobservatorium oder ein Heiligtum handelte, vielleicht das Symbol für den schwangeren Bauch der Urmutter Erde.

Aus der Sonnenschlange, vielleicht Symbol für die Milchstraße, vielleicht aber auch für die Energie, die zur Sonnenwende in die Erde geleitet wurde, wurde bei den Kelten der „grüne Drache", das Symbol für die Naturkraft schlechthin. Für die Christen aber verkörperte er nur noch das Heidentum. So zeigt der Taufstein der kleinen Kirche von Avebury, der aus dem 9. Jh. stammt, wie ein Bischof mit seinem Stab dem Drachen den Kopf durchbohrte. Aus alten Kultplätzen wurden fortan Kirchen und Kapellen des drachentötenden Erzengels St. Michael.

Diese Begegnung von Christen- und Heidentum faszinierte Denker des 18. Jh., die nach ihren Wurzeln forschten. Für sie war Avebury ein gewaltiger Landschafts-Tempel, die perfekte Synthese von Natur und Spiritualität. Der Mystiker und Dichter William Blake sah den großen Geist Albion in den Hügeln und Tälern Britanniens angekettet, seinen Leib vom Nebel der grauen Verzauberung vor den Augen der Sterblichen verborgen. Eines Tages, so prophezeite er, würden sich die Nebel lüften, der heilige Geist in Britannien auferstehen durch die Versöhnung des Menschen mit der Erde. Dann, ausgehend von den „druidischen Tempeln" von Stonehenge und Avebury, würde das „Neue Jerusalem", das neue Zeitalter des Geistes, im „Engelland" seinen Anfang nehmen.

AVALON UND DER GRAL

Unmittelbar mit Blakes Vision verbunden ist Glastonbury, das der Dichter-Prophet als Britanniens „heiligste Erde" bezeichnete. Auch hier treffen sich die Mythen der Christen und Kelten, beide in der Gestalt ihres edelsten Vertreters, des sagenumwobenen Königs Arthur. Dort, so heißt es, habe Joseph von Arimathäa, der Legende nach ein Onkel Jesu, einige Jahrzehnte nach der Kreuzigung die erste Kirche Englands errichtet, hier soll er den Heiligen Gral vergraben haben, die Schale des letzten Abendmahls, mit der er das Blut des Gekreuzigten auffing. Jesus selbst, so eine andere Legende, habe in der Begleitung seines Onkels diesen Ort besucht, um von den keltischen Druiden zu lernen. Noch heute wird der „Thorn" als Abkömmling eines Dornbusches verehrt, der einst aus dem Stab des Hl. Joseph entspross, als dieser hier siedelte. Auch das Grab der Gottesmutter Maria, die Joseph von Arimathäa angeblich begleitete, soll sich in Glastonbury befunden haben.

Natürlich ist nichts davon wahr. Die Reliquien des Joseph von Arimathäa, das ist bezeugt, wurden erst im 12. Jh. nach Glastonbury gebracht. Damals wurde er noch mit zwei Phiolen dargestellt, in denen sich wohl Heiligblut-Reliquien befanden, von Kreuzrittern dem Kloster Glastonbury gestiftet. Erst im 14. Jh. entstand das Gerücht, dass auch der Heilige Gral in Glastonbury sei. Der vermeintliche Besuch Jesu wurde gar erst im 18. Jh. dazugedichtet, ein Marienschrein im 19. Jh. als Grab der Gottesmutter gedeutet. Doch all das verfehlte seine Wirkung nicht. Bis zur Zerstörung der Abtei durch Englands blaubärtigen König Heinrich VIII. im Jahre 1539 wurde sie zum bedeutendsten Pilgerziel der Insel, mit Blake zum Wunderland der Romantiker, heute zum Mekka der Hippies und New Ager. Sie alle tranken aus den roten Fluten des „Chalice Wells", des „Gralsbrunnens". Doch sein Wasser verdankt seine Farbe nicht dem Blut Christi, sondern einem hohen Eisenanteil. Eine Heilwirkung wird zumindest behauptet.

EIN DRACHE AUS LICHT

Mit Sicherheit war Glastonbury lange vor der christlichen Zeit ein heiliger Ort. Und wer heute den märchenhaft-verwunschenen Garten rund um die Gralsquelle besucht, den eine Stiftung liebevoll pflegt, spürt etwas von seinem Zauber. Hier begann einst, stets zum Beltane-Fest, der keltischen Jahreswende am 30. April, eine Prozession durch ein Tor aus

Megalithen, in Schlangenlinien den Tor Hill hinauf, den Hausberg von Glastonbury. Wie ein Drache aus Licht wand sie sich die spiralförmigen Wege entlang zu ihrem Gipfel, um oben den jungen Tag, den Neujahrstag der Kelten, begrüßen zu können. Dieser magische Berg muss wie das Tor in eine andere Welt gewirkt haben. Glastonbury war damals eine Insel, umgeben von nebelumwobenen Sümpfen, aus denen, von der Sonne gekrönt, wie eine mächtige Pyramide der Tor-Berg ragte. Und so wurde er zum Punkt zwischen Himmel und Erde, zwischen Diesseits und Jenseits, zum irdischen Paradies, der „Apfelinsel Avalon“ oder dem „Garten der Hesperiden“. Geoffrey von Monmouth, unser phantasiebegabter Historiker des 12. Jh., behauptete, König Arthur sei hier nach einer Schlacht von seiner Schwester Morgaine (oder Morgana) gesundgepflegt worden, einer Zauberin oder Fee, die als Hohepriesterin und Oberste von zwölf Jungfrauen das matriarchale Heiligtum behütete. Nach seinem Tod, so Geoffrey weiter, sei Arthur erneut nach Avalon gebracht und dort von Morgaine begraben worden. Tatsächlich behaupteten die Mönche von Glastonbury, im 12. Jh. das Grab Arthurs in Glastonbury gefunden zu haben.

Jenseits von König Arthurs Camelot, der eisenzeitlichen Ringwallfestung Cadbury, ausgerechnet im Zentrum des magischen Dreiecks Stonehenge-Avebury-Glastonbury, liegt Warminster. Ähnlich wie Glastonbury wird auch dieser Ort von einer natürlichen Stufenpyramide überragt, dem Cley Hill, der auffällig an eine sumerische Ziqqurat (Tempelpyramide) erinnert. Fünf weitere Hügel mit so bezeichnenden Namen wie „Heaven´s Gate“ (Himmelspforte), „Lord´s Hill“ (Gotteshügel), „Jacob´s Ladder“ (Jakobs Himmelsleiter), „Star Hill“ (Sternenhügel) und „Cradle Hill“ (Wiegenhügel) umgeben Warminster. Ist es ein Zufall, dass ausgerechnet dieses Städtchen in den 1960er Jahren zum UFO-Mekka wurde, das tausende Hobby-Ufologen anzog, nachdem es dort zu einer Reihe spektakulärer Sichtungen gekommen war? Oder ist es nur ein Glied in einer Kette, die von den Mysterien der Druiden zu den Kornkreisen führt, eine Station auf dem Weg zur Wiedervereinigung von Himmel und Erde?

Diese Frage hat immer wieder die Kornkreisforscher beschäftigt, und doch wirkte jede Erklärung in diese Richtung weit hergeholt, solange es sich bei dem Phänomen noch um simple oder etwas ausgefallenere Kreise handelte. Doch dann, pünktlich mit der Wende von den 1980er zu den 1990er Jahren, begann eine neue Phase. Es erschienen komplizierte Piktogramme, die alle Charakteristiken einer symbolischen Botschaft hatten.

DAS ZEITALTER DER PIKTOGRAMME

Wieder begann alles ziemlich spektakulär. Anfang Juli 1990 organisierte Lord Haddington, ein britischer Adliger, der sich jetzt auch der Kornkreisforschung verschrieben hatte, eine „Kreiswache“. Ähnlich wie in den 1960er Jahren UFO-Forscher auf den Hügeln rund um Warminster kampierten, um als erste die mysteriösen Himmelserscheinungen zu sehen, wollten die „Cereologen“ (wie sie sich jetzt nach der römischen Korngöttin Ceres nannten) Nacht für Nacht Ausschau halten, um einen Kornkreis bei seiner Entstehung beobachten zu können. Für das zehntägige Projekt wählten die Forscher das Gebiet zwischen dem Silbury Hill und Wandsdyke, wo in den Jahren zuvor immer wieder Kreise aufgetaucht waren. Und eines nachts geschah es. Zuerst hörte die Gruppe seltsame Geräusche, gefolgt von einem Zischton. Dann beobachteten sie ein gelb leuchtendes Objekt, das über einem der Felder schwebte. Aus ihm schienen mehrere kleine, rote Lichter zur Erde zu gleiten. All dies geschah in finsterster Nacht. Erst am nächsten Morgen fanden die Forscher auf dem fraglichen Feld mehrere kleine Kreise.

Doch das Jahr 1990 hielt noch eine ganze Reihe von Überraschungen bereit. Denn seit dem 23. Mai tauchten immer wieder längliche Muster auf, die man schnell „Agroglyphen“ oder „Piktogramme“ taufte: erst simple „Hanteln“ und „Männchen“, peruanischen Sonnensymbolen ähnlich, dann lange Muster aus mehreren Kreisen, Ringen und Korridoren, die sie miteinander verbanden, gesäumt von rechteckigen „Kästen“, die an Planetensysteme erinnerten. Auch quantitativ erreichte das Phänomen seinen Höhepunkt:

Über 100 Kornmuster wurden aus allen Teilen des Landes gemeldet.

DER ERSTE SKANDAL

Plötzlich konnte sie niemand mehr ignorieren, sorgten sie weltweit für Schlagzeilen. Und es schien so, als würde das jemanden beunruhigen. Als Colin Andrews mit dem britischen TV-Sender BBC, dem japanischen NTV und der Britischen Army ein medienwirksames Kornkreis-Forschungsprojekt initiierte, kam es zum ersten Skandal. Rund um die Uhr sollten die TV-Kameras drei Wochen lang ein Kornkreis-Feld beobachten, in der Hoffnung, die Entstehung eines Piktogramms vor die Linse zu bekommen. Als dann tatsächlich am Morgen des dritten Tages die Frühnebel langsam ein Kornmuster enthüllten, war der Forscher euphorisch, sprach begeistert von einem „Ereignis von größter Bedeutung". Immerhin hatte man in der Nacht zuvor seltsame Lichter am Nachthimmel filmen können. Doch kurz darauf wurde Andrews herb enttäuscht. Das Korn war stümperhaft flachgetreten worden, im Zentrum des Kreises lagen noch ein Horoskop-Spiel und ein Holzkreuz. Wer immer es gefälscht hatte, wollte an seinem menschlichen Ursprung keinen Zweifel lassen. Die Lichter, so stellte sich schließlich heraus, stammten vom Heißluftballon des exzentrischen „Virgin"-Millionärs Richard Branson, der sofort versicherte, dass er mit der Sache nicht das Geringste zu tun gehabt habe. Sicher ist: Wer immer hinter dem Schwindel stand, muss über Insiderinformationen verfügt haben. Ausgerechnet in der fraglichen Nacht hatten sich Andrews und sein Partner Delgado frei genommen, ebenso die Army-Soldaten, die gewöhnlich in Tarnanzügen, mit geschwärzten Gesichtern und exzellenten Nachtsichtgeräten über die Felder patrouillierten. Kein Wunder, dass der erste Verdacht auf das Verteidigungsministerium fiel. George Wingfield will gar die Bestätigung dafür von einem ranghohen Offizier bekommen haben. Ziel der Aktion, so behauptete er, sei es gewesen, das angeheizte Kreise-Fieber wieder unter Kontrolle zu bringen. Geradezu entlarvend war da die Aussage des Army-Corporals Darren Cummings, der der Presse erklärt hatte: „Wir sind hier, um zu beweisen, dass sie (die Kreise) von Menschen gemacht wurden; die Wissenschaftler hier wollen das Gegenteil beweisen." Damit war der Euphorie der erste Dämpfer verpasst worden. Zehn Tage später filmten die Kameras eine 15-sekündige Wirbelbewegung exakt an der Stelle, an der sich am nächsten Morgen ein offenbar echtes Piktogramm befand. Bezeichnenderweise hatte es die Form einer Spirale, die ein großes Fragezeichen bildete. Doch niemand, weder BBC noch NTV, zeigte je den Film. Für die Öffentlichkeit war das Phänomen erst einmal abgehakt. Zynische Berichte erschienen in Boulevardblättern und Magazinsendungen, ein Wichtigtuer nach dem anderen behauptete, die Kornkreise gefälscht zu haben; doch keinem von ihnen gelang es, vor laufender Kamera eine auch nur halbwegs überzeugende Formation ins Korn zu zaubern.

DESINFORMATION?

Tatsächlich hatte das Interesse an den echten Kornkreisphänomenen zu diesem Zeitpunkt selbst höchste Kreise erreicht. Wie das angesehene „Wall Street Journal" am 28.8.1989 berichtete, sollen sich Königin Elisabeth, Prinz Philip, Premierministerin Margaret Thatcher sowie Mitarbeiter des Landwirtschafts- und Verteidigungsministeriums für die mysteriösen Phänomene interessiert haben. Mitglieder des britischen Ober- und Unterhauses stellten gleich mehrere offizielle Anfragen zum Thema. Kornkreisforscher berichteten immer öfter von Militärhubschraubern, die in geringer Höhe bevorzugt brandneue Kreismuster inspizierten. Andere stießen nachts auf Militärpatrouillen in Kornfeldern oder militärische Beobachtungsposten auf prähistorischen Hügelgräbern in der Nähe von Kreisfeldern, bestens ausgerüstet mit Infrarotkameras und Bewegungsmeldern. Im September 1990 fand die erste von drei internen Konferenzen zum Kornkreisphänomen im Umweltministerium statt. Dabei wurde die Lieblingsthese der Skeptiker, es sei alles ein Riesenschwindel, gar nicht erst diskutiert. Zuerst dachte man an ein meteorologisches Phänomen, dann wurde auch diese Möglichkeit verworfen; schließlich erhielt die Army den Befehl, das Phänomen auch weiterhin unter intensiver Beobachtung zu halten und, wenn nötig, „angemessene Schritte“ einzuleiten. Was den Umgang mit der Öffentlichkeit betraf, so fiel mehrfach das Wort „Desinformation“.

DIE MUTTER ALLER PIKTOGRAMME

Ein Jahr später, so glaubte man, konnte man dem Phänomen offiziell den Todesstoß versetzen. Dabei war das Jahr 1991 ein sehr wichtiges in der Geschichte des Kornkreisphänomens. „Insektogramme“, „Schlüssel“ und „Delphine“ bestimmten die Piktogramm-Symbolik. Aus den 25 Piktogrammen des Jahres 1990 wurden jetzt über 200 allein in Wiltshire und Hampshire. Nahe Cambrige erschien über Nacht ein fraktales „Apfelmännchen“ oder „Mandelbrot-Diagramm“, das niemand am Reißbrett hätte planen können, und bei Barbury Castle die „Mutter aller Piktogramme“, das geheimnisvollste und aussagekräftigste Kornmuster, das wir kennen. Niemand, so schien es, konnte, trotz des schnell vergessenen Rückschlages vom Vorjahr, das Kornkreisphänomen noch länger ignorieren. Offenbar versuchte jemand – eine unbekannte, intelligente Kraft – mit uns zu kommunizieren. Oder doch nicht?

DIE KREISE DER GREISE

Die Bombe explodierte kurz nach der jährlichen Kornkreis-Forscher-Konferenz in Glastonbury und bereitete dem Enthusiasmus der Suchenden ein jähes Ende. „Diese Männer legten die Welt rein“, vermeldete die Boulevardzeitung „Today“ am 9. September 1991 in zentimetergroßen Lettern. Des Rätsels Lösung, so das Revolverblatt, seien zwei lustige Pubbrüder, die äußerst rüstigen Rentner Doug Bower (67) und Dave Chorley (62). Seit einer durchzechten Nacht im Pub irgendwann im Sommer 1978 sollen sie, mit Stricken, Brettern und einer durchstochenen Baseballkappe (zur Orientierung) ausgerüstet, über 200 Kornkreise in die Felder getrampelt haben. Auf ihre letzte Fälschung fiel zumindest Pat Delgado rein, als „Today“ ihn bat, den jüngsten Kreis zu begutachten.

Doch als sie ihre Kunst bald darauf vor den Kameras von Reportern aus der ganzen Welt demonstrieren sollten, verließ die „Künstler“ das Glück. Nur einen krummen Kreis mit gebrochenen Halmen und unsauberen Rändern brachten sie zustande. Auch ihre Geschichte hielt einer näheren Überprüfung nicht stand. Zu wenig Beweise, zu viele Ungereimtheiten ließen die „Greise der Kreise“ bald als Hochstapler erscheinen. Und selbst wenn sie seit 1981 200 Kornkreise gefälscht hätten, bliebe die Frage, von wem die restlichen rund 600 stammten, die seitdem in ganz England gefunden wurden. Als kurz darauf zwanzig betroffene Farmer gegen „Doug und Dave“ Anzeige wegen Landfriedensbruch und Sachbeschädigung erstatteten, wurde die Klage abgewiesen – „aus Mangel an Beweisen für eine tatsächliche Täterschaft“, wie es in der offiziellen Urteilsbegründung hieß.

WER STECKTE DAHINTER?

Aber waren „Doug und Dave“ tatsächlich nur zwei Hochstapler, die Story eine simple Presseente? George Wingfield und Colin Andrews vermuteten mehr dahinter. So war der Artikel in „Today“ mit „Copyright MBF Services“ gezeichnet, „eine simple Presseagentur“, wie es aus der Chefredaktion hieß. Doch es gab keine Presseagentur namens MBF. Es existierten nur zwei Firmen in ganz England, die das Kürzel benutzten, eine Formulardruckerei in Schottland und ein supergeheimes SDI-Labor in der Grafschaft Somerset. Noch verdächtiger war, dass ein amerikanischer CBS-Reporter schon im Sommer von einem Regierungswissenschaftler aus Frankreich gewarnt wurde, nicht seinen guten Ruf für die Kornkreise aufs Spiel zu setzen. Denn demnächst würde die britische Regierung zwei Künstler engagieren und sie der Presse als Kornkreisschöpfer präsentieren, „um dem leidigen Rummel ein Ende zu setzen“.

Dieses Ziel wurde sicher erreicht. Im nächsten Jahr, 1992, lag eine geradezu depressive Stimmung über den grünen Hügeln Südenglands. Ja, es gab wieder beeindruckende Piktogramme, obwohl sich „Doug und Dave“ längst zur Ruhe gesetzt hatten. Doch es gab auch Fälschungen. Jetzt wurde eine Gang junger „Hoaxer“ aktiv: Der skrupellose Fotograf

Robert Irving, dem, vielleicht zu Unrecht, eine Nähe zu satanistischen Zirkeln unterstellt wurde, und der junge Amerikaner Jim Schnabel aus Washington D.C., der auf Kosten einer amerikanischen Stiftung in Oxford studierte. Sie bemühten sich eifrigst, den Eindruck zu erwecken, dass alle Kreise auf ihre Rechnung gingen. Doch als Kornkreisforscher und eine deutsche Zeitschrift einen „Kornkreis-Fälscher-Wettbewerb“ veranstalteten, bei dem sie und andere ihr Können zur Schau stellen sollten, versagten sie kläglich. Aber die Auseinandersetzung mit ihnen und die Suche nach Beweisen für die Existenz eines echten, übernatürlichen Phänomens sollten die Diskussion in den neunziger Jahren noch lange bestimmen...

2. Kapitel

1994: DIE RÜCKKEHR DER KREISE

„Kornkreise out, oder ET hat keinen Bock mehr“, kommentierte ein deutscher UFO-Skeptiker auf gewohnt primitive Weise den Kreisesommer 1993: „Noch nie war es so ruhig wie in diesem Sommer um die Kornkreise, die Macher scheinen keine Ideen mehr zu haben, oder schlichtweg die Kornkreise sind Mega-out. So wie sie uns jahrelang Glaubens machen wollten, das höhere Mächte hinter den Kornkreisen stecke, genauso rätselhaft bleiben sie nun aus!“ (Original-Orthografie, Anm. d. V.) Tatsächlich konnte nur jemand, der wie der zitierte „Skeptiker“ seine „Forschungen“ vom Schreibtisch aus betreibt, zu dieser Schlussfolgerung kommen. Wer sich dagegen die Mühe machte, nach England zu fahren, um sich vor Ort einen Eindruck vom Kreisgeschehen zu verschaffen, musste sich über gleich zwei Phänomene wundern. Erstens: Die Kornkreise von 1994 waren größer, eindrucksvoller und zahlreicher als in den letzten beiden Jahren und knüpften eigentlich direkt an den „Supersommer“ von 1991 an, dessen „exponentielle Kurve“ (Colin Andrews) sie offenbar fortsetzten. Zweitens: Das alles wurde aus unerklärlichen Gründen von der Presse – gleich, ob lokal, überregional oder international – totgeschwiegen. Die Folge: Sämtliche Top-Forscher von Wingfield bis Andrews, die bis Mitte Juli noch auf Vortragsreisen durch die USA tourten, waren unvorbereitet – und überwältigt. Andere tauchten gar nicht erst im Kreiseland auf und „hatten offenbar ihren Enthusiasmus verloren“, wie es John Michell, Begründer der Fachzeitschrift „The Cerealogist“, mir gegenüber formulierte. Kaum jemand dachte noch an regelmäßige Überflüge, ob nun aus finanziellen Gründen (wie Busty Taylor) oder simplem Desinteresse (wie viele andere). Da ich wöchentlich mit einer Kamera aufstieg, um drei Stunden lang die Felder abzufliegen, riss man sich auf der einzigen (von einstmals dreien) Kornkreis-Konferenz in Glastonbury Anfang August förmlich um meine Fotos. Der Vorteil: Die Kreise blieben oft tagelang unentdeckt, weniger besucht und konnten deshalb ungestört untersucht und fast „jungfräulich“ fotografiert werden. Und auch sonst wurde jeder, der durchgehalten hatte und den Kreisen treu geblieben war, belohnt. „Die Kornkreise von 1994 sind größer, schöner und beeindruckender als je zuvor“, bestätigte mir John Michell. „Es ist so, als ob sie uns beweisen wollten, dass sie unbeschadet den Wirbel der letzten Jahre überstanden haben.“

SCHERZBOLDE ODER KRIMINELLE?

Wiltshire, Südengland, im Jahre 3 nach Doug und Dave. „Und sie zirkeln doch“ scheint das Motto der Stunde – und den organisierten Kornkreis-Fälscherbanden um Adrian Dexter und den sinistren Robert Irving fällt es sichtlich schwer, sich dem fast täglich erhöhten Standard des „echten Phänomens“ auch nur anzunähern. Von den einst vielleicht zwanzig verschiedenen Kornkreis-Ursprungstheorien von sich paarenden Igeln bis zu intelligenten Plasma-Wirbeln, den Kräften von Mutter Erde oder SDI-Experimenten des Militärs bis zu kreativen Erdgeistern sind eigentlich nur noch zwei Alternativen übriggeblieben: Aliens oder Hoaxers – Außerirdische mit UFOs oder menschliche Scherzbolde. Und bei jedem einzelnen Kornkreis galt es, sich für eine der beiden Alternativen zu entscheiden. Denn die Hoaxer hatten gut trainiert, sie konnten zu dritt vor laufenden Kameras bei hellem Tageslicht in immerhin 4 Stunden eine 40 Meter breite Rosette in ein Kornfeld zeichnen. Aber was war mit dem fast 200 Meter langen Skorpion, der bei Devizes direkt an einer Bundesstraße auf dem Feld eines ziemlich unfreundlichen Bauern

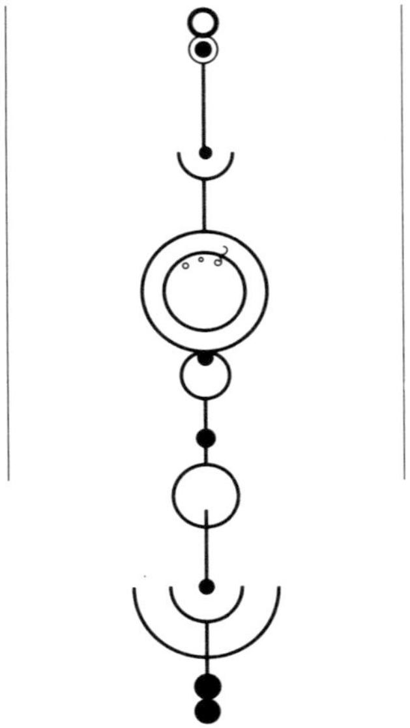

entstand, der fortan Besucher mit Hunden und dem Schrotgewehr davonjagte? Oder mit dem Riesenpiktogramm nordöstlich von Swindon, über 600 Meter lang, mit einem Ring von fast 200 Metern Durchmesser? „Wir müssen zugeben, dass die Hoaxer zum Bestandteil des Phänomens geworden sind", erklärte Colin Andrews auf der Glastonbury-Konferenz. „Und ich habe Insider-Informationen von einem jungen Mann, der sich in eine Hoaxer-Gruppe einschlich, dass sie große Mengen Geldes für ihre Tätigkeit bekommen...". Tatsache ist: Sie kontaminierten das reale Phänomen, entmutigten die Forscher, zerstörten die Ergebnisse wissenschaftlicher Untersuchungen – vergleichbar mit einer archäologischen Grabung, bei der „Scherzbolde" jede Nacht erneut moderne Keramiken vergraben. Doch genauso wie der professionelle Archäologe in der Lage ist, ein Original von einer Kopie zu unterscheiden, die jeder Laie für echt halten würde, gibt es unfälschbare Charakteristiken, die wir 1994 auch in den Kornkreisen und Piktogrammen entdeckten: radioaktive Anomalien wie beim „Avenue-Labyrinth", dem „Unendlichkeitssymbol" und dem Wilsford-„Skorpion". Entweder war die Strahlung am Kornkreisrand extrem niedrig – bis zu 50 % unter dem Durchschnittswert – und im Zentrum deutlich erhöht – bis zu 150 % über Normal – oder es war umgekehrt, erhöht am Rand, niedrig im Zentrum. Dazu Brandspuren, Spuren einer Erhitzung wie im Wilsford-„Skorpion": Deformierung der Samen, Erweiterung der Zellknoten, Schwellung und Verbiegung der Halme.

Trotzdem ist nicht abzustreiten, dass Fälscherbanden auch 1994 für vielleicht 30 % der gesichteten Kornkreise verantwortlich waren. Auftrieb erhielt die Fälscherhypothese zudem durch das Buch „Cropcircle Apocalypsis" des BBC-Mitarbeiters John MacNish, der noch 1992 den ausgezeichneten Videofilm „Cropcircle-Communique" herausgab, als es noch en vogue war, Doug & Dave für Agenten einer Desinformationskampagne zu halten. Jetzt erwies sich MacNish mit seinem neuen Buch und dem Begleitvideo „Cropcircles: Case Closed" als professioneller Trend-Aufspringer, der so ungefähr alles ignorierte, was er selbst noch vor zwei Jahren in seinem Film dokumentiert hatte, nur weil er sich zwischenzeitlich davon überzeugte, dass Doug & Dave tatsächlich in der Lage waren, einen Kreis ins Korn zu trampeln. Dann traf er den dubiosen Jim Schnabel, der sich selbst in einem Telefonat mit dem Forscher Armen Victorian alias „Dr. Ntumba" als Ausführender von „Maßnahmen... dass die Leute (dieses Phänomen) nicht mehr beachten" zu erkennen gab. Er begleitete Schnabel nicht nur bei seinen Schwindeleien, er startete mit ihm gemeinsam auch Heißluftballons in rot-orangener und grüner Farbe (mit Leuchtstoffröhren), um jene irrezuführen, die nach UFOs Ausschau hielten. Gewiss nicht ohne Erfolg. Die UFO-Welle 1993 über Bristol allerdings wird ebenso wenig dadurch erklärt wie das im selben Jahr gefilmte Dreiecks-UFO über Alton Barnes oder die leuchtenden Kugeln, die zwei deutsche Studenten und der Brite Steven Alexander bei hellem Tageslicht in Wiltshire aufnahmen. Tatsächlich ist selbst Schnabel – so in einem Interview in MacNishs Video – davon überzeugt, dass es „ein reales Phänomen" gibt, „allerdings sehr viel seltener als angenommen". Und Doug und Dave mussten eingestehen: „Wir wissen nicht, was uns immer wieder dazu trieb, hinauszugehen und neue Kornkreise anzulegen." Könnte es sein, dass ihre Aktionen erst das reale Phänomen „anlockten", eine Kommunikation einleiteten? Sind einige „Hoaxer" vielleicht so etwas wie „Schreibmedien" oder „Channels" einer höheren Intelligenz? Die interessante Symbolik auch wahrscheinlich gefälschter Kreise macht diese Annahme zumindest plausibel. Doch wird nicht die Rolle der Hoaxer bewusst überbetont? Doug & Dave gingen 1992 endgültig in den verdienten Ruhestand, Schnabel verbrachte den Sommer 1994 in den USA, Irving ließ sich immer seltener im Kreiseland blicken und ob Dexter tatsächlich allein für die über 100 Formationen dieses Sommers verantwortlich ist, bleibt einmal dahingestellt. „Es ist doch viel einfacher zu behaupten, man hätte das eine oder andere Piktogramm gefälscht, als es tatsächlich bei Wind und Wetter anzulegen“, meinte dann auch der kanadische Cereologe Chat Deetken auf der Glastonbury-Konferenz. „60 % der Piktogramme entstanden in Regennächten, und trotzdem fand man keine Fußabdrücke. Trotz Dutzender Nachtwachen im Kornkreisgebiet konnte noch nie ein Hoaxer 'in flagranti' aufgespürt werden.“ Zudem sei der Begriff der „Scherzbolde“ verharmlosend. „Hoaxer sind Vandalen, machen sich des Landfriedensbruchs und der Sachbeschädigung schuldig, zerstören Stunden und Tage harter Arbeit des Farmers und führen Hunderte, ja Tausende in die Irre. Die britische Toleranz in Ehren, aber man sollte nicht dulden, dass sie stolz und zynisch grinsend in die Pubs gehen, in denen sich die Kornkreisforscher treffen, von allen gehasst und diese Aufmerksamkeit noch genießend. Es sind Soziopathen, Kriminelle, Betrüger und Zyniker. Und wir sollten uns gegen sie wehren!“ Er bekam tosenden Applaus.

„Überall gibt es Spione, die für vielerlei Institutionen arbeiten, und es gibt selbsternannte Spione, die sich unter Verrückte und Störenfriede mischen“, schrieb John Michell im Cerealogist. „All diese Typen zog das Kornkreisphänomen an wie das Licht die Motten, und ihre Verwicklung in das Thema hat viele unschuldige und ehrliche Forscher verwirrt und abgeschreckt. Das ist ein vertrautes Muster, das wir in der gesamten Geschichte der PSI-Forschung finden. Was bleibt, ist ein andauerndes Phänomen, heute ebenso mysteriös wie in seinen Anfängen. Nichts hat sich seitdem geändert außer uns selbst, und wir verändern uns und reagieren ständig.“ Widmen wir uns also den Fakten.

ANATOMIE EINES PHÄNOMENS

Der schöne, lange und selbst in England recht trockene Sommer ließ die Kornkreise schon sehr früh auftauchen. Schon Anfang März sollen zwei Ringe auf den Wintergerste-Feldern an der Steinallee von Avebury und gegenüber dem Silbury Hill aufgetaucht sein. Doch das eigentliche Phänomen setzte in der Nacht vom 23. auf den 24. April ein, als ein „keltisches Kreuz“ auf einem Rapsfeld neben dem „Sanctuary“ auftauchte. In der übernächsten Nacht wurde das Muster ergänzt durch einen „Halbmond“ und, wieder in der übernächsten Nacht, einen Kreis mit Gang, alle auf demselben Feld. Einen Monat und 11 Piktogramme später die erste Sensation: Am 22. Mai wurde der erste „Skorpion“ auf dem Gerstenfeld gegenüber dem Silbury Hill entdeckt, ein „keltisches Kreuz“ mit einem Halbmond auf der einen und acht Kreisen

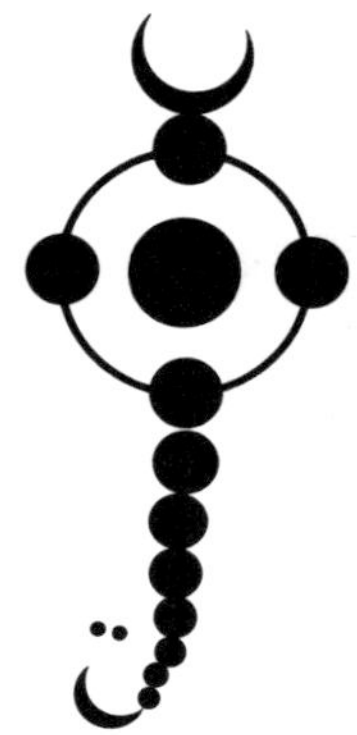

plus einem kleinen Halbmond auf der anderen Seite. Kurz bevor er dieses Piktogramm am Telefon beschrieben bekam, hatte Colin Andrews in seinem neuen Heim in Connecticut einen Azteken-Schamanen aus Mexiko zu Besuch, der ihm seine Vision schilderte: Er hätte einen Traum gehabt von dem „Ort, an dem der letzte Zeremonialtanz stattfand“ und hätte ein Symbol gesehen, das er ihm aufzeichnete: ein keltisches Kreuz, einen Halbmond auf der einen, acht Kreise auf der anderen Seite. Dann fand Andrews heraus, dass ein ähnliches Symbol auf steinzeitlichen Felsdarstellungen gefunden worden war, das den Mondzyklus darstellte. Tatsächlich tauchte der „Skorpion“ drei Nächte nach dem letzten Halbmond und zehn Nächte nach dem Mai-Vollmond auf. Dem Bauern zufolge bellte sein Hund von 4 bis 6 Uhr früh. Am 28. Mai beobachtete ein Besucher kleine weiße Lichter, die die Längsachse des Piktogramms entlang glitten. 66 Piktogramme waren es bis zum 1. Juli, als das Phänomen

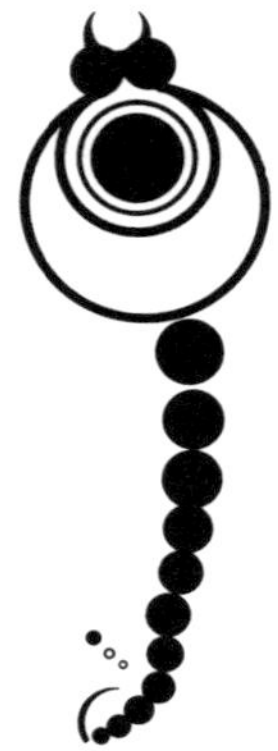

seinen nächsten „Quantensprung“ vornahm. Ausgerechnet an der Steinallee von Avebury, exakt dort, wo schon Anfang März ein Ring aufgetaucht war, erschien jetzt ein Muster von der Gestalt einer Galaxie, ein Spiralnebel, in seinem Inneren stehende Korngruppen wie Sterne, Planeten und ein Mond. Nach einem Gespräch mit Adrian Dexter – der ganz sicher dieses Piktogramm NICHT gefälscht hat – fuhr der Bauer mit dem Mähdrescher in das Piktogramm und zerstörte das Kreisinnere. Das Schandmal des Anti-Kreise-Vandalismus glänzte fortan bis Mitte August in der Sommersonne und lenkte jede Aufmerksamkeit auf sich. Schon eine Woche und 12 Piktogramme später das nächste Mysterium, eine 50 Meter lange „Biene“ auf dem Feld von Barbury Castle, auf dem 1991 das berühmte Tetraeder-Muster erschienen war. In derselben Nacht wurde ein dreieckiges UFO beobachtet. In der Nacht vom 9. auf den 10. Juli gleich acht Formationen, darunter ein riesiges Auge auf dem „East Field“ bei Alton Barnes, auf dem schon 1990 das spektakuläre Langpiktogramm erschienen war. Fünf Tage und 14 Piktogramme später, am 15. Juli, die „Nacht der Skorpione“: Drei riesige Piktogramme tauchten bei Wilsford (160 m lang, ein Ring, zwölf Kreise, ein kleiner Halbmond), Devizes (200 m lang, Halbmond, zwei Kreise, Kreis mit Ring, Halbmond, elf Kreise, Halbmond, drei kleine Kreise) und Cholsey/Oxfordshire (160 m lang, Ring, Halbmond, acht Kreise) auf. Mammutwerk eines Fälscherteams, das allein zwei Stunden bräuchte, um von einem Standort zum anderen zu gelangen? Oder doch „das echte Phänomen“? Eine weitere Woche (und neun Piktogramme) später die nächste „Galaxie“, quasi eine Wiederholung des „geschändeten“ Symbols von der Avebury-Steinallee, ausgerechnet am Fuße des „Golden Ball-Hill“, wo häufig UFOs beobachtet wurden. In der nächsten Nacht – vom 23. auf den 24. Juli – sechs Piktogramme überall in Wiltshire und, nach der Sichtung von „leuchtenden Kugeln“ durch einen Besucher aus Amerika an der Steinallee von Avebury, eben dort ein riesiges Labyrinth, 140 Meter lang und 30 Meter breit, u.a. mit einem Sonnensymbol und anderen Zeichen der Hopi-Indianer. Am 27. Juli, einer Nacht, in der fünf Piktogramme erschienen, tauchte zu Füßen von „Oliver's Castle“ bei Devizes, dort, wo sich 1992 ein Dreiecksmuster als Antwort auf Steven Greers CE-5-Initiative geformt hatte, ein 50 Meter breiter „dreifacher Halbmond“ auf – für John Michell ein „Symbol für die Restauration des Königtums“, für Julia Zimmermann aus Deutschland ein „Zeichen für die große Signifikanz des Islam in unserer Zeit“. Einen Tag später entstand ein „Unendlichkeitssymbol“ – eine liegende 8 – in einem Kreis bei West Overton an der A 4 zwischen Marlborough und dem Silbury Hill. Am 1. August entdeckten wir vom Flieger

aus eine Aufreihung von sieben Kreisen und drei Satelliten – unberührt inmitten der „Tramlines“ – und einen achten Kreis inmitten eines dreifachen Halbmondes südwestlich von Barbury Castle. Am 5.8. tauchte eine 80 Meter breite Rosette bei Froxfield auf, gefolgt, am 8.8., von einem von einem Ring umgebenen Kreis mit sieben Ringen stehenden Korns in seinem Inneren. Da zu diesem Zeitpunkt aufgrund des warmen Sommers das Korn längst überreif war und bereits 70 % der Felder abgeerntet waren, verließ ich am 11.8. England, um mich an die Auswertung unserer Recherchen zu machen.

DOCH AUSSERIRDISCHE?

Auch im Sommer 1994 kam es wieder zu spektakulären UFO-Vorfällen im Kornkreisland Wiltshire rund um die prähistorische Anlage von Avebury und den mysteriösen Silbury Hill, die prähistorische Stufenpyramide. So setzte das amerikanische „Center for the Study of Extraterrestrial Intelligence“ (CSETI) auch 1994 sein „CE-5“-Projekt im Kornkreisland fort, wenngleich diesmal ohne Dr. Steven Greer, dafür unter offener Beteiligung von Interessierten. Tatsächlich wurden bei zwei nächtlichen UFO-Wachen auf dem Woodborough Hill bei Alton Barnes und auf dem Langgrab von West Kennet gegenüber des Silbury Hill seltsame rote Lichter beobachtet, die ca. 5-10 m über dem Horizont hin- und herschwebten, mal stärker, mal schwächer leuchteten und auf Blinksignale zu reagieren schienen – also keine Heißluftballons waren. Nach mehreren Gruppenmeditationen rund um und auf dem Silbury Hill – aber auch im Steinkreis von Avebury und auf dem Windmill-Hill – am 27. Juli blieben nur drei junge Engländer auf dem Silbury Hill, zusammen mit Mitgliedern einer keltischen Kultgruppe. Als gegen 1.30 Uhr Nebel aufkam, verließen alle UFO-Sichter ihre Lager, nur die drei blieben. Gegen 2 Uhr lag der Nebel rund um den Silbury Hill, als sich die Kelten-Mystiker auf dem Hügel schlafen legten. Plötzlich beobachteten die drei jungen Engländer, wie ein großes, farbig leuchtendes, dreieckiges Objekt am Himmel erschien. Es schwebte über dem Hügel, und fasziniert aber wie gelähmt erkannten sie, wie in Strahlen drei kleine Wesen aus dem UFO glitten, auf eine Weide neben dem Silbury Hill, auf der sich der Nebel lichtete. Deutlich sahen sie, wie die Besucher mit leuchtenden Stäben Gittermuster auf der Erde anlegten. Als sich kurz darauf auf der benachbarten Straße, der A 4, ein Wagen näherte, duckten sich die Wesen, versteckten sich hinter einer Hecke. Der Wagen, dessen Fahrer offenbar nichts bemerkt hatte, fuhr weiter. Minuten später glitten die ETs in ihrem Strahl wieder in das Raumschiff zurück. Als das UFO davonschoss, löste sich auch das dichte Nebelfeld rund um den Hügel langsam auf. Kontakt? Tatsache ist, dass dieses Erlebnis das Leben der drei Beobachter veränderte.

Ähnlich erging es zwei jungen Deutschen, die in der Nacht vom 3. auf den 4. August auf UFO-Wache in das „Galaxie-Piktogramm“ zu Füßen des Golden Ball Hill gegangen waren. Dreimal zeigte sich dicht über ihnen am Himmel ein bläuliches Lichtobjekt, das schließlich auch von einem später eintreffenden Pärchen, Sebastian und Alke F., beobachtet wurde, die ihre Freunde zitternd und mit den Nerven am Ende vorfanden.

Einen der spektakulärsten Vorfälle aber schilderte mir Colin Andrews. Er hatte mit einigen Freunden am 27. Juli eine Beobachtungsstation in einem Caravan auf dem „Adams Grave“-Hügel eingerichtet, hoch über den Feldern von Alton Barnes, auf denen schon fünf Kreismuster aufgetaucht waren. Es war gegen 17 Uhr, als sie auf das Knattern zweier

Hubschrauber aufmerksam wurden – zwei Armeehelikopter –, die direkt auf den Hügel zuzufliegen schienen. Doch erst als sie im Tiefflug die Station ansteuerten, wurde Andrews Gruppe die Situation unheimlich. „Einer von uns griff zur Videokamera. Er filmte, wie einer der Hubschrauber im Tiefflug über uns hinwegknatterte und fast mit dem Tumulus von Adams Grave kollidierte. Offensichtlich wollte man uns vertreiben. Der zweite Hubschrauber, vollgepackt mit Messinstrumenten, schwebte wenige Meter vor uns und wir sahen, wie einer der Insassen uns filmte. Erst Minuten später drehten sie ab, flogen jetzt im Tiefflug über die Piktogramme, wo ein Kornkreisforscher gerade mit der Stabkamera Aufnahmen anfertigte und sich jetzt auch ducken musste. Dann schoss der zweite Hubschrauber auf das Nachbarfeld zu, schien etwas zu verfolgen, das wir dann auch erkannten und filmten: eine leuchtende Kugel, vielleicht 30-40 cm im Durchmesser, die durch das Kornfeld glitt. Der Helikopter ging in Kippstellung, schien das Objekt jetzt zu filmen, und erst als es davonschoss, machten sich auch die Armeehubschrauber auf den Rückweg, und wir konnten aufatmen."

Besteht also doch eine Verbindung der Kornkreise zum UFO-Phänomen? Sind sie „ihre" Methode – oder eine ihrer Methoden – mit uns zu kommunizieren oder uns auf ihre Rückkehr vorzubereiten? „Botschaften aus dem Kosmos" ebenso wie das Menetekel, das einst mit feuriger Hand an die Palastwand des babylonischen Königs Belsazar geschrieben wurde? Gehören sie zu den in der Bibel vorhergesagten „Zeichen am Himmel und auf der Erde", die die Rückkehr der Götter und den Beginn des Neuen Zeitalters ankündigen? In der Sommerausgabe 1994 des Magazins „Cerealogist" berichten die beiden Berliner Mediziner Joachim Koch und Hans-Jürgen Kyborg von ihren Versuchen einer Kommunikation mit den „Kreisemachern" im Sommer 1991. Tatsächlich interpretieren die beiden Deutschen die wichtigsten Piktogramme als codierte Sternkarten einer außerirdischen Zivilisation und „Zeichen einer starken Verbindung dieser planetaren Zivilisation mit uns. Ja, Kontakt fand statt." Was auch immer von ihrer Interpretation zu halten ist, ihrer Schlussfolgerung können wir uneingeschränkt zustimmen: „Wenn wir über eine Kommunikation mit dem Phänomen sprechen, so glauben wir nicht, dass das Phänomen der Kreise bedarf, um mit uns Menschen zu kommunizieren. 'Sie' könnten sich gewiss auch anderer Werkzeuge bedienen als dieser Kreise in Kornfeldern, wenn es ihre einzige Absicht wäre, mit uns zu sprechen. Die Kreise sind hier, um uns auf eine sanfte Weise zu einer Neuorientierung unserer Beziehung zur Natur und Umwelt dieses Planeten und des Universums zu verhelfen und unsere Augen zu öffnen, sodass wir erkennen, wer wir sind und wo wir uns befinden. Sie sind eine Herausforderung für unseren Geist, sie erinnern uns, dass es eine andere, größere Wirklichkeit gibt als jene, in der wir gewohnt sind zu leben. Wenn wir das akzeptieren, helfen wir dem Phänomen, uns zu erreichen. Auf diese Weise können wir alle Dinge wieder ins Gleichgewicht bringen und dazu beitragen, der Erde zu einer besseren Zukunft zu verhelfen."

3. Kapitel

1995: DIE KORNKREIS-APOKALYPSE

Das griechische Wort „Apokalypsis" heißt, wörtlich, „geheime Offenbarung". Es steht aber in erster Linie für eine ganz bestimmte „geheime Offenbarung", die des Hl. Johannes von Patmos, der an der Wende vom 1. zum 2 Jh. Visionen vom Ende der Welt und der Erschaffung „eines neuen Himmels und einer neuen Erde" hatte. Dieses Endzeitgeschehen, so lesen wir in den Evangelien, soll durch „Zeichen am Himmel und auf der Erde" angekündigt werden. Gehören die mysteriösen Piktogramme, die seit Jahrzehnten regelmäßig, Sommer für Sommer, in englischen Kornfeldern erscheinen, zu diesen Zeichen?

Der Eindruck konnte in der Tat entstehen. Denn von den ersten Piktogrammen an, die Ende Mai/Anfang Juni erschienen, beherrschte ein Thema das Kornkreisjahr 1995: Riesige Darstellungen von Sonnensystemen mit einem extrem hervorgehobenen Asteroidengürtel. Alles begann in der Nacht vom 28. auf den 29. Mai 1995 mit einem konzentrischen Muster, das zwischen Beckhampton und Cherhill in junger Gerste auftauchte: Eine zwölffache Spirale, 64 Meter im Durchmesser, die äußeren drei Kreise in eine breite Fläche integriert – ein Sonnensystem, deuteten es einige Forscher, dessen äußere Zone bewusst hervorgehoben

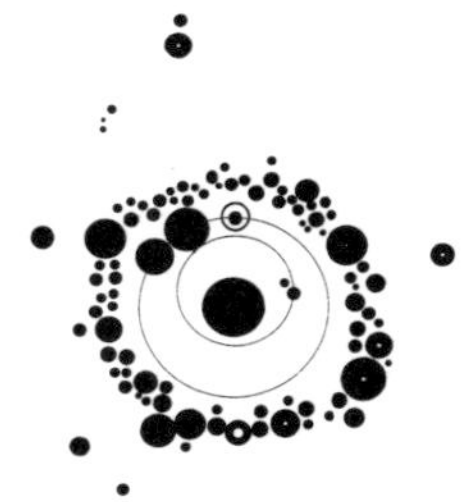

wurde. Standen die neun Kreisbahnen für die Umlaufbahnen der neun bekannten und dreier unentdeckter Planeten? In der ersten Juniwoche folgte ein sehr viel eindeutigeres Sonnensystem, ca. 80 Meter im Durchmesser, mit neun Planeten – wenngleich nicht im richtigen Orbit –, dem Mond und einem von einem unregelmäßigen Ring oder Halo umgebenen Eindringling, nahe dem Bratton Castle, einer eisenzeitlichen Hügelfestung bei Warminster, an deren Hang sich das berühmte „Weiße Pferd" von Westbury befindet. Da die äußeren Planeten (Saturn als Ring, Neptun und Uranus sowie der kleine Pluto) in den äußeren Ringen und die inneren Planeten in den inneren Ringen des Piktogrammes dargestellt wurden, konnte dieser hervorgehobene Himmelskörper nur auf „etwas" zwischen Jupiter und Saturn hindeuten. Eine dritte astronomische Darstellung, am 12. Juni auf dem Telegraph Hill bei Winchester entdeckt, zeigte gleich viermal Jupiter mit seinen vier charakteristischen Haupt-Monden. Jenseits der Jupiterbahn eine breite, flachgelegte Fläche. Der Gesamtdurchmesser: ca. 80 Meter. Wieder eine Woche später stießen Forscher zwischen New Alresford und Bishop-Sutton in einem Weizenfeld auf das komplexeste Piktogramm des Jahres, 97 Kreise und drei Ringe, eine Formation von 140 Metern Durchmesser – ein schematisches Sonnensystem mit einem extrem verstärkten Asteroidengürtel. Hinweis auf eine Bedrohung durch einen Asteroiden? Ende Juni, bei Longwood Warren oberhalb der „Punchbowl" östlich von Winchester, das schönste – wenngleich mit 88 Metern Durchmesser nicht größte – der Sonnensysteme, vier Planetenbahnen, drei

Planeten und ein Asteroidengürtel aus 65 Kreisen. Das Auffallende aber ist das Fehlen des dritten Planeten, dessen Umlaufbahn leer blieb, ohne einen der Kreise, die sonst Planeten zu repräsentieren schienen – ein Hinweis auf eine drohende Zerstörung dieses dritten Planeten – der Erde? – durch einen Asteroiden?

All das schien einen Sinn zu ergeben, als der „Sunday Telegraph", eine angesehene britische Zeitung, am 30. Juli die Entdeckung eines Riesen-Kometen von 1600 Kilometern Durchmesser (mittlerweile weiß man, dass der Kometenkern einen Durchmesser von „nur" 160 km hat) vermeldete, der sich zu diesem Zeitpunkt zwischen Jupiter und Saturn (!) befand und sich der Erde näherte, die er im März 1997 erreichen sollte. Und eben all das war durch die Piktogramme angezeigt: „Etwas" zwischen Jupiter und Saturn, sogar die Zahl 3/97 (New Alresford!), die Bedrohung der Erde. Nur: Die Kornkreis-Apokalypse wurde vier Wochen VOR der Entdeckung des Kometen durch Alan Hale und Thomas Bobb am 22./23. Juli 1995 und der ersten Vermeldung dieser astronomischen Sensation durch die Presse eine Woche später offenbart: Der „warnende Zeigefinger Gottes" (oder „der Götter"?) im Kornfeld statt an der Wand des Palastes von König Belsazar? Oder waren Doug & Dave, die „jolly hoaxers" oder ihre ebenso zynischen Nachahmer plötzlich zu Trägern einer „prophetischen Vision" geworden?

Obwohl ich, zugegeben, der erste war, der diesen Zusammenhang öffentlich herstellte (auf meinem Vortrag auf der Kornkreis-Konferenz in Glastonbury), bestimmten Endzeitängste spätestens seit der „Sunday Telegraph"-Veröffentlichung die Stimmung im Zirkelland in diesem Sommer, vielleicht zusätzlich angeheizt durch den für Südengland ungewöhnlich langen, heißen und trockenen Sommer, der die Unkenrufe über eine Klimaveränderung und den Treibhauseffekt nur überdeutlich zu bestätigen schien. Die ersten, die mir, nur wenige Tage nach der Pressemeldung, von der Entdeckung des Kometen erzählten, waren der Berliner Arzt Joachim Koch und sein Forscherkollege Jürgen Kyborg, die auch in diesem Jahr wieder – mit Genehmigung eines Bauern – durch ein von ihnen angefertigtes Piktogramm versuchten, mit den wahren „Kreisemachern" in Kontakt zu treten. Beide hatten sofort einen befreundeten Astronomen in London kontaktiert, der ihnen fortan mehr oder weniger regelmäßig den Stand der Ermittlungen in der Fachwelt anvertraute.

Vielleicht aber war es auch der sonst eher magere Kornkreissommer 1995, der diesen einen Aspekt des Phänomens so sehr in den Mittelpunkt stellte. Denn die Kreisemacher schienen zu resignieren, frustriert durch die Kontamination des echten Phänomens durch ganze Banden von Fälschern, zynischen Jugendlichen, die nichts Besseres zu tun hatten, als nachts die „Botschaften von Außerirdischen" nachzuahmen. Die Resignation der echten Zirkelmacher ging so weit, dass sie das eigentliche Stammland der Kornkreise, das Gebiet um den Silbury Hill und das südlich davon gelegene Tal von Alton Barnes, bis auf zwei simple Kreise – back to basics! – diesmal von den ersten Junitagen an geradezu sträflich vernachlässigten. Stattdessen tauchte ein Dutzend echter Piktogramme – und das war's dann auch – rund um Andover und Winchester auf, bisher eher ein „Nebenschauplatz" des Phänomens, zumindest in den letzten Jahren. Doch erinnern wir uns: Schon einmal, in den frühen 80er-Jahren, war eben diese Region das eigentliche Land der Kreise, bis sie ihren „Marsch auf Silbury Hill", hin zu der prähistorischen Kultanlage von Avebury mit seiner 4600 Jahre alten Stufenpyramide, den beiden Steinalleen, dem Steinkreis und dem Langgrab von West Kennet, antraten. Nur bei Devizes, nördlich des Dorfes Roundway, entdeckten wir noch Ende Juli eine Reminiszenz an die früheren Wiltshire-Piktogramme, eine elegante, fast 90 Meter breite Formation zweier Kreise in einem Ring und, auf demselben Feld 400 Meter weiter südlich, zwei große

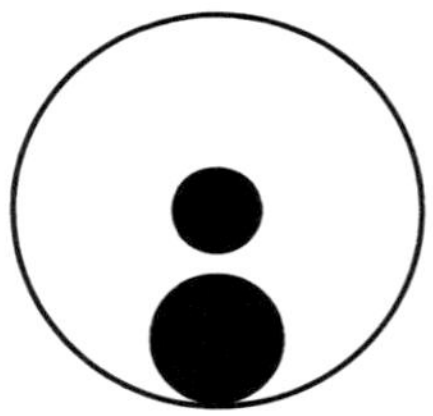

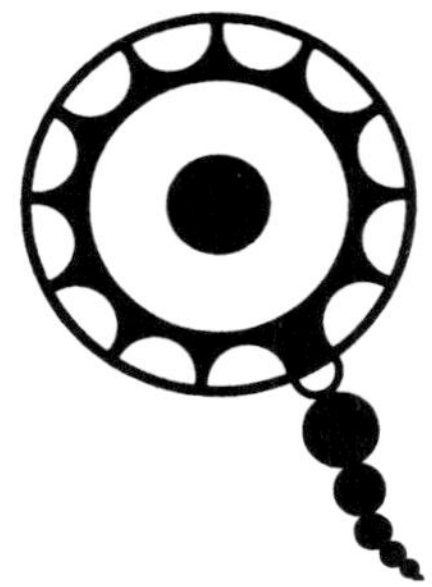

Zirkel. Ansonsten wurde die benachbarte Grafschaft Hampshire zum eigentlichen (neuen und alten) „Kornkreisland" befördert...

Da gab es erst einmal die drei Großpiktogramme rund um Chilcomb und den Telegraph Hill – die beiden Sonnensysteme und eine weitere Ringformation, die wir ebenfalls kosmologisch interpretieren konnten. Dieses Muster bestand aus einem Ring mit sieben Halbringen nach außen, die vielleicht für den „7. Planeten" (wie die Sumerer die Erde nannten) stehen, nach innen acht Halbkreise, vielleicht den Mond andeutend (den „8. Planeten" nach sumerischer Rechnung von außen

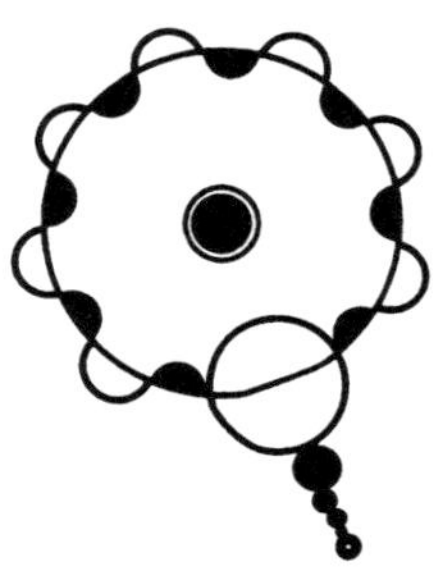

nach innen). Vorausgesetzt, dass dieser Ring die Umlaufbahn der Erde und des Mondes darstellen soll, wurde diese von einem interessanterweise verzerrten Ring durchkreuzt. Sollte dieser die vielleicht durch die Jupiter-Gravitation gestörte Umlaufbahn des Kometen andeuten, der schon fünf Planeten passierte (nach sumerischer Rechnung Nibiru-Saturn)? Leider wurde dieses interessante Piktogramm, das am 4. Juli erschien und einen Durchmesser von 100 Metern hatte, drei Wochen später durch einen kickenden Fußballspieler und die Worte „PR for England" ergänzt – und der Lächerlichkeit preisgegeben. Dabei war seine Symbolik interessant und hatte ihr Gegenstück in einem ganz ähnlichen Piktogramm, das Mitte Juni zu Füßen der Ringwallfestung Danebury Ring bei Andover in einem Gerstenfeld erschien, ebenfalls 100 Meter breit: Hier deuteten die zwölf Halbkreise rund um einen Zentralkreis das Sonnensystem (nach sumerischer Zählung) an, und sieben Kugeln, die dorthin führen, den Weg zur Erde, den ein Halbring – der Komet? – eingeschlagen hatte. Auch der „Mäanderring" von Andover zeigt das Eindringen von „etwas" in ein Sonnensystem; die siebenfach „gezackte" (oder besser: „gemäanderte") Bahn zeigt auch hier wieder das Ziel – die Erde – an. Drei „Grapeshot"-Kleinkreise außerhalb der Piktogramme stehen vielleicht für den „dritten Planeten" nach unserer (im Gegensatz zur sumerischen Zählung von der Sonne ausgehenden) Zählung.

DAS PHANTOM IM KORNFELD

Eine interessante Anordnung von Piktogrammen – in Form eines Dreiecks mit Abständen von je drei Kilometern (!) – tauchte rund um die Ortschaft East Meon, südöstlich von Winchester Mitte Juli auf: jeweils ca. 35 Meter im Durchmesser, das eine Piktogramm „das irdische Magnetfeld", das zweite der „dreifache Halbmond", das dritte „Feuerrad" getauft. Alle drei machten einen recht guten Eindruck. Ein weiteres Feuerrad – auch „Shiriken" nach der Ninja-Wurfwaffe genannt – erschien bei Kingsclere, südöstlich von Newbury, unterhalb des Hügels von Watership

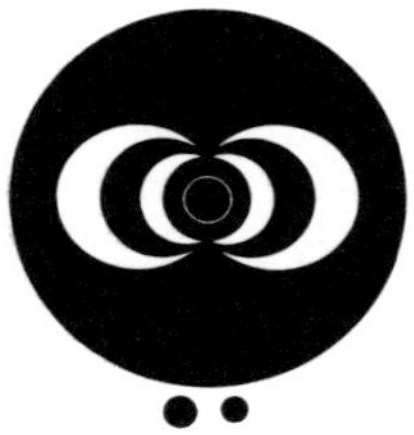

Down, bekannt durch das gleichnamige Kinderbuch, das von den dort lebenden Hasen handelt – auf dem Land von Andrew Lloyd Webber, einem der größten Musical-Komponisten („Cats“, „Phantom of the Opera“, „Sunset Boulevard“). Wir hoffen, dass ihn das Piktogramm zu einer neuen Komposition unter dem Titel „Phantom in the Cornfield“ inspiriert...

Zwischen Newbury und Wiltshire fanden wir dann auch das vielleicht schönste Piktogramm des Jahres, eine Spirale – fast wie ein keltisches Labyrinth – umgeben von Halbkreisen von ca. 100 Metern Durchmesser. Das interessanteste Kornmuster des Jahres waren wahrscheinlich die 16 Ringe um einen Ring, der wiederum einen umringten Zentralkreis umgab, die bei Goodworth Clatford südlich von Andover Ende Juli entdeckt wurden – 123 Meter im Durchmesser. Die Bedeutung (und Echtheit) dieses Piktogrammes wird unterstrichen durch die Präsenz von 44 kleineren „Grapeshot“ („Splittergranate“) -Kreisen im selben Feld, von denen einige regelrechte Verflechtungen des Weizens aufwiesen. Manche von ihnen lagen isoliert mitten zwischen den Traktorenspuren, ohne dass Fußspuren gefunden wurden.

Schon hier bestach die Geometrie, wirkte das Piktogramm, als sei es mit einem riesigen Zirkel gezogen. Heilige Geometrie im Kornfeld: Schon eines der ersten Piktogramme, das Mitte Mai bei Hazel Down auftauchte, bestand aus drei ineinander verwobenen Kreisen und bildet eine Abweichung des alten heiligen Symbols für die Dreifaltigkeit. Ein Kreis, drei Quadrate, vier Dreiecke und drei Kreise in sich vereinigt, 50 Meter breit, erschienen Anfang Juli bei Winterbourn Bassett, in Sichtweite des Weißen Pferdes von Hackpen Hill. Buckminster Fuller, der große amerikanische Wissenschaftsphilosoph, nannte die geometrische Form, die Dreieck, Kreis und Quadrat beinhaltet, „Vector Equilibrum“, da sie das mystische Paradoxon von Unterschied und Gleichheit löst. Das Piktogramm im Kornfeld löste an sich das Problem, eine dreidimensionale Form adäquat darzustellen, ohne dass dafür eine perspektivische Zeichnung notwendig war – an sich also schon eine geometrische Meisterleistung!

Womit sich spätestens hier wieder einmal die Frage nach den wahren Kreismachern stellt. Bei fast 70 % Fälschungen in diesem Sommer findet die „Fälscher-Hypothese“ natürlich gewisse Bestätigungen. Andererseits wurden in den echten Piktogrammen wieder radioaktive Anomalien gemessen, etwa in den beiden „Sonnensystemen“ von Telegraph Hill und Longwood Warren sowie in der Spirale auf dem Weg nach Newbury, ein Faktor, der ebensowenig gefälscht werden kann, wie die Verflechtungen in den kleinen „Grapeshot“-Kreisen des Goodworth Clatford-Piktogramms.

ELEKTROMAGNETISCHE ENERGIE

Über die Jahre hinweg gemessene und beobachtete Folgeeffekte der bei der Entstehung der echten Muster eingesetzten Energie, das Aussetzen von Videokameras und

Mobiltelefonen in den Kreisen, die seltsame Reaktion von Tieren – Hunde wie Vögel scheinen die Kreise eher zu meiden – und die immer wieder aufgetretenen Symptome bei Menschen – Übelkeit, Schwindelgefühl beim Betreten neuer Piktogramme und Kreise – veranlassten Lucy Pringle vom britischen „Center for Cropcircle Studies" (CCCS) sogar dazu, allen regelmäßigeren Kornkreis-Besuchern einen jährlichen Arztbesuch mit Blutuntersuchung zu empfehlen. Bestärkt wird Pringles Besorgnis durch die Untersuchungen der beiden Physiologen Peter Staples und Isabel Maxwell-Cade, die mit EEG (Elektro-Enzephalograph zur Messung der Gehirnwellen) und ESR (Electrical Skin Resistance, die Messung peripherer Haut-Resistivität) Freiwillige vor und nach dem Besuch eines Kornkreises untersuchten. Das Ergebnis war die Feststellung einer verstärkten rechtshemisphärischen Gehirnaktivität nach Betreten eines Kornkreises. Eine weitere wissenschaftliche Untersuchung veröffentlichte der amerikanische Biochemiker und Agrarwissenschaftler Prof. W.C. Levengood von der Universität von Michigan in der renommierten Fachzeitschrift „Physiologia Plantarum" (1992, S. 356). Aufgrund der von ihm bei Kornkreis-Korn beobachteten genetischen und molekularen sowie biochemischen Veränderungen – darunter das Anschwellen der Knoten in den Halmen („Tüpfel") um bis zu 100 % – führt er das Entstehen der Piktogramme auf „instabile Ionenwirbel" zurück, die Energie im Mikrowellen-Bereich des elektromagnetischen Spektrums erzeugen und die Halme bei kurzfristiger, starker Erhitzung deformieren und umlegen. Möglich! Aber natürlichen Ursprungs können diese „instabilen Ionenwirbel" ganz gewiss nicht sein, dafür sind die Piktogramme zu komplex, zu künstlerisch. Wir sind noch nicht in der Lage, diese Energie künstlich zu erzeugen... Bleiben also doch nur außerirdische Kreismacher als Ursache des Phänomens?

WIEDER UFO-SICHTUNGEN

Und wieder wurden UFOs im Umfeld der Kornkreise gesichtet: So fotografierte Jilaen Sherwood aus Kidderminster am 27. Juni 1995 über dem „Sonnensystem" vom Telegraph Hill „zufällig" eine Scheibe, die sich gerade über dem Piktogramm befunden haben musste. Eine gründliche Untersuchung des Fotos ergab, dass die schwarze Ellipse kein Filmfehler gewesen sein kann, zumal die Licht-Schatten-Verhältnisse genau dem Sonnenstand entsprechen, der aus dem Schattenwurf des Piktogrammes zu errechnen ist. Lee Winterson aus Bristol filmte mehrmals unbekannte Leuchtobjekte über dem „Kreiseland", darunter auch zwei kleine, leuchtende Kugeln, wie sie 1990 von Steven Alexander und 1991 von den Dürckheim-Brüdern aufgenommen wurden. Auch eine der frühen UFO-Sichtungen im Kreiseland wurde uns wieder in Erinnerung gerufen. Pat und Jack Collins, ein älteres Ehepaar, meldeten damals der Polizei von Hampshire, in der Nacht des 6. Juli 1985 ein UFO gesehen zu haben, als sie auf der A 272 durch Stockbridge Down fuhren. Es war ein riesiges, kreisrundes Objekt, das aufrecht auf der Kante stand wie ein Riesenrad, unbewegt direkt über dem Boden schwebend. „Wir waren nur knapp 200 Meter von ihm entfernt", erinnerte sich Mrs. Collins, als sie von Kornkreis-Forscher Colin Andrews interviewt wurde. „Es hatte acht gelblich-weiße Lichter um den ganzen Außenrand herum und rotierte ständig." Zwei Polizeiwagen wurden ausgesandt, um nach dem Objekt zu suchen, doch sie fanden nichts. Erst am nächsten Morgen wurde auf dem Feld eines der ersten „keltischen Kreuze" entdeckt, ein großer Zentralkreis mit vier Satellitenkreisen. Zehn Jahre später, am 6. Juli 1995, tauchte auf eben diesem Feld ein Ring auf, der von acht Kreisen umgeben war, an eben den Stellen, an denen das Objekt die Lichter hatte. Das Innenmuster deutete eine Rotationsbewegung an – und das Profil eines menschlichen Gesichtes. Eine Botschaft der echten Kreismacher?

Auch das CSETI-Team war wieder unterwegs, um eine Woche lang unter Leitung von Dr. Steven Greer und zwei weitere Wochen unter Leitung von Shari Adamiak und Ron Russel Kontakt mit den echten Zirkelmachern aufzunehmen, jedoch mit mäßigem Erfolg – auch hier schienen sich die außerirdischen Intelligenzen eher bedeckt zu halten. Einzelne Leuchtobjekte wurden zwar am Himmel beobachtet, aber das war es dann auch. Nur Shari Adamiak beobachtete im Steinkreis von Avebury nach einer versuchten Kontaktaufnahme durch Lichtsignale und Gedankenfrequenzen am 28. Juli gegen 23 Uhr eine kleine, intelligent gesteuerte, leuchtende Kugel.

Ansonsten traf sich der übliche „Stamm der Croppies“ wieder einmal jeden Abend im „Bardge Inn“, der Stammkneipe der Szene in Alton Barnes, und tauschte Erfahrungen und Theorien aus, wenngleich die meisten Gespräche in diesem Jahr eher um den kontroversen Roswell-Film des Briten Ray Santilli und – von seiner Entdeckung Ende Juli an – um den bedrohlichen Kometen kreisten. Doch vielleicht ist dieses jährliche Zusammentreffen zu einem der wichtigsten Aspekte des Phänomens geworden – Menschen werden in ein „Vektorgebiet“ gelockt, um sich auszutauschen und ihr Bewusstsein zu erweitern und schließlich die echten, ankommenden Botschaften zu dechiffrieren. Und da das Kornkreisphänomen immer schon interaktiv war, war die „magere Ernte“ von 1995 vielleicht auch die Antwort auf die Konfusion der Szene durch die unbewiesenen Behauptungen der angeblichen Fälscher (und die tatsächlich gefälschten Kreise) und das durch sie wachsende Misstrauen in Bezug auf das Phänomen selbst.

Die Jahre der Unschuld und Offenheit sind leider auch im Zirkelland vorüber, zerstört durch ein tiefes Misstrauen, das skrupellose und zynische Individuen säten, die zwar nicht das Phänomen selbst erklären konnten, ihm aber seine Reinheit raubten, es durch ihre primitiven Schwindel befleckten. Sie dämpften den Enthusiasmus der wahrhaft Suchenden und zerstörten einen Großteil der Schönheit des Phänomens an sich.

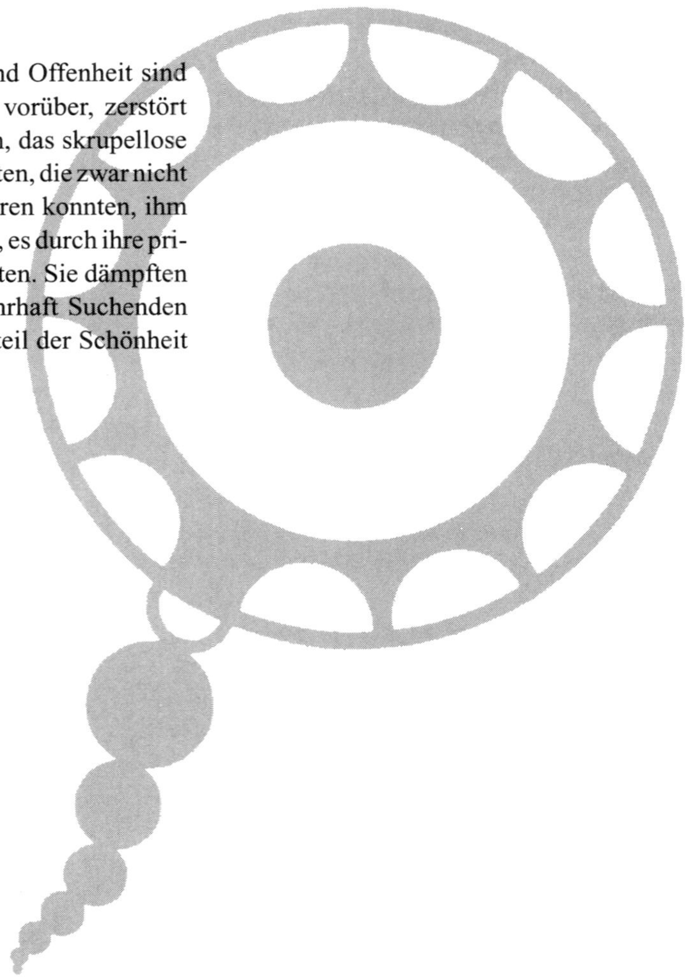

4. Kapitel

1996: DIE KOSMISCHE SPIRALE

Viel Regen, nur vereinzelt schöne Tage dazwischen, ein Wetter, das viele potentielle Besucher schon im Vorfeld abschreckte, und eine entsprechend magere Zirkelernte – das war, auf den ersten Blick, der Kornkreissommer 1996. Doch wer sich trotzdem auf die Spur der Kreise begab, wurde zumindest in einem Punkt nicht enttäuscht: Die wenigen echten Piktogramme – wir zählten nur sieben –, die in diesem Jahr in Wiltshire und Hampshire erschienen, waren größer, beeindruckender und komplizierter als je zuvor.

Offenbar reagierte das Phänomen auf den desolaten Zustand der britischen Kornkreisforschung. Es war immer schon gewissermaßen interaktiv, reagierte auf die Resonanz der Rezipienten. Die CCCS, das britische „Zentrum für Kornkreisstudien", der größte Fachverband der Kornkreisforscher mit zeitweise 800 Mitgliedern, steckte seit dem letzten Herbst in einer Krise, die schon zum Rücktritt des halben Vorstandes, des Ehrenvorsitzenden Lord Haddington und des Präsidenten Prof. Archie Roy geführt hatte. Zu sehr waren Flügelkämpfe zwischen den verschiedenen Fraktionen der „Croppies" zur Hauptagenda des Vereins geworden, trat die Forschung immer mehr in den Hintergrund.

YIN UND YANG

Der lange, kalte Winter und der extrem späte Sommer ließen die ersten Kreise erst Mitte Mai erscheinen. Den Anfang machte eine Art Yin-Yang-Symbol, das am 12. Mai bei Girton nahe der Universitätsstadt Cambridge in einem Rapsfeld auftauchte. Die zerbrechlichen Pflanzen lagen flach und ungebrochen am Boden – mit einigen Ausnahmen: Es gab Rapspflanzen, die aufrecht standen und in 30-35 cm Höhe abgeknickt waren. Im klassischen Kornkreisland nahm das Phänomen seinen Anfang am 1. Juni, mit einer sechsblättrigen Rosette, die zu Füßen des Silbury Hills gefunden wurde, der 4500-jährigen prähistorischen Rundpyramide, der Legende nach das Grab des mythischen Königs Sil, im Zentrum der Kultanlage von Avebury. Kornkreisforscher George Wingfield, der das Muster kurz nach seiner Entstehung untersuchte, ist überzeugt, dass es sich um eine Fälschung menschlichen Ursprungs handelte. Eine wahrscheinlich echte Rosette tauchte dagegen Mitte Juni in einem Gerstenfeld bei Goodworth Clatford, südlich von Andover/Hants., auf – 25 Meter im Durchmesser. Kurz darauf die erste Sensation: Im East Field bei Alton Barnes, das, inmitten eines natürlichen Amphitheaters gelegen, seit 1990 einige der wichtigsten Formationen trug, erschien in der Nacht zum 17. Juni ein 216 Meter langes Piktogramm in Form einer „Doppelhelix" – dem spiralförmigen DNS-Molekül, dem Baustein allen genetischen Materials und des Lebens an sich. Das beeindruckende Muster bestand aus 12 Hauptkreisen und 77 kleineren Kreisen, die sich in zwei dreifach gekurvten Strängen um eine Zentrallinie schlängelten.

ELEKTROSTATISCHE PHÄNOMENE

Tim und Polly Carson, die Farmer, denen das East Field gehört, halten das Piktogramm im Gerstenfeld für echt. Die Gerste blühte gerade, und die Halme waren mit einem feinen, puderigen Staub bedeckt, der auf die leichteste Berührung reagierte. Fußabdrücke hätten ihre Spuren hinterlassen, aber es gab sie nicht – niemand hatte das Piktogramm betreten, bevor das Farmerehepaar es am Morgen des 17. Juni betrat. Zudem hatten bis nach Mitternacht Kornkreisforscher auf dem Adams Grave-Hügel oberhalb des Feldes Wache gehalten und dabei ein mysteriöses Licht gefilmt, aber keine Spuren einer menschlichen Aktivität festgestellt. Um 3.30 Uhr dämmerte bereits der Morgen – Fälscher hätten also höchstens drei Stunden gehabt, um die 89 Kreise anzulegen, also gerade mal zwei Minuten pro Kreis. Der erste, der das Piktogramm bemerkte, war der Farmarbeiter Arthur Carrington, der um 6.30 Uhr zur Arbeit ging. Drei Kornkreisforscher wollen anderthalb Stunden zuvor, um 5 Uhr, noch die Straße nach Marlborough am Hang des Adams Grave-Hills entlanggefahren sein, an dem Feld vorbei. Sie schauten hinunter – und schwören, dass das eigentlich unübersehbare Piktogramm zu diesem Zeitpunkt noch nicht da war! Polly Carson war so beeindruckt von der Formation, dass sie eine Zeichnung an das britische Unterhaus schickte – als Antwort auf die „offizielle Erklärung", die Piktogramme seien das Werk von Schwindlern und Wirbelwinden. Kornkreisforscher Paul Vigay führte Messungen mit hochempfindlichen Radiofrequenz-Messgeräten durch – und stellte in dem Piktogramm eine Frequenz von 1.500.000 MHZ fest, was auf eine sehr präzise Energie hindeutet: Weder auf 1.499.999 MHz noch auf 1.500.001 MHZ war die Frequenz messbar, was ungewöhnlich ist, weil Radiosignale normalerweise immer in andere Frequenzen „hineinreichen". Außerhalb der Formation wurde diese Frequenz nicht gemessen. Auch Messungen der Elektrostatik bestätigten die Präsenz einer „ungewöhnlichen Energie". Eine Woche nach Erscheinen des Piktogramms wurde es von einem älteren Ehepaar besucht. Die Frau litt unter Arthritis und ging am Stock, doch als sie das Piktogramm wieder verließ, fühlte sie sich geheilt. Sie erklärte später, sie hätte ein „Prickeln" am ganzen Körper verspürt, als sie das Kornmuster betreten hatte.

JULIA-SET UND DOPPELHELIX

Es dauerte drei Wochen, bis sich das „Wunder von Alton" wiederholte – diesmal auf einem Weizenfeld bei Amesbury, exakt gegenüber von Stonehenge, dem „kreisrunden Tempel" des Merlin, einer 4000 Jahre alten astronomischen Anlage. Diesmal war es eine Spirale: Der mathematische Begriff ist „Julia-Set", benannt nach einer Mathematikerin des 19. Jh., die maßgeblich an der Entdeckung der Fraktale beteiligt war – 305 Meter Durchmesser, bestehend aus 149 Kreisen: ein neuer Rekord. Nach Aussagen eines Piloten war es noch nicht da, als er gegen 5 Uhr das Gebiet überflog. 45 Minuten später lag es, frisch angelegt, inmitten des Feldes.

Das dritte Mega-Piktogramm derselben Serie – sein Durchmesser betrug 365 Meter – erschien am 1. August auf einem Feld zu Füßen des Windmill Hills, der zur 6000 Jahre alten Kultanlage von Avebury gehört, und bestand aus 194 (!) Einzelkreisen, die den Gesamteindruck eines riesigen Spiralnebels erweckten. Eben in dieser Reihenfolge aber mag die Botschaft liegen: Die Doppelhelix als Symbol für den Mikrokosmos, die Spirale als Grundmuster der Schöpfung, der Spiralnebel als Symbol für den Makrokosmos – dahinter steckt eine Aussage im Sinne des hermetischen „Wie oben, so unten", eine Lektion im Verständnis unseres holographischen Universums, dessen kleinste Teile die Gesamtinformation des Ganzen in sich tragen und die Gestalt des Größten widerspiegeln. Vielleicht aber ist diese Aussage auch die „Signatur" ihres Urhebers, des Götterboten

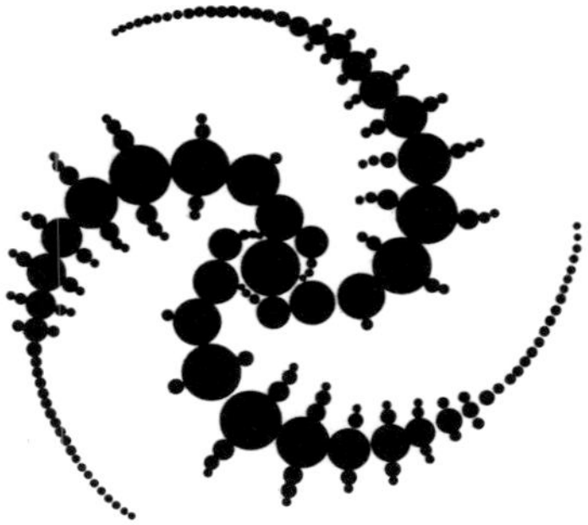

Hermes Trismegistos, den die Ägypter Toth oder Tehuti nannten.

Wenn wir schon bei Rekorden sind: *Das längste Piktogramm aller Zeiten, fast 1300 Meter lang (!), erschien Ende Juli bei Etchilhampton – es reichte von einem Ende des Feldes zum anderen und verband 13 Kreise miteinander.*

KONTAKT MIT DEN ZIRKELMACHERN?

Auch UFOs wurden wieder beobachtet. *So sah Kornkreisforscher Paul Vigay am 4. August gegen 23.45 Uhr ein dreieckiges Flugobjekt mit drei Lichtern, das zeitweise über dem East Field bei Alton Barnes schwebte und einen Strahl auf ihn zu richten schien. Andere Zeugen bestätigten die Sichtung. Und natürlich versuchten die beiden Berliner Koch und Kyborg, die stolz ihr neues Buch ankündigten, wieder, mit einem selbstgeformten Piktogramm – mit Genehmigung des Farmers – mit Außerirdischen in Kontakt zu treten. Ein Kontaktversuch der Gruppe CSETI unter Leitung des Amerikaners Dr. Steven Greer mit Hilfe von Licht- und Tonsignalen und Gedankenfrequenzen/Visualisationen verlief ebenso ergebnislos. Man brach schon Ende Juni entnervt die Zelte ab – der unaufhörliche, heftige Regen hatte das Team zusätzlich demoralisiert.*

Ähnlich ging es den Fälschern. Um Chris Kenworthy zu zitieren, der über den Kornkreissommer in der Zeitschrift „Encounters" berichtete: *„Eine Gruppe von Kreisfälschern versuchte dreimal, Kreise in Raps anzulegen. Beim ersten Versuch ließ er sich nicht umlegen, die Pflanzen waren zu jung und trugen noch keine Blüten. Bei dem fehlgeschlagenen Versuch regnete es, und man beendete die Nacht mit Schlamm bedeckt, mit zerbrochenem Gerät und ohne Ausbeute. Beim zweiten Versuch mussten sie weglaufen, als sie gerade einen Ring angelegt hatten, weil sie plötzlich Autos hörten. Mit wachsender Frustration versuchten sie es wieder eine Woche später, als der Raps schon so dicht war, dass sie kaum mehr in das Feld hineinkamen. Als sie es doch noch schafften, war es unmöglich, einen Kreis anzulegen. Der Leiter des Teams erklärte, er sei sehr besorgt und hätte geradezu eine negative Energie gespürt, irgendetwas „dort draußen", das seine Aktivitäten stoppen wollte.*

Bis zu diesem Jahr glaubten die meisten Kreisfälscher, dass sie Teil des Phänomens seien. *„Nun waren sie sich dessen nicht mehr so sicher. Viele dachten jetzt, dass die echten Kreisfälscher eine Gegenoffensive starten und ihre Botschaften nicht durch menschliche Kreise gestört sehen wollten. Diese Kreisfälscher berichteten von einer Reihe paranormaler Erfahrungen in der Vergangenheit, einschließlich der Sichtung anomaler Lichter. Dieses Jahr sahen sie ein UFO. Ein Hubschrauber erregte ihre Aufmerksamkeit. Obwohl es dunkel war, erkannten sie, dass der Helikopter ein stationäres, in der Luft hängendes Objekt umkreiste. Das Objekt glühte schwach, aber zwei dünne Lichtspeichen gingen von ihm aus. Trotz des Helikopters blieb das Objekt in etwa 350 Metern Höhe stationär. Als sie zum Wagen zurückliefen, um ihre Videokamera zu holen, verschwand das Objekt und kurz darauf auch der Hubschrauber."* Auch Kenworthy sah ein UFO, als er am 15. Juni nahe Alton Barnes mit einem Freund den Nachthimmel beobachtete: „Der erste Stern, den wir sahen, war zu hell; statt langsam aufzutauchen glühte er plötzlich grell auf... dann begann er, während wir ihn beobachteten, langsam herabzusteigen, direkt auf das East Field zu" – wo eine Nacht später die „Doppelhelix" erschien.

DIE BOTSCHAFT DER INDIANER

Ansonsten diskutierte man in den Kornkreis-Forscher-Pubs – wie jedes Jahr im Bardge Inn, aber erstmals auch im Red Lion in Avebury – die internationalen Dimensionen des

Phänomens. Dabei machte speziell ein Foto eines mehr als ungewöhnlichen Ereignisses in Laguna Canyon, Kalifornien, die Runde. Die drei Piktogramme, die es zeigt, waren am 9. März 1996 auf einer nur spärlich bewachsenen Baufläche erschienen. Der Boden war trocken und pulvrig, und normalerweise hätte man Fußabdrücke finden müssen, aber da waren keine – nur zwei Spiralen und ein „Sonnensystem", die an Petroglyphen der lokalen Gabrielino, Tongva und Chumasch-Indianer erinnerten. Sie schmückten auch den „Sonnenstab", ein indianisches Kultgerät, das zur Sonnenwendfeier benutzt wird und ein Sonnenemblem mit 14 Strahlen zeigt, von denen 4 die Sonnenwenden und die Tag- und Nachtgleichen anzeigen. Die Gabrielino erzählen von ihrem mythischen Lehrer Chingichnish, der sie vor Jahrhunderten oder Jahrtausenden lehrte, in Harmonie mit Nocuma, dem „Großen Geist" zu leben. Chingichnish sagte, er wolle drei Warnzeichen geben, wenn die Menschen einmal vergaßen, die Erde zu respektieren – denn dann würde die Natur ihren Lauf nehmen, drohten mächtige Katastrophen. Tatsächlich soll bei Laguna Canyon eine neue Durchgangsstraße gebaut werden, was auf heftige Proteste der Bevölkerung stieß. Sind die Piktogramme ein Zeichen von Nocuma? Amerikanische Forscher sind von der Echtheit der Muster überzeugt. Die wenigen Gräser, die auf der Fläche standen, waren um 90° gebogen, ohne dabei gebrochen oder beschädigt zu sein. Einige, die sich in der Spirale befanden, zeigten nach außen, als hätte eine zentrifugale Kraft sie zu Boden gedrückt. Als Kornkreisforscher den Wachmann des Baugrundes, einen Angestellten der Irvine Construction Company, interviewten, erklärte dieser, er und sein Kollege hätten in der fraglichen Nacht „Geister" und „seltsame Lichter" beobachtet. Sein Kollege sei daraufhin in Panik geraten und davongelaufen, und seitdem nicht mehr zur Arbeit erschienen.

Und tatsächlich sind es Fälle wie dieser, die die Kornkreisforscher wieder zum Kern des Phänomens zurückführen: Die Kornkreise sind nach wie vor eine Warnung – eine Botschaft aus dem Kosmos!

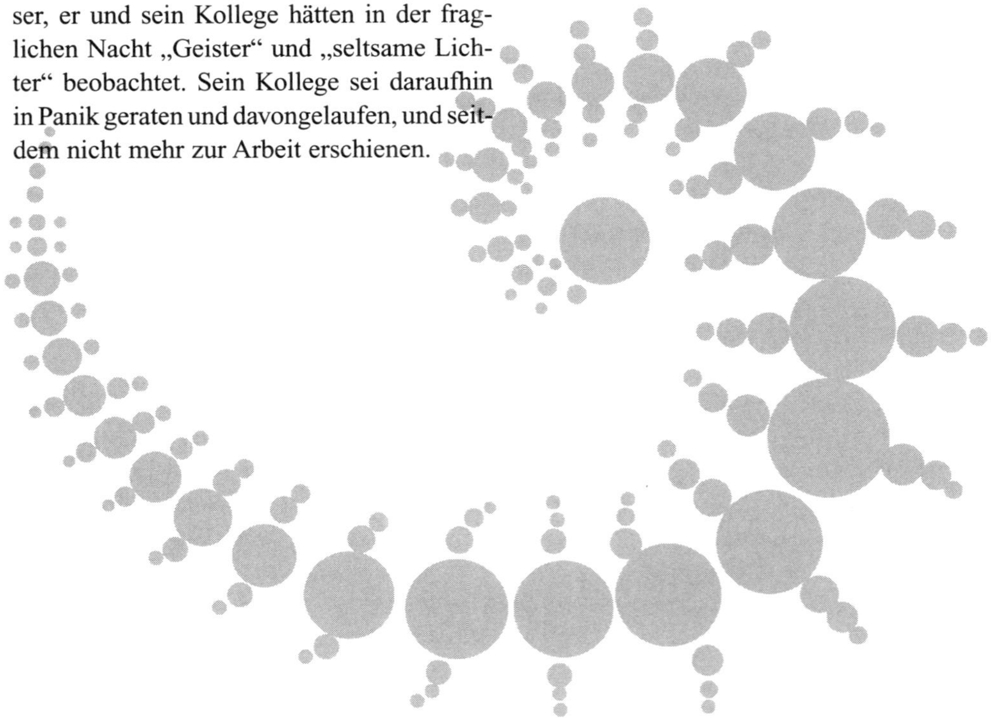

5. Kapitel

1997: KREISE, DREIECKE UND FRAKTALE

Es begann langsam und zögerlich, um in einem überwältigenden Crescendo von Schönheit und Form zu enden. Das Kornkreisjahr 1997, das so verregnet und mager begann, brachte dann doch noch, mit der einsetzenden Sonne, eine der beachtlichsten Ernten des Jahrzehnts.

Die ersten Piktogramme erschienen bereits im April. Ein „Katherinenrad", ein Wirbel aus Licht und Schatten, tauchte am 20. April 1997 am Fuße der eisenzeitlichen Hügelfestung von Barbury Castle auf, in demselben Feld, in dem 1991 die „Mutter aller Kornkreispiktogramme", ein beeindruckendes, riesiges Dreieck, gefunden wurde. Es folgte, zwei Tage später, bei Littlebury Green in der Grafschaft Essex ein Kreis mit einem Ring und dem astrologischen Symbol des Tierkreiszeichens Widder. Ebenfalls in Essex, bei Stretall, wurde am 2. Mai in einem Rapsfeld ein Ringpiktogramm gefunden, in dem das Symbol für Radioaktivität eine Art Propeller überlagerte.

Das erste wirklich spektakuläre Piktogramm des Jahres aber erschien am 6. Mai in einem Rapsfeld bei Barbury Castle, unweit des ersten Kornmusters. Es war 50 Meter lang und bestand aus zehn Kreisen, die, dem Lebensbaum der jüdischen Kabbalah entsprechend, durch Linien miteinander verbunden waren.

KOMBINATIONEN DER ELEMENTE KREIS UND DREIECK

Es dauerte fast einen Monat, bis am 1. Juni das nächste Zeichen im Korn erschien, diesmal bei Stonehenge, auf einem Feld, auf dem es seit zehn Jahren fast jedes Jahr zu Kreisen gekommen war: eine komplizierte Kombination der Elemente Kreis und Dreieck von 50 Metern Breite. Eine Woche später, wieder bei Stonehenge, das komplizierteste und spektakulärste Piktogramm des Monats, die „Schneeflocke", die exakt auf dem Feld auftauchte, auf dem ein Jahr zuvor ein riesiges Spiralmuster gefunden worden war. Offenbar eine Vervollkommnung des im letzten Jahr unter mysteriösen Umständen entstandenen Musters von Olivers Castle, bei dessen Entstehung angeblich vier leuchtende Kugeln gefilmt wurden – der Film ist unter Experten umstritten (s. a. Kapitel 13) –, ist auch dieses Piktogramm kritisiert worden.

Der Farmer Phillip Sandell erhielt in der fraglichen Nacht, am 8. Juni, einen Anruf, dass soeben Menschen in seinem Feld gesehen wurden. Er befand sich zu diesem Zeitpunkt auf einer Reise, und es dauerte eine Woche, bis er selbst das Feld betreten konnte. Dabei will er Schäden am Korn und Trampelpfade zu jedem einzelnen Kreis vorgefunden haben. „Dieses neue Piktogramm ist nicht zu vergleichen mit dem vom Vorjahr, es ist unregelmäßig und grob", erklärte er. Aber konnte er das eine Woche später noch beurteilen? Oder hat er das Piktogramm bewusst zum „hoax" erklärt, um die Tausende von Schaulustigen fernzuhalten, die im letzten Jahr sein Feld besuchten? Auf Luftaufnahmen sah diese 80 Meter breite „Fraktal-Schneeflocke" zumindest beeindruckend aus. Echt oder gefälscht, wir wissen es nicht! Tatsache aber ist, dass dieses Muster den „Trend" der 1997er Kornkreise vorwegnahm: Davidsterne, Dreiecke und Fraktale! Sieben weitere Kornmuster folgten im Juni, Kombinationen von Dreiecken und Kreisen meist.

Doch erst der Juli brachte wieder interessantere Entwicklungen. Es begann mit der Quadratur des Kreises. Vier umringte Kreise, in einem weiteren Kreis quadratisch angeordnet, erschienen am 7. Juli in Headbourne Worthy, Hampshire. Das Kornmuster hatte einen Durchmesser von 70 Metern und erschien in dem Feld, in dem 1978 das erste „keltische Kreuz"-Piktogramm gefunden wurde. Der Höhepunkt der Saison aber folgte vier Tage später. Am 11. Juli wurde der „Spirograph" oder „Torus", ein Spiralmuster von 100 Metern Durchmesser, auf dem Feld der Farmer Tim und Polly Carson in Alton Barnes gefunden, das seit Jahren Zentrum des Kreisgeschehens ist. Wie uns Kornkreis-Forscher Colin Andrews berichtete:

„Ich habe dieses Piktogramm gleich nach seinem Entstehen besucht und war sehr beeindruckt von dem, was ich sah. Zum Beispiel lagen die betroffenen Halme am Rande der 'Innenwand' des stehenden Korns in jedem Ring im Leerraum zwischen den stehenden Halmen des Ringes in einem 310°-Winkel. Wo die Halme flachgelegt waren, standen noch immer einzelne Halme aufrecht. Nur ganz wenige Pflanzen waren zerstört (gebrochen) und der Boden war ungestört. Das Piktogramm war eine dreidimensionale Widerspiegelung der Spirale des Goldenen Schnitts. Der Mathematiker Dan Winter hat in seinem Buch 'Das Alphabet des Herzens' die energetische Signifikanz dieser mathematischen Konstruktion und ihrer Frequenz untersucht. Die Formation erinnerte auch an die dreidimensionale Darstellung des Herzchakras, wie sie der Theosoph Charles Leadbeater um die Jahrhundertwende zeichnete.
Als ich zusammen mit meinem Schwager, Quinn Ramsby, in das Piktogramm zurückkehrte, sahen wir plötzlich zwei gleißende Objekte, die südlich von uns sehr niedrig über dem Feld flogen. Sie bewegten sich zuerst ungeordnet und dann im Tandem, während sie Richtung Westen verschwanden. Wir waren so fasziniert und damit beschäftigt herauszufinden, was sie waren, dass wir versäumten, sie zu filmen oder zu fotografieren, obwohl wir unsere Kameras dabei hatten.
Das Feld, über dem wir diese Unbekannten Flugobjekte sahen, war dasselbe Feld, in dem 1990 eine ARD-Fernsehcrew das klassische erste Langpiktogramm fand, das die Kornkreis-Thematik auf die Titelseiten der Weltpresse brachte. Das Feld, in dessen Richtung die Kugeln davonflogen, war dasselbe, über dem Steve Alexander 1990 seinen berühmten UFO-Film von der Kugel, die bei Tageslicht zwei Felder überquerte und einen Traktorfahrer passierte, aufnahm. Diese kleinen UFO-Kugeln werden im Kornkreisgebiet regelmäßig beobachtet. Im selben Feld bei Alton Barnes nahm ein NASA-Wissenschaftler 1995 ein solches Objekt auf. Ich befand mich damals mit einem Wissenschaftlerteam aus den USA im Rahmen eines Forschungsprojektes eben dort, als sich uns zwei Hubschrauber der British Army näherten. Die Helikopter versuchten, uns vom Feld wegzudrängen, doch als wir nicht reagierten, kehrten sie um, als sie offensichtlich ein Objekt am Feldrand bemerkten, auf das sie schnell zuflogen. Das kleine, glitzernde Objekt verschwand von einer Sekunde auf die andere, als einer der Helikopter sich ihm bis auf 8 Meter näherte. Ich lud den Kommandanten aller britischen Bodentruppen ein, sich den Film mit mir zusammen anzusehen. Er schickte ihn an eine Spezialeinheit, die erklärte, es sei die Reflektion eines Lichtes auf dem Helikopter – obwohl das Objekt auf dem Feld beobachtet und gefilmt wurde, bevor die Helikopter es entdeckten."

Ein Pentagramm in typischer Zuni-Ästhetik (die Zuni sind ein Indianerstamm in New Mexico) von 50 Metern Durchmesser wurde am 13. Juli auf einem Weizenfeld bei Bishops Cannings entdeckt.

Ebenfalls am 13. Juli, gegen 3 Uhr früh, fiel der Bauer William Butler aus East Meon, Hampshire, fast aus dem Bett. Seine Hunde schlugen an, als ein laut knatternder amerikanischer Chinhook-Doppelrotor-Helikopter über seinem Weizenfeld schwebte. Am nächsten Morgen fand er an der Stelle ein Kornmuster in der Form einer Ameise, das allerdings sehr nach Menschenwerk aussah. Hatte die Armee zufällig die Fälscher entdeckt? Hatte sie selber etwas mit der Entstehung des Piktogramms zu tun? Wir wissen es nicht. Aber der Fall dokumentiert das große Interesse der Streitkräfte Großbritanniens an dem Kornkreisphänomen.

WIEDER UFO-SICHTUNGEN

Am 14. Juli erschien das zweite Mega-Piktogramm am Fuße des Cley Hill bei Warminster, dort, wo es in den 1960er und 1970er Jahren zu einer bemerkenswerten UFO-Aktivität gekommen war. Rund um einen bereits bestehenden Kreis entstand ein Sternenmuster, 83 Meter im Durchmesser. Interessant war, dass ein Bereich mit dunkleren Pflanzen harmonisch in das Kornmuster integriert worden war. Dort befand sich einst eine Viehtränke. Heute wächst dort Gras, inmitten des Weizenfeldes. Das betroffene Gebiet wird durch zwei gerade Linien abgegrenzt, die zu einer Achse in dem Muster der vielen Speichen wurde. Man ist an das „Charm-Bracelet“ oder „Dharma-Rad“ auf dem Silbury Hill aus dem Jahre 1992 erinnert, als eine Viehtränke in das Kornmuster – als Einzelelement – integriert wurde. Interessanterweise kam es vor einigen Jahren auf einem Kornkreis-Feld bei Winchester dazu, dass mitten in der Nacht eine Viehtränke explodierte und ihre Trümmer in 30 Metern Entfernung gefunden wurden, wo sie in einem Zaun hängengeblieben waren.

Und dann, am 23. Juli, die große Sensation: Ein fraktaler Davidstern aus 26 Kreisen erschien auf einem Feld nördlich des Silbury Hill. Die Kornlage des ca. 80 Meter breiten Musters war interessant. Die untere Lage verlief teilweise entgegengesetzt der oberen Lage. Tausende besuchten das Kornmuster, nachdem das Fernsehen darüber berichtet hatte – es rief das erste Medienecho für das Kornkreisphänomen seit Jahren hervor.

Vier Tage später fuhr ein Zwillings-Brüderpaar aus Dortmund von Swindon aus zum Silbury Hill, als die beiden orangene Lichter nahe dem urzeitlichen Kulthügel bemerkten. Sie hielten an und beobachteten, wie ein Strahl aus einem der Objekte kam – und waren noch erstaunter, als dieser stoppte, bevor er den Boden erreichte. Es war, als sei der Lichtstrahl auf halbem Weg auf etwas gestoßen – ein „Solid Light“-Phänomen, wie wir es aus der UFO-Forschung kennen, aber eigentlich eine physikalische Unmöglichkeit. Die beiden jungen Männer fuhren näher an den Silbury Hill heran und hielten schließlich auf dem Parkplatz vor dem Hügel, während die „Light Show“ andauerte. Wenige Minuten nach ihrer Ankunft, kurz nach Mitternacht am 27. Juli, endete das Schauspiel. In diesem Augenblick bog ein roter Range Rover, der mit zahlreichen

Antennen ausgestattet war, in den Parkplatz ein. Zwei Männer stiegen aus und fragten die Brüder, ob sie die Lichter gesehen hätten. Sie bejahten. Die beiden Männer wirkten „sehr offiziell“ und stellten den Zwillingen viele Fragen.

Am 27. Juli um 23.10 Uhr beobachteten Mitglieder der amerikanischen Gruppe CSETI, die unter Leitung von Dr. Steven Greer auch dieses Jahr in das Kornkreisgebiet zurückgekehrt waren, vier leuchtende Kugeln, die über dem Milk Hill gen Osten flogen. Die Männer befanden sich in dem Kornmuster und führten Experimente durch – einen Versuch der Kontaktaufnahme durch Meditation, Licht- und Tonsignale –, als sie verschiedene kleine Lichter bemerkten, die am Himmel über dem Hügel tanzten und deren Farbe von weiß nach rot, grün und blau wechselte.

EIN RIESIGER FRAKTALER DAVIDSTERN

Mit diesen Ereignissen erreichte die Kornkreissaison 1997 ihren Höhepunkt. Es folgte ein grandioser Ausklang: Am 1. August tauchten zwei exquisite Muster in einem Feld bei Etchilhampton in Wiltshire auf, wo im Vorjahr das längste Piktogramm aller Zeiten gefunden wurde, 1200 Meter lang. Es formte sich, während Nacht-Landarbeiter, die auf einem Nachbarfeld ernteten, einen Wirbelwind nach dem anderen beobachteten, die sich aus dem Feld erhoben. In diesem Jahr

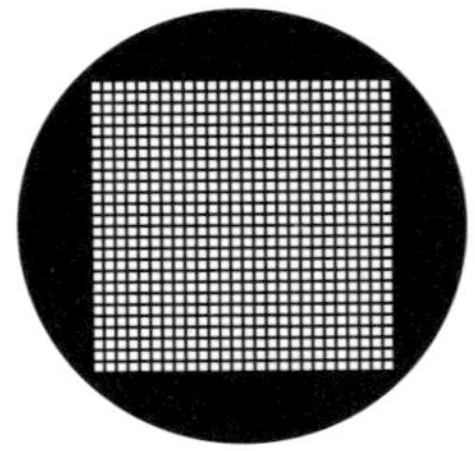

erschien kein langes Piktogramm auf diesem Feld, stattdessen aber zwei der kompliziertesten Kornmuster in der Geschichte des Phänomens. Das eine bestand aus 28 geraden Linien, jede exakt 25 cm von der anderen entfernt, gekreuzt von 25 Linien derselben Breite. Das komplizierte und extrem genaue Piktogramm erinnerte an einen modernen Silikon-Chip, wie er durch ein Mikroskop betrachtet aussieht. Daneben befand sich ein ebenso beeindruckender spiraliger Stern.

Am 8. August endete die Saison auf geradezu überwältigende Weise. Farmer Richard Hughes machte an diesem Morgen seinen Traktor in einem Schuppen in Alton Barnes, Wiltshire, fertig, zu Füßen des berühmten „Weißen Pferdes“ von Alton Barnes. Es war kein ruhiger Morgen. Immer wieder sah er, dass Menschen auf der Straße, die an seinem Hof und seinen Feldern vorbeiführte, anhielten und ausstiegen. Regelrechte Pilgerströme hatten eingesetzt und ihr Ziel war die spektakulärste Kornkreisformation des Jahres. Nachdem die Kornkreis-Forscher schon von der fraktalen Schneeflocke zu Füßen des Silbury Hills beeindruckt waren, hätten sie nicht gedacht, dass sie sich noch steigern ließ. Das neue Muster aber war noch größer und noch komplizierter. Es bestand aus 200 Einzelkreisen, die 18 gezackte Dreiecke umgaben, jedes Teil eines von sechs Davidsternen in diesem gewaltigen, fraktalen Mega-Hexagramm. Es war an eben jener Stelle erschienen, an der Dr. Greers Gruppe 12 Tage zuvor ihr Erlebnis mit einer Ansammlung farbiger Lichter gehabt hatte.

6. Kapitel

1998: EIN PHÄNOMEN WIRD SABOTIERT

Es war der lausigste Sommer seit Jahren, und alle indianischen Prophezeiungen von Erdveränderungen und neuen Wettermustern schienen sich zu bestätigen. Selbst Anfang August stieg das Thermometer selten auf über 20° – zumindest vor der zweiwöchigen Hitzewelle Mitte des Monats. Der konstante Regen – es gab fast täglich längere Schauer – machte es auch für die Zirkelmacher schwer: Wenn die Kornmuster – so die Theorie – durch eine kurzfristige Erhitzung und damit „Schmelzung" der Halme mittels einer Mikrowellenstrahlung entstehen, würde bei der starken Feuchtigkeit die Hitze schlichtweg verdampfen. So gab es in diesem Jahr bis Anfang August in Wiltshire und Hampshire nur etwa fünfzig Piktogramme, die die Charakteristiken des echten Phänomens aufwiesen, daneben jede Menge – bis zum 1. August mindestens zwanzig – Fälschungen. Doch dann, Anfang August, wurde das Wetter besser, das teilweise angefaulte Korn trocknete – und plötzlich waren sie wieder da!

„Es war ein außergewöhnliches Jahr", erklärte uns Steven Alexander, der mittlerweile zu einem exzellenten Kornkreis-Fotografen geworden ist. Dabei war sein „Job" schwieriger denn je. Denn im Juli 1998 wurden sämtliche Privatpiloten, die bisher Kornkreis-Forscher und -Enthusiasten über das Kreiseland geflogen hatten, offiziell von der britischen Zivilluftfahrtbehörde CAA verwarnt: Als Ende Juli, wie jedes Jahr, in Glastonbury die größte Kornkreis-Forscherkonferenz des Landes mit rund 400 Teilnehmern stattfand, tauchten CAA-Beamte auf und befragten ausführlich jeden, der Kornkreisfotos oder -Videos verkaufte. Der offizielle Grund: Privatpiloten mit PPL-Flugschein dürfen niemanden mitnehmen, der den Flug aus kommerziellen Gründen unternimmt, und dazu zählt schon, wenn jemand zu reinen Selbstkostenpreisen Kornkreisfotos verkauft.

So war dann in diesem Jahr alles anders als zuvor. Die altbekannten Kornkreis-Piloten konnten nicht starten und das ewig schlechte, windige und verregnete Wetter tat das Seine dazu, dass Kornkreis-Aufnahmen rar wurden und auch altgediente Forscher immer seltener „in die Luft gingen". Wer es sich leisten konnte und einen Termin bekam, buchte einen kommerziellen Helikopter, der das Fünffache der Selbstkostentarife der Kornkreis-Piloten kostete. Entsprechend seltener wurden die Flüge, schlechter die Informationslage über neue Piktogramme und immer lauter die Anschuldigungen gegen die CAA, an einer Verschwörung gegen die Erforschung des Phänomens beteiligt zu sein. Das war nicht völlig aus der Luft gegriffen, ließ doch auch das staatliche britische Fernsehen BBC nahe dem Milk Hill von einer Gruppe von Kornkreis-Fälschern bei Tageslicht und in mehrstündiger Arbeit ein Piktogramm anlegen, das im Mittelpunkt einer Sendung stand, die der Thematik (mal wieder) den Todesstoß versetzen sollte. Das Klima war also eisig im Lande der Briten: Das Phänomen sollte diskreditiert, seine Erforschung und Dokumentation unmöglich gemacht oder zumindest erschwert werden.

DAS MYSTERIÖSE EAST-FIELD

Ganz anders verhielten sich die Medien in einem anderen Teil der Welt: Eine Woche lang, vom 27. Juli bis 2. August, war ein Team des japanischen Privatsenders NTV (Nippon-Television) unter Leitung des Produzenten Yukihisa Araki auf dem „Adams Grave"-Hügel oberhalb des berühmten „East Fields" von Alton Barnes stationiert, auf dem auch 1998 – am 9. Juli – wieder ein riesiges Piktogramm von 98,3 Metern Durchmesser erschienen war,

diesmal eine siebenseitige „fraktale" Schneeflocke, umgeben von 147 kleinen Kreisen. Durch das Muster hat Farmer Tim Carson 10 Tonnen Weizen im Wert von 1500 Euro verloren. Die Entstehung dieses Piktogramms war von UFO-Sichtungen begleitet.

Der bekannte Kornkreis-Experte Colin Andrews berichtete: *„Am Donnerstag, dem 9. Juli gegen 7 Uhr früh erfuhr ich von einem riesigen neuen Kornkreismuster, das im East Field von Alton Barnes in Wiltshire aufgetaucht war, dort, wo in den Jahren zuvor immer wieder spektakuläre Piktogramme gefunden wurden. Das Muster besteht aus etwa 140 kleinen Kreisen, umgeben von einem Schneeflocken-Muster, und hat einen Durchmesser von ca. 100 Metern.*
Am 10. Juli untersuchte ich eine interessante neue Formation, die in West Woods, Lockeridge, aufgetaucht war. Eine Reihe von Personen berichteten mir von UFO-Aktivitäten südlich des Feldes in der Nacht zuvor. In kürzester Zeit traf ich drei Forscher, die das Feld betraten, einen aus den USA, einen zweiten aus der Tschechischen Republik und den dritten aus England, die mir erklärten, dass sie Zeugen außergewöhnlicher Vorgänge über dem East Field wurden – und zwar gegen 23 Uhr am 9. Juli, in der Nacht, nachdem das Piktogramm von Alton Barnes erschienen war, in der Nacht auch, in der das Muster von Lockeridge entstand. In dieser Nacht haben den Berichten zufolge zahlreiche Armeehelikopter das Gebiet überflogen, als würden sie nach etwas suchen. Dabei hatten einige ihren Suchscheinwerfer eingeschaltet, andere wiederum nicht. Plötzlich sahen viele der Zeugen eine erleuchtete Kugel, die von einem der Armeehelikopter verfolgt wurde. Ein Helikopter richtete seine Scheinwerfer auf eine Gruppe von Forschern, die vom Adams Grave Hügel oberhalb des East Fields aus die Jagd beobachteten.
Am 10. Juli erhielt ich einen Anruf von Terry Butcher, einem Farmer, der östlich von Alton Barnes lebt und Erfahrung mit Armeeflugzeugen hat. Am 9. Juli um 21.05 Uhr war er draußen auf dem Feld, als er beobachtete, wie sich eine Art Tunnel in den Wolken öffnete, der von der höheren zu der niederen Bewölkung reichte, als würde etwas Großes durchfliegen. Die Wolken schlossen sich bald wieder, ohne dass ein Flugobjekt gesehen wurde. Butcher war verblüfft. ‚Es war wie eine Glasröhre, die durch die Wolken gezogen wurde, und in der Röhre waren keine Wolken. Dann wurde sie schnell entfernt und alles war wieder normal.' Mindestens neun Personen sahen am 10. Juli Lichtblitze, die am Himmel über Lockeridge erschienen. Der britische Wetterdienst meldete aber keinerlei Gewitter oder Blitze für Südengland."

Der aufsehenerregendste Fall des Jahres ereignete sich in eben dieser Nacht gegen 22.30 Uhr. Zeugen wurden die beiden britischen UFO-Forscher Matthew Williams und Paul Damon von der Gruppe „Truthseekers" („Wahrheitssucher"), die später mit den Japanern gemeinsam das Forschungsprojekt koordinierten. Ihnen gelang es nicht nur, die Hubschrauberaktivität der Armee zu filmen, sondern auch, wie eine weiße Lichtkugel in ein riesiges zigarrenförmiges Mutterschiff eintauchte, das knapp unter der an diesem Abend niedrigen Wolkendecke schwebte. Wie Damon mir im Interview erklärte: *„Wir waren auf dem Weg nach Devizes, als wir einen Armee-Hubschrauber bemerkten, der in nur 5-7 Metern Höhe über dem Korn des Milk Hill-Feldes schwebte – und eine kleine Leuchtkugel vor ihm in etwas geringerer Höhe. Wir richteten unseren Halogenscheinwerfer auf den Hubschrauber, als die Leuchtkugel mit großer Geschwindigkeit in Richtung des East Fields davon schoss. Der Helikopter drehte und flog stattdessen direkt auf uns zu, um 20 Sekunden lang in nur 8 Metern Höhe über unserem Wagen zu schweben. Als wir den Hubschrauber beim Drehen von der Seite sahen, erkannten wir, dass er mit Raketen bewaffnet war! In diesem Moment kam ein Mähdrescher und wir mussten die Straße freimachen. Der Hubschrauber flog davon, in Richtung von Alton Barnes, als er in Schwebeposition ging, seine Scheinwerfer abschaltete und etwas zu beobachten schien. Kurz darauf setzte er seinen Flug in Richtung East Field fort. Später, als wir uns auf den Weg* *zum Napp Hill machten, bemerkten wir eine große, helle Lichtkugel hoch am Himmel. Sofort richtete Matthew die Kamera auf das Objekt, begann zu filmen – als es auf ein zigarrenförmiges Objekt zuglitt und darin zu verschwinden schien. Ein kleines, rotes Licht schien links von der Zigarre zu stehen. Nach Sekunden tauchte das weiße Licht aus dem zigarrenförmigen Objekt wieder auf. Die Zigarre hatte einen Durchmesser von etwa 200-250 Metern und war vielleicht 2 km von uns entfernt. Sie war enorm groß. Das Licht tanzte buchstäblich vor der Zigarre, bevor es wieder in sie eintrat. Schließlich kam es wieder heraus, die Zigarre stieg auf und verschwand in den Wolken, die in der fraglichen Nacht sehr tief standen, und das Licht folgte ihr. Wir waren völlig perplex.“* Deutlich ist die Lichtkugel zu erkennen, schwach das glühende Mutterschiff, in dem sie verschwindet und aus dem sie wieder heraustritt. Ein beeindruckendes Filmdokument jedenfalls, das beweist, dass tatsächlich außerirdische Raumschiffe der Ursprung der „BOLs“ (Balls of Light) sind, die mittlerweile für die Verursacher der Kornkreise gehalten werden.

Und sie setzten ihre Aktivität fort. Mitte Juli, so Colin Andrews, *„filmte eine junge Frau drei silbrige Kugeln, die sich in dem 'Schneeflocken-Muster'* (von Alton Barnes) *bewegten*“. Was folgte, waren Wochen regelmäßiger Hubschrauber-Aktivitäten der britischen Armee. *„Die Army-Helikopter flogen zahllose Male das Feld auf und ab, als würden sie etwas suchen. Viele Zeugen beobachteten, wie einer der Hubschrauber eine kleine Leuchtkugel über das Feld jagte.“*

UFO-SICHTUNGEN UND SCHWARZE HELIKOPTER

Eben diese Vorfälle ermutigten die Japaner und die UFO-Forscher Williams und Damon auf dem Hügel Stellung zu beziehen. Ausgerüstet mit einer ferngesteuerten und extrem empfindlichen Nachtsichtkamera – einem Modell, von dem es weltweit nur 60 Exemplare gibt, wovon die meisten an der Grenze zwischen Nord- und Südkorea im Einsatz sind – hielten die Forscher und das Filmteam fast 24 Stunden täglich in Schichten Wache – und wurden Zeugen aufsehenerregender UFO-Sichtungen: *„Einmal sahen wir eine Art sehr kleine, weiße Lichtkugel, die am Himmel stand*“, erklärte mir NTV-Produzent Yukihisa Araki. *„Zuerst dachten wir, es sei ein Stern, aber dann bewegte sie sich, kam näher, wurde dabei doppelt so groß, um wieder zu schrumpfen und zu verschwinden. In diesem Moment tauchte ein Hubschrauber auf, der das Licht zu verfolgen schien.“*

Ein ähnlicher Vorfall ereignete sich in der Nacht des 31. Juli. *„Gegen 11.30 Uhr bemerkten wir, dass einige Helikopter in der Luft waren, und so begannen wir, sie genauer zu beobachten. Als wir heranzoomten, bemerkten wir ein kleines Licht beim Woodborough Hill“*, schilderte mir der Co-Leiter der Beobachtungsstation, Paul Damon, im Interview seine Beobachtungen. *„In der Nacht zuvor gab es eine Menge nächtlicher Lichter-Aktivitäten im Westwood-Gebiet bei Lockeridge, wo es in diesem Jahr zu den meisten Sichtungen von Leuchtkugeln gekommen war. Was mich noch mehr beeindruckte, war, dass wir in der Mulde des Eastfields Objekte orteten, die man nicht mit bloßem Auge sehen konnte, nur mit der Kamera. Offenbar operierten sie in einem Lichtspektrum, das jenseits dessen liegt, was das menschliche Auge erfassen kann.“*

WIEDER CSETI-KONTAKTE

Auch die Gruppe der acht Amerikaner, die vom 20.-27. Juli 1998 mit Dr. Steven Greer in das Kreiseland gekommen waren, um durch die „CE-V Protokolle“ des „Centers for the Study of ET Intelligence“ (CSETI) die Kontaktaufnahme mit Außerirdischen durch Licht- und Tonsignale sowie Gedankenfrequenzen zu versuchen, hatte Erfolg: *„Wir sahen mehrfach leuchtende Kugeln“*, erklärte mir Dr. Greer, *„einmal, in der Nacht des 24. Juli, ein Objekt, das am Horizont stand und in Abständen Strahlen zur Erde sandte. Ein anderes Mal sahen wir zwischen den Wolken mysteriöse Lichter, die die Wolken erleuchteten. Die beeindruckendste Erfahrung aber ereignete sich in der dritten Nacht unseres Projektes. Da sahen wir alle ein schwachrot leuchtendes Objekt direkt über uns, das an das Plasma-Schiff aus den*

Carlos Diaz-Filmen erinnerte (s. Kapitel 14)– und immer tiefer kam. Schließlich erfasste und umrundete uns das Licht. Wir spürten alle einen tiefen inneren Frieden – und nahmen über remote viewing *wahr, wie wir von Wesen umgeben waren, die uns begrüßten."*

DIE BESTEN KORNKREISE

Schon früh tauchte in diesem Jahr der erste Kornkreis auf, ein Exemplar von Schönheit und Symmetrie; nämlich das „Flammenrad", das am 4. Mai 1998 unterhalb des prähistorischen Langgrabes von West Kennet/Wiltshire gegenüber dem mysteriösen Silbury Hill entdeckt wurde, also innerhalb der „heiligen Landschaft" der 6000-jährigen Anlage von Avebury. 33 „Flammen" umgaben das 73 Meter breite Piktogramm im grellgelben Raps, in dem nach Aussage zahlreicher Zeugen Videokameras und Kassettenrekorder nicht funktionierten – ein Hinweis auf elektromagnetische Anomalien. Eine schöne Spirale mit einem Ausläufer, der eine Straße kreuzte, wurde am 24.5. bei Winterbourne Basset/Wiltshire gefunden.

Dann dauerte es ganze drei Wochen, bis „sie" zurückkamen (obwohl am 29.5. eine plumpe Fälschung auf einer Wiese neben dem Pub von West Overton angefertigt wurde). Erst in der zweiten Juniwoche erschien die „Larve", eine 70 Meter lange Anordnung von zehn Kreisen, auf dem Nachbarfeld unterhalb des Langgrabes von West Kennet. Kornkreisforscher Andy Potter, der das Piktogramm untersuchte, bemerkte eine ganze Reihe „magisch gebogener", d.h. deformierter Halme, ein Merkmal des „echten Phänomens". Zudem hatten einige Kreise zwei Zentren, die Halme „flossen" in zwei Richtungen. Obwohl es bald vom Wind zerstört wurde, spricht einiges für die Echtheit dieses Musters. Weitere Muster, die in Wiltshire und Hampshire gefunden wurden, waren ein Mandala mit fünfzackigem Stern und zehn „Blütenblättern", zwei „Reptilienaugen", diverse Ringe und Doppelsterne.

Ein fünfzackiger „Doppelstern" in drei Ringen erschien am 4. Juli bei Dadford, Buckinghamshire, 63 Meter im Durchmesser und von einem ägyptischen „Ankh"-Lebenskreuz und einem „Neter (Wächter)-Schlüssel" begleitet. Sollte es für den zehnten Planeten der Götter stehen? Etwa zeitgleich tauchten an der Ringwallanlage von Danebury, Hampshire, ein Ring und sieben Halbmonde mit einem Durchmesser von 50 Metern auf. Dann folgte, wie schon erwähnt, am 9. Juli das geheimnisvollste Piktogramm des Jahres, die „fraktale Schneeflocke" von Alton Barnes. Eine Nacht später wurde das benachbarte Lockeridge, wo es schon in den Jahren zuvor immer wieder zu spektakulären Piktogrammen gekommen war und wo in diesem Jahr immer wieder Leuchtkugeln beobachtet worden waren, Ziel der Zirkelmacher. „Die Hydra" genannt, bestand das Lockeridge-Piktogramm aus einem Ring und fünf großen Kreisen. Aus dem fünften kamen in Palmenform 29 kleine Kreise. Da ich noch zwei Wochen später schwache radioaktive Anomalien (150 % über den Normalwerten) feststellte, halte ich es für möglicherweise echt. In derselben Nacht tauchte ein Fünfer-Design bei Fareham/Hampshire in einem Weizenfeld auf.

„Stachelrochen" nannten die Forscher das riesige Kornmuster aus einem Haupt-Corpus von zwölf übereinandergelagerten Kreisen und Ringen und 52 kleinen Kreisen von 100 Metern Länge, das am 21. Juli auf einem Weizenfeld bei Beckhampton erschienen war. Der

„Stachel" zeigte exakt auf den Silbury Hill. Auch hier wurde acht Tage später noch eine leichte Erhöhung der Radioaktivität gemessen.

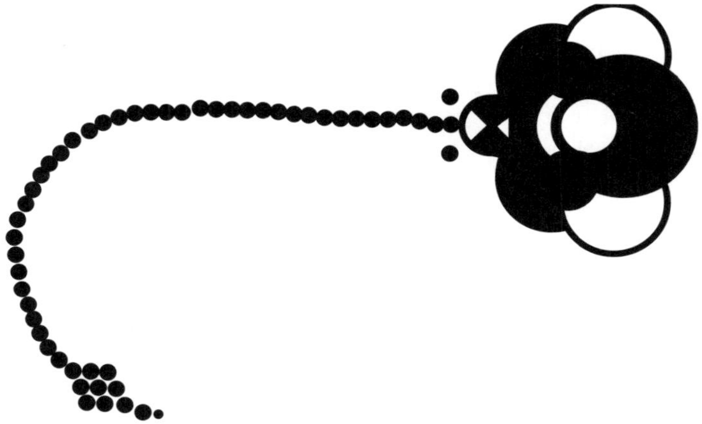

Den Juli beschloss am 23. das vierarmige „Julia-Set" parallel zum Zentrum des Silbury Hills auf seinem Nachbarfeld, 70 Meter im Durchmesser, umgeben von 94 kleinen Kreisen, ein wahrhaft spektakuläres Muster, ebenfalls mit einer leicht erhöhten Radioaktivität (die einen Hinweis auf eine mögliche Echtheit darstellt. Definitiv lässt sich das jedoch nur sagen, wenn an den ersten 2-3 Tagen nach Entstehung Werte von 300-400 % über Normal gemessen werden, wie es in den Jahren zuvor mehrfach der Fall war). Es folgte eine große, zweiwöchige Pause. Frustration machte sich breit, Enttäuschung, dass es keine Flüge mehr gab, Misstrauen, weil so viel gefälscht wurde, Skepsis, schwindender Enthusiasmus und zunehmende Verärgerung über das schlechte Wetter.

Dann, Anfang August, waren die Kreise wieder da und überraschten die Forscher mit neuen Formen und Dimensionen. Innerhalb von zweieinhalb Wochen wurden die britischen Grafschaften Wiltshire und Hampshire mit zwölf beeindruckend großen und komplexen Piktogrammen beschenkt, die der Diskussion um den Ursprung des Phänomens wieder Auftrieb gaben. Den Anfang machte am 2. August 1998 ein schlichter Ring, 78 Meter im Durchmesser und 19 Meter breit, in unmittelbarer Nähe des vorzeitlichen Steinkreises von Avebury. Interessanterweise war der Ring von sieben nur schwer sichtbaren

Halbkreisen durchzogen, was eine Anspielung auf die Erde, den „siebten Planeten“ nach der sumerischen Kosmologie sein könnte. In derselben Nacht erschienen gleich zwei Piktogramme, bestehend aus zwei Ringen und 30 größeren und kleineren Kreisen unterhalb der eisenzeitlichen Ringwallanlage von Danebury in Hampshire.

Vier Tage später, am 6. August, wurde in einem Weizenfeld bei Lockeridge (zwischen Avebury und Alton Barnes) eines der kompliziertesten Kornmuster des Jahres gefunden, 68 Meter lang und aus fünf überlagerten Kreisen bestehend, von vier kleinen und 19 Satellitenkreisen umgeben. Nur zwei Tage später,

am 8. August, folgte ein doppeltes Pentagramm über einem Pentagon in einem Kreis, ein äußerst präzises, sauberes Kornmuster bei Beckhampton, ebenfalls Teil der Anlage von Avebury und bekannt durch sein prähistorisches Langgrab (das „Beckhampton Long Barrow“).

Es wurde noch besser. Am Morgen des 9. August fanden Kornkreisforscher einen aus sieben Siebenecken bestehenden „fraktalen“ Stern, umgeben von 90 kleineren Kreisen und mit 86 kleinen Kreisen in seinem Inneren, bei Tawsmead Copse, Wiltshire: ein beeindruckendes Muster, 78 Meter breit. Bei Yatesbury, Wilts, folgte tags darauf ein simples, fraktales Dreieck, ca. 70 Meter breit, mit zweimal drei und einmal vier kleinen Kreisen an jeder Ecke.

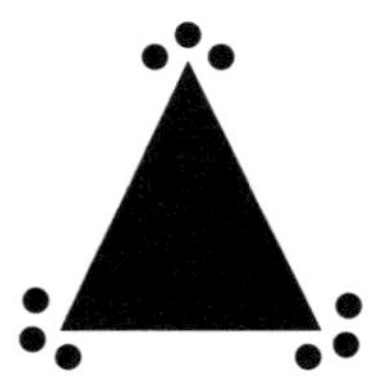

Erst am 19. August 1998 wurde, wieder im Herzen der Anlage von Avebury, der Kornkreis-Zyklus dieses Jahres abgeschlossen. Unweit des „Sanctuary“, des prähistorischen Holztempels im „Kopf“ der einst schlangenförmigen Kultanlage, erschienen ein kleiner Kreis, ein breiter Ring, sechs Halbmonde und drei dünne Halbkreise, 72 Meter im Durchmesser.

Die Ausbeute des Jahres 1998 enttäuschte und begeisterte zugleich. Sie begeisterte aufgrund der Fülle beeindruckender UFO-Sichtungen in unmittelbarem Zusammenhang mit der Entstehung großer und beeindruckender Kornmuster. Selten war der Zusammenhang zwischen Kornkreisen und den „Balls of Light“ so offensichtlich wie 1998, noch nie wurde ihre Aktivität so gründlich von britischen Militärhelikoptern überwacht wie in diesem Jahr. Aber sie enttäuschte auch, weil die Formationen weniger spektakulär, zahlreich und aussagekräftig waren. Zudem hatte der Prozentsatz an Fälschungen in den letzten Jahren dramatisch zugenommen. Während es ohne Zweifel nach wie vor echte, d.h. nicht von Menschenhand gemachte Kornkreismuster unbekannten Ursprungs gab, wurde das Phänomen mehr und mehr durch die Machwerke skrupelloser Fälscher und Betrüger kontaminiert. Schon das führte dazu, dass die echte „Botschaft aus dem Kosmos“ bislang fast ungehört blieb.

7. Kapitel

1999: SCHWARZE SONNE, GOLDENE KREISE

Der schönste, längste und letzte Sommer des Jahrzehnts präsentierte auf den britischen Kornfeldern – und, wie immer, rund um den Globus – die größte Vielfalt des Kornkreisphänomens, die es bislang je gegeben hatte. Obgleich auch wieder skrupellose Fälscher am Werke waren, überzeugten erneute UFO-Sichtungen, physikalische Charakteristiken und die schiere Präzision zahlreicher Kornmuster internationale Forscher davon, dass zumindest ein Teil der aufgefundenen Piktogramme „das reale Phänomen" – und damit authentisch waren. Ganze 144 Kornkreisformationen, die größte davon 340 Meter lang, die komplexeste aus 288 Einzelkreisen bestehend, wurden gezählt – davon 59 im Juli und 30 im August. Obwohl die große europäische Sonnenfinsternis am 11. August ganz offensichtlich das Leitmotiv des Kornkreissommers war, „beruhigte" sich die Situation Mitte August, kam es eine zeitlang kaum noch zu neuen Mustern, bis Ende des Monats noch einmal alles zu einem grandiosen Finale ansetzte, mit einem echten Höhepunkt am 1. September 1999. Angesichts der Tatsache, dass es ein Kornkreisjahr der Superlative war, verwundert noch mehr das Schweigen der Medien: Nicht eine überregionale britische Zeitung, von der deutschen Presse einmal ganz abgesehen, widmete den echten Kreisen eine Schlagzeile.

Stattdessen wurde wieder einmal versucht, mit einer Fälschung das gesamte Phänomen zu diskreditieren. Am 29. Juli 1999 entstand gegenüber dem Steinkreis von Avebury ein beachtlicher Kornkreis mit 33 stehenden Kreisen. Das Muster war von einem Fälscherteam, das sich bezeichnenderweise „Team Satan" nennt, im Auftrag des Revolverblattes „Daily Mail" angefertigt worden. Am nächsten Tag interviewte die Zeitung Besucher des Musters, fast alle Laien, über ihren Eindruck von dem Piktogramm. Ihr Ziel war, zu „beweisen", wie leicht Fälscher die Öffentlichkeit täuschen können. Doch keiner der renommierten Kornkreisforscher fiel darauf herein, und wer letztendlich die Öffentlichkeit täuschte, war das Boulevardblatt mit seiner Schlagzeile „Die Nacht, in der das UFO doch nicht landete". Doch in derselben Nacht, in der tatsächlich kein UFO bei Avebury landete – kein Kornkreisforscher, nebenbei gesagt, hält die britischen Piktogramme für UFO-Landespuren, es sind allenfalls Kommunikationsversuche – tauchten gleich drei Piktogramme nahe der Hafenstadt Bristol auf, von denen zwei den Mond und die Sonne darstellen: eindeutig eine Anspielung auf die große prophetische Bedeutung der Sonnenfinsternis vom 11. August.

CHRONIK EINES PHÄNOMENS

Dabei setzte der Kornkreis-„Sommer" schon sehr früh ein. Das erste Piktogramm wurde am 11. April auf einem Rapsfeld in Newton St. Loe nahe Bath/Somerset gesichtet: ein großer Kreis, von dem zwei miteinander verbundene kleinere Kreise ausgehen, beide am Rand versehen mit der ägyptischen „neteru" (= „Wächter" oder Götter)-Hieroglyphe, in einem Winkel von 45°. In der Nacht, in der es erschien, kam es in Teilen von Bath zu einem Stromausfall, berichtet die Internet-Website „Cropcircle-Connector" (http://cropcircleconnector.com). Einen Tag später war Marlborough, die Stadt im Herzen des Kreiselandes, an der Reihe, diesmal mit einem Dreieck in einem Doppelkreis, aus dem eine „neteru"-Hieroglyphe ragte. Das Muster war 18 Meter lang. Gleich fünf Kreise wurden ebenfalls am 12. April nahe dem Milk Hill bei Alton Barnes entdeckt. Schon hier wiesen drei Ringe, ein ausgefüllter Kreis und ein teilweise ausgefüllter Ring auf eines der

Hauptthemen von 1999 hin, die große Sonnenfinsternis vom 11. August. Das fünfte Piktogramm des Jahres, das am 16. April bei Bishop Cannings/Wiltshire auftauchte, zeigte dann auch einen Ring, der sich vor einen ausgefüllten Kreis schob: ganz klar die Eklipse, auf die ausdrücklich hingewiesen wurde. Zwei schöne „Sonnenräder" wurden schließlich Ende April auf Rapsfeldern in Alton Barnes und East Meon/Hampshire gefunden.

Dann, im Raps, am 2. Mai 1999 die erste Sensation: Ein wunderschönes und kompliziertes Piktogramm, das zweite vom Milk Hill, versetzte die Forscher in Staunen. Es bestand aus einem Kreis, umgeben von 15 „Fähnchen", der „neter" („Gott")-Hieroglyphe der Ägypter, diese wiederum umgeben von 14 Kreisen und einer drei„fingrigen" „Hand", die nach einem einzelnen Kreis griff. Auf der gegenüberliegenden Seite zwei Kreise, von einem ging eine Art Horn aus. Einen Tag später, bei Andover, schoben sich vier Ringe etappenweise über acht Kreise: noch eine Darstellung der Sonnenfinsternis. Ansonsten verlief der Mai unspektakulär, bis

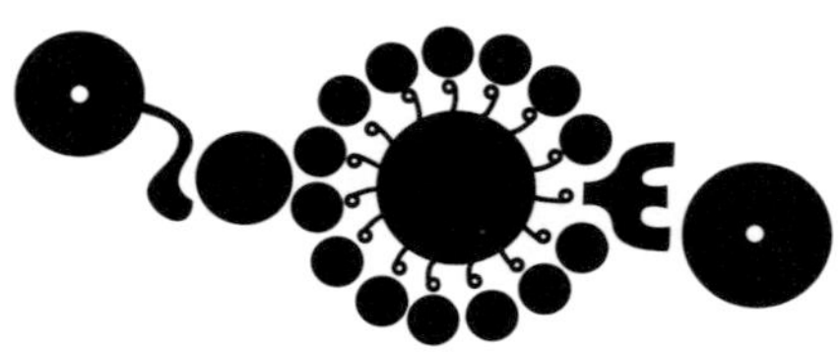

zum 23., als auf einem Gerstenfeld bei Avebury, unweit des prähistorischen Steinkreises, ein 70 Meter breites „Wunder" entdeckt wurde: Ein Kreis im Zentrum, mit inneren, konzentrischen Ringen, von ihm ausgehend zwölf „Tentakel", von denen sich einige teilten, bis sie schließlich in 18 Ringen endeten. Diese wiederum umgab eine Ring-Zone, um die herum sich 22 kleine Kreise reihten. Die Kreise zeichneten sich durch einen sehr sauberen Kornfluss aus. Die Pflanzen waren nicht gebrochen, und obwohl es zuvor geregnet hatte, klebte kein Schlamm an ihnen, wie es der Fall gewesen wäre, wenn Menschen sie niedergetrampelt hätten.

EINE MENORAH IM KORN

Am Fuße der eisenzeitlichen Hügelfestung Barbury Castle, die schon 1991 durch das „klassische" Dreieckspiktogramm bekannt geworden ist, erschien am 31. Mai eines der bemerkenswertesten Kornmuster des Jahres: Eine Menorah, ein jüdischer Hanukah-Leuchter aus sieben plus vier = elf Kreisen weist

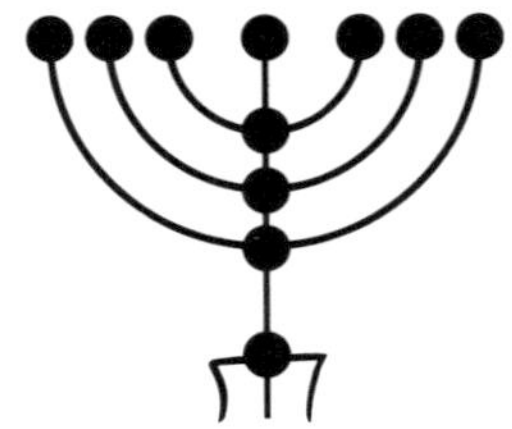

offenbar auf Israel oder das Judentum hin. Über ihm war ein Gebilde aus einem Ring, zwei konzentrischen Kreisen, einem einzelnen Kreis und einem Halbmond erkennbar. Sagt es eine Bedrohung durch den Islam (Halbmond) für Israel voraus? Einige sahen in dem Gebilde einen ägyptischen Skarabäus-Käfer. Das könnte ganz gezielt auf eine Konfrontation mit dem islamischen Ägypten hinweisen. Der „Pillendreher"-Käfer galt bei den alten Ägyptern allerdings auch als Symbol der Sonne, und zusammen mit dem Mond könnte es sich ebensogut nur um eine Symboldarstellung der Sonnenfinsternis handeln, verbunden mit einem ganz klaren Hinweis auf Israel, wo sich kurz darauf „irgendetwas" ereignen könnte. Das Menorah-Piktogramm enthielt durch die Kreise Elemente des kabbalistischen Lebensbaumes. Die vier Kreise des Leuchter-Halters könnten die vier Erzengel (Michael, Gabriel, Raphael, Ariel) symbolisieren, die sieben Flammen stehen für den siebenfachen Geist Gottes. Es ist also ein „göttliches Zeichen", das sich in Israel offenbaren wird. In der vorjudaistischen Symbolik standen die „sieben Flammen" der Menorah auch für das Siebengestirn, die Plejaden.

EINE MEISTERLEISTUNG – ABER VON WEM?

Nach dieser Meisterleistung „erholten“ sich die Kreismacher, bis sie zu ihrem größten Schlag im Jahr 1999 ausholten. Ort des Geschehens: Das „East Field“ bei Alton Barnes, seit Jahren privilegiert, Standort eines neuen Korn-Wunders zu werden. Auch diesmal wurden die Kornkreis-Enthusiasten, die schon ungeduldig auf das diesjährige „East Field“-Kornmuster warteten, nicht enttäuscht. Denn tatsächlich war das, was am 12. Juni hier erschien, kein „simples Kornmuster“, sondern vielmehr eine Aneinanderreihung von sechs Piktogrammen, fünf „Hanteln“ und einem „keltischen Kreuz“ im Zentrum, 342 Meter lang! Hier, so scheint es, wurden die frühen Piktogramme von 1989-91 wiederholt, erweitert durch Symbole wie das „Din Gir“ von 1993, die Fraktale der Mit-Neunziger und die „Kometenschweife“ von 1994. Trotzdem „stört“ uns die Bedeutungslosigkeit dieses „Kornkreis-Medleys“. Sollte es doch das Werk von Fälschern sein? Dafür spricht, dass die gesamte Formation die Traktorspuren entlang verlief, Löcher in den Kreismitten gefunden wurden (die allerdings auch von Vermessern stammen könnten) und der Kornfluss nicht sauber war.

Sollten tatsächlich Fälscher am Werk gewesen sein, so waren sie gewiss zu beschäftigt, um für drei weitere Kornmuster verantwortlich zu zeichnen, die in derselben Nacht in Wiltshire auftauchten: eine neunfach sich

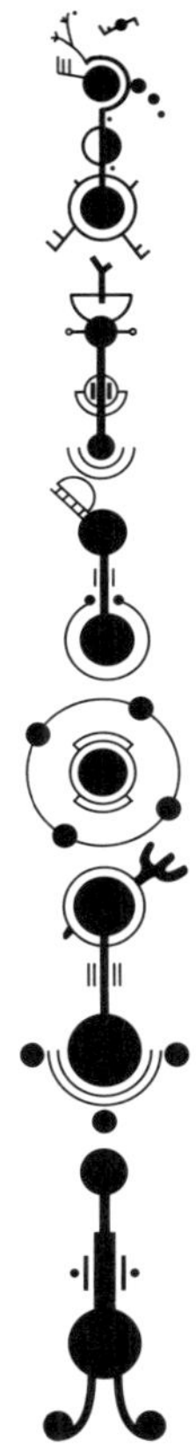

schlängelnde „Schlange“ ebenfalls auf dem East Field bei Alton Barnes, ein Stern bei Cannings und ein doppelt umringter Kreis bei Chiseldon nahe Swindon. Exakt eine Woche später folgte nahe dem Silbury Hill, der prähistorischen Stufenpyramide Südenglands, die zeitgleich mit der ersten Pyramide Ägyptens entstand, ein eindeutig altägyptisches Symbol: eine geflügelte Sonnenscheibe. Eine Sonnenscheibe, von einer Schlange durchkreuzt, stellte einst der prähistorische Steinkreis von Avebury dar, in dessen Zentrum der Silbury Hill liegt, ein Umstand, der mich schon 1992 (in „Botschaft aus dem Kosmos“) über eine Verbindung dieser Vorzeit-Kultur zu Altägypten spekulieren ließ. Hatten beide Kulturen dieselben kosmischen Lehrmeister, die „Wächter“? Dieses Kornmuster würde diese Verbindung bestätigen, und ich wäre hellauf erfreut, wenn das eindrucksvolle Muster nicht so völlig parallel zu den Traktorenspuren verlaufen würde. So aber bleibe ich skeptisch bei den 130 Meter breiten „Schwingen des Ra“ vom 19. Juni.

Es folgten diverse Muster, die immer wieder die ineinander verschlungene Dreiheit von Körper-Seele-Geist darstellten, ob mit Kreisen oder mit Halbmonden. Die erste auffällige Innovation tauchte schließlich am 22. Juni nahe Riccall in North Yorkshire auf, Hunderte Kilometer vom klassischen „Kreiseland“ entfernt: In einem 70 Meter breiten Gerste-Kreis befand sich ein Quadrat mit 78 kleinen und 32 größeren Kreisen sowie zwei runden Erhebungen in der Peripherie.

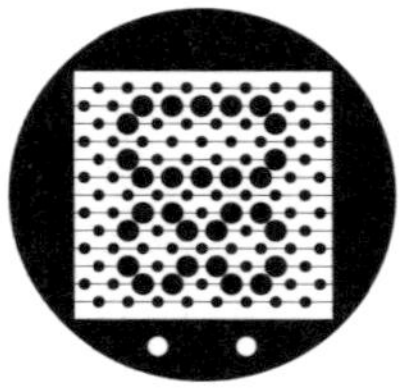

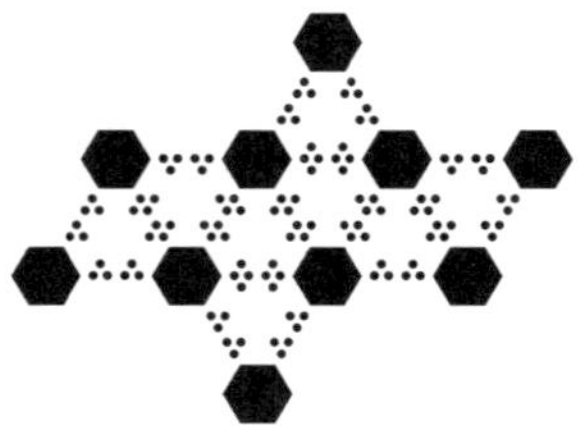

Wiltshire, das „klassische" Kornkreisland, reagierte zwei Tage später mit drei Rauten in einem Ring, die einen dreidimensionalen Würfel bildeten, und, in derselben Nacht, einem äußerst komplizierten geometrischen Muster in West Overton bei Avebury. Letzteres bestand aus zehn großen und 117 kleinen miteinander verbundenen Sechsecken. Das „Overton-Netzwerk" erinnert an Beobachtungen von Nano-Röhren, wie wir sie in der Chemie bei atomaren Strukturen vorfinden. Als vier Tage später der US-Sender TLC (The Learning Channel) einen Beitrag über die jüngsten Ergebnisse der Nano-Technologie ausstrahlte, fielen der Kornkreisforscherin Ilyes die Parallelen zu den „Bucky Balls" auf, einem Produkt der Nano-Technologie, einer sehr jungen Wissenschaft, die Strukturen natürlicher Mikro-Elemente entwickelt. So kann aus Atomen von Kohlenstoff, Nickel und einem dritten Element ein Kohlenstoffplasma gebildet werden, aus dem sich, in einem Quarzzylinder gekühlt, mit bloßem Auge unsichtbare Nano-Röhren bilden lassen, durch die sich Strom leiten lässt. Sie sind ein wichtiger Bestandteil der innovativen „Molekularelektronik", mit deren Hilfe sich eines Tages die erstaunlichsten Mikro-Computer entwickeln lassen.

DER SAROS-ZYKLUS

Ein beeindruckender „Spiralnebel" leitete am 4. Juli den nächsten Monat ein, 130 Meter im Durchmesser und von beeindruckender Feinheit. Das Muster erschien am Hackpen-Hill nahe Broad Hinton, zu Füßen eines der „weißen Pferde", seit Jahren ein beliebtes Kornkreis-Feld. In der Nacht zuvor hatten die Kornkreisforscher Stuart Dyke und Ilyes, Letztere eine Künstlerin und Kornkreis-Enthusiastin aus den USA, auf dem Hügel „Nachtwache" gehalten und kurz nach Mitternacht vier Lichter beobachtet, die sekundenlang erschienen und wieder verschwunden waren. Kurz darauf strahlte ein Suchscheinwerfer auf, wanderte zwanzig Minuten lang über das Feld, um schließlich zu erlöschen. Hatte jemand anderes – von der Farm, der Polizei, dem allgegenwärtigen Militär – die Lichter ebenfalls beobachtet? Die ersten Kornkreis-Forscher, die das Muster betraten, waren beeindruckt vom „Fluss" der unbeschädigten Pflanzen: Keine der Kornähren der Weizenhalme erschien zerdrückt oder niedergetrampelt. Bei gründlicher Analyse durch den deutschen Kornkreisforscher Andreas Müller erwies sich das Muster als ein Diagramm, das den so genannten „Saros-Zyklus" der Sonnenfinsternisse bildet. Ein Saros-Zyklus dauert 1000-1200 Jahre und beinhaltet ca. 42 Sonnenfinsternisse. Das Diagramm zeigt die „Zonen der Totalität" auf, die am Nordpol beginnen und über die Jahrhunderte hinweg Richtung Südpol wandern. Der gegenwärtige Zyklus begann 1639 mit einer Sonnenfinsternis am Nordpol und endet 2648 mit einer Eklipse über dem Südpol – bevor der nächste wieder am Nordpol beginnt. Nur in einem kleinen Detail weicht das Kornmuster von einer konventionellen Darstellung des Saros-Zyklus ab: Er ist so dargestellt, wie er aus einer Blickrichtung jenseits der Erde erscheinen würde.

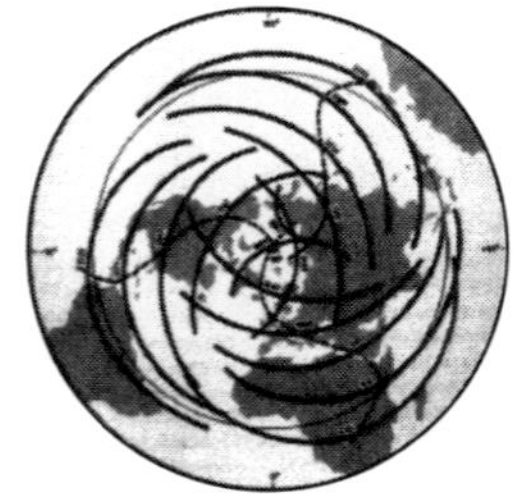

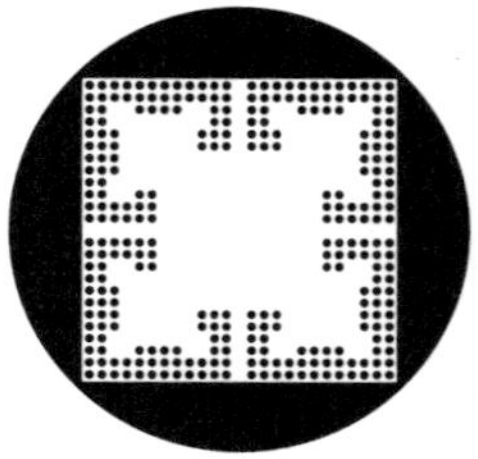

Einen neuen Rekord stellte ein Kreis von 170 Metern Durchmesser auf, der aus 288 kleinen Kreisen in einem Quadrat bestand, die ein „Templerkreuz" oder die Grundfläche einer Pyramide mit fünf Spitzen bildeten: Noch nie gab es so viele Einzelkreise in einem Piktogramm. Das Muster erschien am 16. Juli auf der Spitze des Windmill-Hills, just an der Stelle, an der sich vor 6500 Jahren die erste Siedlung der Erbauer von Avebury befand, wie Ausgrabungen belegen. Eine Reihe von Forschern deutete es als Grundriss eines antiken Tempels oder einer Kirche.

DER TEUFELSTISCH

Dass damit der Erfindungsreichtum der Zirkelmacher von 1999 noch nicht erschöpft war, zeigte sich, als nur vier Tage später auf dem „Devil's Den" bei Clatford, zwischen Avebury und Marlborough, ein äußerst komplizierter Davidstern erschien. Dieser war eingebettet in einen Kreis und ein Sechseck, zudem durchzogen von drei konzentrischen Ringen sowie 30 großen und 54 kleinen Kreisen, die von einem Zentralkreis ausgingen. Der „Devil's Den" ist ein Dolmen, ein 6000 Jahre alter Steintisch, der inmitten dieser magischen Landschaft steht, eines der wenigen Monumente der „heiligen Anlage" von Avebury, die weitgehend vom Tourismus unerschlossen sind und sich ihren ursprünglichen Zauber noch erhalten konnten. Interessanterweise hat dieses beeindruckende Muster von ca. 60 Metern Durchmesser einen Vorläufer und einen Nachfolger. Der Vorläufer erschien am 17. Juli bei Cherhill, zu Füßen eines weiteren der mysteriösen „Weißen Pferde", die über die Jahrhunderte hinweg in Anlehnung an eine alte Tradition von den Einheimischen in den Kreidekalk-Felsen „geschnitten" wurden, indem man die Grasnarben der Bewachsung entfernte: ein neunzackiger Stern, im Innern ein galaxienartiger Wirbel, der auch an den Saros-Zyklus erinnert. Dann, am 21. Juli, erschien das zweite Gegenstück nahe dem Liddington Castle bei Swindon: ein Dreieck in einem Kreis, umgeben von drei Halbkreisen, im Zentrum ein doppelt umrundeter Kreis, von dem drei „Korridore" ausgingen, 79 Meter im Durchmesser. Der Trend zur Trinität setzte sich fort, u.a. mit dem Piktogramm von Barbury Castle – es erschien unweit der „Menorah" – vom 23. Juli, das aus drei Halbmonden bestand. Der Durchmesser des beeindruckenden Kornmusters lag bei ca. 100 Metern. Eher viereckig dagegen war das 93 Meter breite „Koch-Fraktal", das am 24. Juli nahe dem Silbury Hill und dem Beckhampton Langgrab entdeckt wurde. In der Nacht, in der es entstand, will ein Zeuge namens Mike Ray vom Parkplatz am Silbury Hill aus ein ultraviolettes Glühen beobachtet haben, das das ganze Feld erfasste. Es folgte am 29. Juli ein riesiger Kreis mit 33 kleinen Kreisen, aus denen sich durch kleine Korridore sechs Sechsecke (oder Würfel) bildeten – eine hochinteressante geometrische Formation.

Am 31. Juli schließlich folgte am Roundway Hill nahe Devizes eine absolute Kornkreis-Sensation: ein großer Stern – 50 Meter im Durchmesser – mit sieben großen und sieben kleinen Zacken, die jeweils in kleine, 11 Meter breite, und in große, 24 Meter breite Kreise mündeten. Er kündigte nur an, was die Forscher im August 1999 in noch größeres Erstaunen versetzen sollte... mit 42 Piktogrammen jedenfalls war der Juli 1999 ein großartiger und ergiebiger Kornkreis-Monat gewesen.

Am 3. August entdeckte ein Team des japanischen TV-Senders Nippon-TV eine Kombination aus Kreis, Dreieck und Würfel nahe East Meon, einem seit Jahren „frequentierten" Kornkreis-Feld; schön, aber nicht sonderlich beeindruckend. Doch am 4. August hielten die Kornkreisforscher den Atem an. Quasi als Antwort auf die „Daily Mail"-Fälschung erschien gegenüber der Anlage von Avebury und dem Silbury Hill, zu Füßen des Langgrabes von West Kennett, ein Muster, das 1999 auch den Namen „Die Saison des Quadrates" gab: Quasi der Bauplan einer

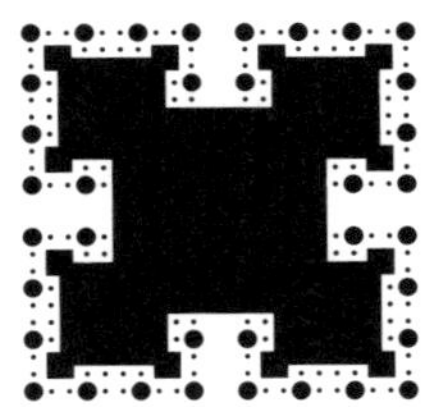

Pyramide mit vier Neben-Pyramiden, die wiederum in zwölf noch kleineren Pyramiden endeten, erschien über Nacht auf dem Feld. Das eindrucksvolle, etwa 110 Meter breite Muster war von 36 größeren und 120 kleineren Kornkreisen umgeben – und von höchster Präzision und Geometrie. In der Nacht zuvor war über dem Feld ein UFO gesichtet worden. Als ob das nicht genug des Guten wäre, folgte drei Tage später der Kreis der Kreise, auch „der Korb" (the Basket) genannt, weil er im Inneren regelrechte Flechtmuster aufwies. Das Muster, das am 6. August bei Bishop Cannings nahe Devizes gefunden wurde, war ein qualitativer Quantensprung des Phänomens. Bedauerlicherweise wurde

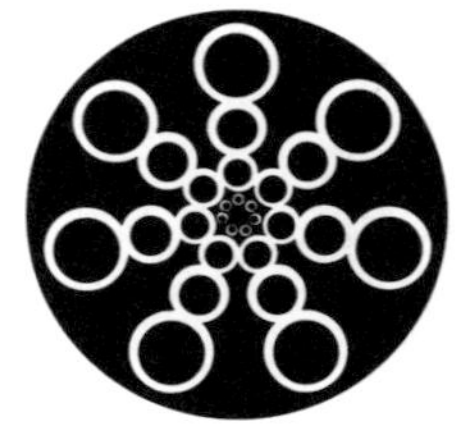

das ca. 60 Meter breite Muster gleich am nächsten Tag vom Farmer abgemäht, bevor Vermessungen oder eine Untersuchung stattfinden konnten.

Nach diesem Akt der Barbarei folgte eine Pause. Drei Wochen lang erschienen nur kleine, unspektakuläre Kornkreismuster. Eines davon, ob echt oder gefälscht, ist zumindest amüsant: Ein 7 Meter langer „Alien"-Kopf mit großen, mandelförmigen, schrägstehenden Augen wurde am 22. August in Bishop Cannings gefunden, quasi als Antwort oder Warnung an den rüden Farmer, der das Meisterwerk der Kreismacher so schnell zerstört hatte. Im militärischen Sperrgebiet bei Upavon/Pewsey entstand in derselben Nacht ein schönes und interessantes Muster, 43 Meter im Durchmesser, das Sechs- und Dreiecke miteinander verband und wieder die Illusion der Dreidimensionalität vermittelte.

Damit, so dachte man, sei die Saison beendet. Das war zumindest enttäuschend, hatten die Kornkreismacher in den Jahren zuvor die Forscher doch immer wieder mit einer kleinen Sensation zum Saisonende überrascht. Sollte es 1999 anders gewesen sein? Mitnichten, wie man am 1. September feststellte. Denn es sollte noch einmal ganz anders kommen... Ein achtzackiger Stern aus Kreisen, 50 Meter im Durchmesser, war das letzte und eines der feinsten Kornmuster der Saison. Sein 30 Meter breiter, perfekt gezogener Zentralkreis wies ein Flechtmuster, ein so genanntes „Vogelnest", auf, das meterweit die radiale Kornlage überdeckte – ein ähnliches Design wie bei der Formation vom

6. August, die ein so kläglich kurzes Leben gehabt hatte. Jeder seiner acht „Satellitenkreise" hatte eine eigene Kornlage – mal war sie spiralig-schlangenförmig, mal konzentrisch. Sie wurden „bekrönt" von einem Halbmond-Muster und insgesamt acht kleinen Kreisen. In einiger Entfernung fand man ins Korn gelegt den griechischen Buchstaben Pi, Symbol für die Zahl 3,416 – die Essenz des Kreises. Das Piktogramm befand sich exakt nordwestlich des Steinkreises von Avebury, in unmittelbarer Nähe des Gutshauses Avebury Manor.

WIEDER UFO-SICHTUNGEN

Und wieder kam es zu UFO-Sichtungen im Kornkreis-Land. Eine davon ereignete sich in dem Barbury-Castle-Piktogramm, das am 23. Juli entstanden war. Das Kornmuster lag zu Füßen der eisenzeitlichen Hügelfestung von Barbury, auf eben jenem Feld, auf dem schon 1991 das bis dahin „bemerkenswerteste Kornmuster aller Zeiten", das berühmte „Dreieck von Barbury Castle", entstanden war. Das neue Piktogramm hatte einen Durchmesser von 100 Metern und bestand aus drei einander überschneidenden Halbmonden stehenden Korns in einem von einem breiten Ring umgebenen Kreis flachgelegter Halme. In dem Ring floss das Korn im Uhrzeigersinn, so sauber und ohne irgendwelche Kanäle, dass alle Experten, die es sahen, tief beeindruckt waren.

Einer der Besucher dieses Musters, der Londoner Donald Fletcher, hatte am 7. August seine Videokamera dabei. Auf dem Weg zu dem beeindruckenden Muster begann er zu filmen, als er plötzlich eine weiße Kugel bemerkte, die das Piktogramm zu inspizieren schien. Kurz bevor sie verschwand, wurde eine zweite weiße Kugel sichtbar. Beide schienen eindeutig unter intelligenter Kontrolle zu stehen. Das Video ist bereits der sechste Film einer solchen „Telemeter-Sonde", der uns vorliegt, seit Steve Alexander im Juli 1990 seinen berühmten Film schoss, der auch noch einen Traktorfahrer zeigt, der uns später bestätigte, dass auch er das glitzernde, ballgroße unbekannte Flugobjekt beobachten konnte. Gleich zweimal, 1994 und 1998, filmten Kornkreisforscher schwarze Helikopter des britischen Militärs, die solche Kugeln verfolgten und wohl auch zu filmen versuchten. Die neue Aufnahme, deren Echtheit unbestreitbar ist, bestätigt also nur, dass diese „weißen Kugeln" ein fester Bestandteil des Kornkreisgeschehens sind. Auch am 29. Juli war eine große, orangefarbene Lichtkugel vom Campingplatz des Barge Inn aus beobachtet worden, wie sie sich auf das Feld mit der Formation 300 Meter vom Zeltplatz entfernt zubewegte. Laut verschiedenen Beobachtern soll sie eine glitzernde Lichtspur hinterlassen haben.

Die spektakulärste UFO-Begegnung aber hatte eine Filmcrew des japanischen Fernsehsenders „Nippon TV", die über den Kornkreissommer 1999 berichten sollte. Die Japaner hatten sich in der hereinbrechenden Nacht am Milk Hill bei Alton Barnes aufgehalten, wo so oft Kornkreispiktogramme aufgetaucht waren, als sie plötzlich am Fuß des Hügels ein pulsierendes, blinkendes Leuchtobjekt entdeckten. Sofort nahmen sie mit ihrem Geländewagen die Verfolgung auf – und filmten das ganze Geschehen. Nach eigenen Angaben kamen sie bis auf 50 Meter an die Leuchtkugel heran, als diese plötzlich mit unglaublicher Geschwindigkeit rund 10.000 Meter in die Höhe schoss. In den folgenden Minuten wechselte sie mehrfach ihre Position und Flughöhe, bis sie schließlich über dem East Field, auf dem im Juni das 340-Meter-Piktogramm erschienen war, sekundenlang schwebte, bevor sie endgültig verschwand. Für die Japaner ein grandioser Abschied – am nächsten Tag flogen sie in ihre Heimat zurück, die spektakulären Aufnahmen in der Tasche, die kurz darauf in Japan ausgestrahlt wurden. Auch für diese Sichtung gab es Zeugen. Ein Amateur war sogar in der Lage, dasselbe Objekt vom benachbarten Woodborough Hill aus – von dem man einen Blick auf das gesamte Tal von Alton Barnes hat – zu filmen. Auf dem Video ist das Mini-UFO als rasch blinkender, stationärer Lichtpunkt zu sehen, der dann ganz plötzlich und stakkatomäßig schnell die Position ändert, mal hier, mal da wie wild herumhüpft und plötzlich wieder stationär über dem Tal schwebt.

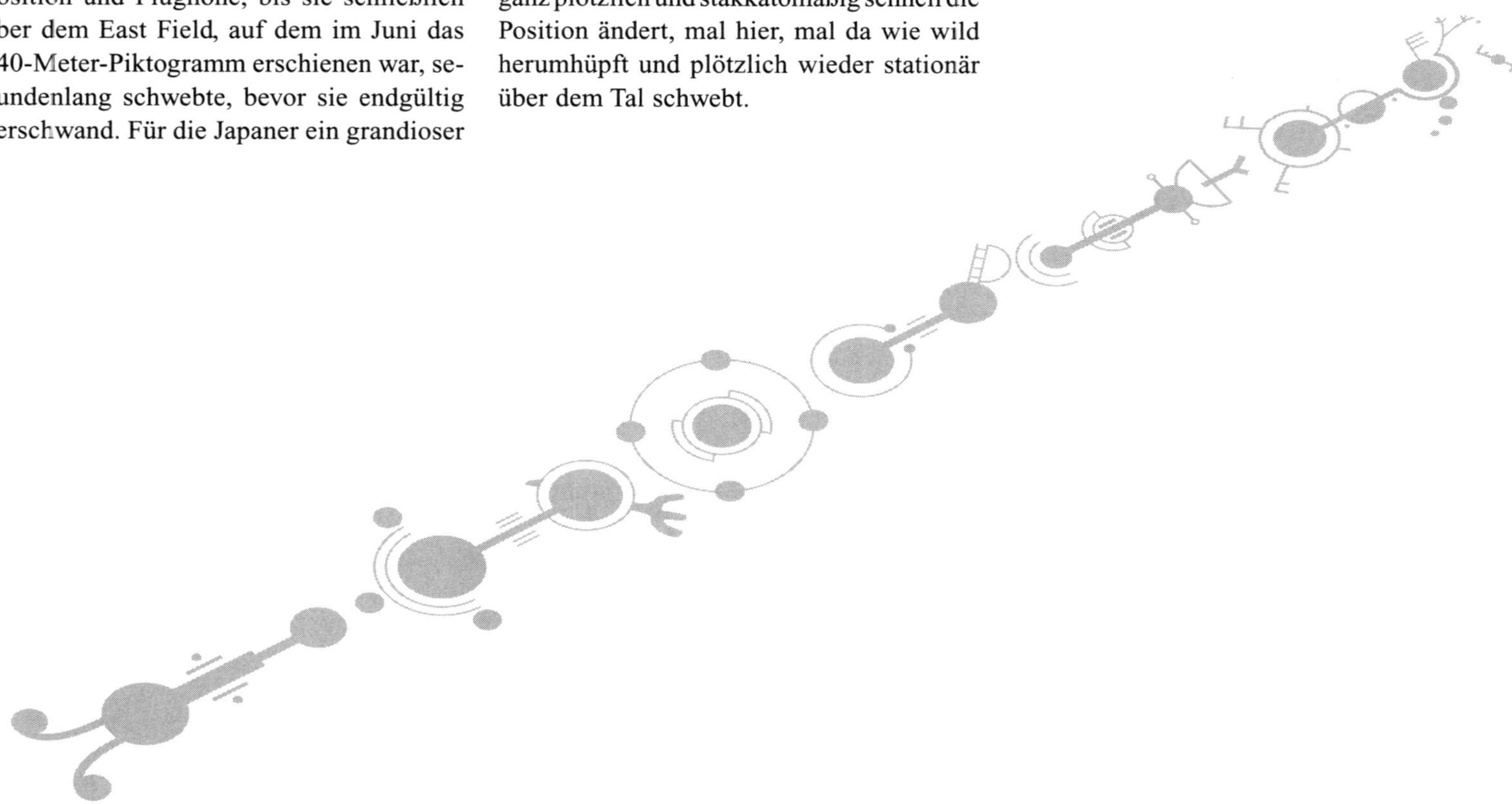

8. Kapitel

2000: KOMMUNIKATION

Wer glaubte, dass die überwältigenden Piktogramme des Jahres 1999 nicht mehr übertroffen werden konnten, wurde im folgenden Jahr eines Besseren belehrt. Auch wenn der Sommer der Jahrtausendwende wetterbedingt kurz und ansonsten ziemlich verregnet war, belohnten 139 Piktogramme die kälteresistenten Forscher. Zu ihnen zählten riesige, komplizierte Moiré-Muster von bis zu 85 Metern Durchmesser – technisch so perfekte Piktogramme gab es noch nie!

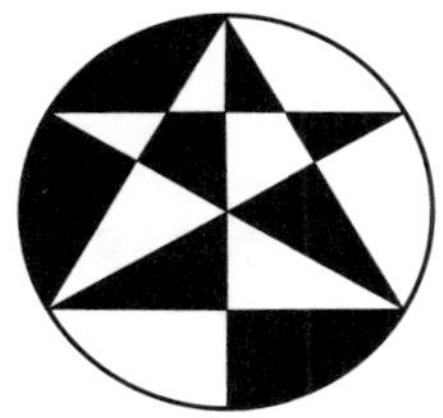

EIN UNSPEKTAKULÄRER SOMMER

Dabei begann alles ganz langsam. Das mag auch daran gelegen haben, dass der Sommer so lange auf sich warten ließ. Noch Anfang April war das sonst so grüne Wiltshire von einer Decke aus Schnee bedeckt. So wurden nur drei unspektakuläre Rapsmuster Ende April gemeldet, die zehn Mai-Muster ließen uns auch noch ziemlich kalt, mit einer Ausnahme. Am 20. Mai erschien ein Davidstern mit „überlagertem" Pentagramm ausgerechnet auf dem „East Field" bei Alton Barnes, das uns in jedem Jahr mit neuen Kornkreisformationen überrascht. In der Nacht zuvor hatte es seit 20 Uhr ununterbrochen geregnet. Das Feld war am nächsten Morgen ein einziger Sumpf. Doch weder Fußabdrücke noch Schlamm verunzierten das Kornmuster, beschmutzten die sauber flachgelegten Halme. Der Stern hatte einen Durchmesser von 61 Metern, seine Geometrie verlieh ihm einen dreidimensionalen Eindruck. Das aber war ein einsamer Höhepunkt in einem sonst öden Kornkreisfrühling 2000.

Erst Ende Juni kam wieder Leben in die Szene. Wieder war es am Silbury Hill, wo ein zwölfblättriges „Mandala" mit sechs Dreiecken im Zentrum entdeckt wurde, die wiederum ein großes Dreieck bildeten. Doch die ersten Forscher, die es betraten, wurden mächtig enttäuscht. In seinem Innern war das Piktogramm so chaotisch niedergetrampelt, dass ein Schwindel fast sicher war. Kurz darauf wurde bekannt, dass es zuerst als simples Dreieck im Kreis aufgetaucht und erst eine Nacht später ausgeschmückt worden war. War es von Anfang an ein Schwindel, eine auf zwei Nächte ausgedehnte Arbeit? Oder hatten die Fälscher ein echtes Piktogramm nur verunstaltet? Augenzeugen schwören, in der Nacht, in der die „erste Version" entstand, gegen 23.30 Uhr eine gelbe Leuchtkugel beobachtet zu haben, die in etwa 30 Metern Höhe über dem Silbury Hill schwebte. Einige Sekunden lang blieb sie an der Stelle, leuchtete mehrfach hell auf, bevor sie verschwand, um kurz darauf an derselben Stelle wieder aufzutauchen. Erneut erlosch sie, um 50-70 Meter links vom Silbury Hill noch einmal gesehen zu werden, exakt über der Stelle, an der am nächsten Morgen das Muster gefunden wurde. Ein am 18. Juni nahe Windmill Hill gemeldetes Piktogramm, Quadrate in einem Kreis, die eine dreidimensionale Ausdehnung andeuten sollten, wirkte eher wie eine irdische (und schlechte) Imitation der Vega-Nor-Werke des ungarischen Malers Victor Vasarely aus den 60er-Jahren. Auch hier, so scheint es, waren die Fälscher am Werk. Resignation machte sich breit: Waren die echten Kreismacher pünktlich zur Jahrtausendwende verschwunden?

EIN LOCH IM SILBURY HILL

Schon kamen Spekulationen auf. Am 31. Mai 2000 war direkt auf dem Silbury Hill ein Loch entdeckt worden, 17 Meter tief und 2 Meter breit. Hatte die Zerstörung dieser axis mundi, des Nabels der Kornkreis-Welt, zur Folge, dass die Besucher, die der Hügel über all die Jahre hinweg wie ein Leuchtturm anzuziehen schien, jetzt ausblieben? Experten versuchten, die Pessimisten zu beruhigen. Das Loch war tatsächlich ein Schacht, der bereits im Jahre 1776 vom Herzog von Northumberland gegraben worden war. Der adlige Schatzsucher wollte damals der Sage auf den Grund gehen, dass der prähistorische König „Sil" auf seinem goldenen Pferd unter dem Hügel begraben sei. Er fand nichts und ließ den Tunnel wieder zuschütten. Erst die starken Regenfälle im Frühjahr 2000 führten dazu, dass das Füllmaterial aufweichte und kollabierte. So blieb der Silbury Hill, der in den Jahren zuvor ein beliebter Aussichtspunkt der Kornkreis-Freunde gewesen war (und auf dem Neo-Kelten ihre Rituale feierten), das ganze Jahr über gesperrt. War damit auch der Kontakt zu den Kreisemachern unterbrochen? Man wartete immer ungeduldiger, erklärte bereits das Kornkreis-Zeitalter für beendet.

DAS FRAKTALE WUNDER

Doch plötzlich, als wollten sie uns eines Besseren belehren, waren sie wieder da. Am 2. Juli tauchten sie auf, bei East Kennett, zu Füßen des Langgrabes, gegenüber dem mysteriösen Silbury Hill. Es war ein Kreis, 60 Meter im Durchmesser. Darin ein Quadrat, 47 Meter breit. Dieses Quadrat war aufgeteilt in 1600 Felder unterschiedlicher Größe, die einem binären Fraktalmuster entsprachen. Besucher des Piktogrammes berichteten von elektromagnetischen Störungen, die Batterien von Videokameras leerten sich. Alles sprach für die Echtheit dieses Musters bis auf die Ähnlichkeit mit dem Muster vom Windmill Hill. Hatte jemand auf diesen menschlichen „Kommunikationsversuch" geantwortet?

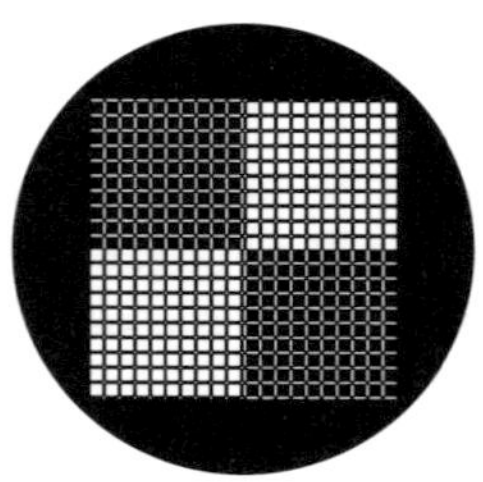

Drei Wochen später, nach einer Reihe mittelmäßiger Muster, die zweite, große Sensation, ja eigentlich *das* Piktogramm des Jahres. Über Nacht erschien am 22. Juli bei Avebury Trusloe, was Forscher später als „ein Arrangement aus stehenden Diamanten und Quadraten und Kurven" bezeichneten: ein Muster von absoluter Präzision, das aus der Luft den Eindruck eines elektromagnetischen Feldes oder gar des Übergangs in eine andere Dimension erweckte. Andere bezeichneten es als ein Moiré-Muster, ein Fraktal, das durch die Überlagerung zweier Muster entsteht. Jedenfalls erweckte es fast zwangsläufig den Eindruck von Dreidimensionalität.

Dann wieder zwei Wochen Pause, unterbrochen nur durch drei hübsche Rosetten, die allesamt in der Nacht des 30. Juli erschienen, in Hampshire und South Yorkshire, so weit voneinander entfernt, dass es völlig auszuschließen ist, dass dieselben Fälscher in so kurzer Zeit ihr dreifaches Werk vollbracht und die Entfernung – immerhin rund vier Fahrtstunden – zurückgelegt haben. Doch für einen unterschiedlichen Ursprung waren sie wiederum einander viel zu ähnlich...

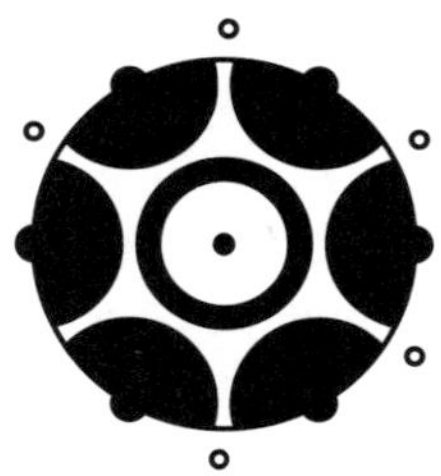

EINE RINDERHERDE DREHT DURCH

Am 1. August schließlich, nahe Devizes, das nächste „Wunder“, das gleich „Hopi-Moiré“ getauft wurde: ein gekrümmtes Dreieck in einem dreidimensionalen sechszackigen Stern. Als am 6. August ein kleiner Kreis mit einem Orbitalring bei Horton, Wiltshire auftauchte, fühlten sich einige Forscher in die „gute alte Zeit“ der ersten Kornkreise zurückversetzt. Der Kornfluss, die Symmetrie

und Sauberkeit des Wirbels, überzeugten. Interessanterweise berichteten Anwohner, dass in der Nacht zuvor eine Herde Kühe, die auf dem benachbarten Grundstück weidete, verrückt spielte. Kein Fall von BSE, möglicherweise aber sehr wohl eine Reaktion auf die Ereignisse auf dem Kornkreisfeld. War dort eine Energie am Werk, die auch die Rinder spüren konnten? Zwei Tage später, am 8. August, wurde bei Stanton St. Bernhard ein eindrucksvoll symmetrischer Kreis mit einem neunzackigen Stern entdeckt. Zwischen den Zacken und im Zentrum zehn Wirbel, so sauber, gleichmäßig und dreidimensional, wie wir sie nur aus echten Piktogrammen kennen. Das Muster hatte einen Durchmesser von 50 Metern.

Und dann dauerte es nur fünf Tage, bevor am 13. August, ausgerechnet am Woodborough Hill bei Alton Barnes, das letzte große Piktogramm des Jahrtausends erschien.

DAS PIKTOGRAMM DES JAHRES

Es war 85 Meter im Durchmesser, bestand aus über 600 Sektionen und bestach durch Symmetrie und Präzision. Die Forscher, die es besuchten, nahmen atemlos zur Kenntnis, dass sie es hier mit einem Meisterwerk der echten Kreismacher zu tun hatten. Der Holländer Zef Damen, der sich mit seiner Geometrie befasste, stellte fest, dass dreizehn Schritte notwendig waren, um es zu zeichnen:

1. Zeichne einen Kreis.

2. Teile ihn in 44 gleiche Teile und zeichne die Radien. Dazu ist die Konstruktion eines elfeckigen Polygons notwendig, was an sich schon nicht einfach ist.

3. Zeichne zwei Diagonale. Konstruiere einen Kreis im Zentrum des Musters, der den Schnittpunkt der beiden Diagonalen berührt.

4. Wiederhole dies mit zwei weiteren Diagonalen und zeichne einen weiteren Kreis, der den Schnittpunkt passiert.

5. Konstruiere einen kleinen Kreis, dessen Radius dem Abstand der beiden Kreise entspricht.

6. Konstruiere dreizehn gleich große Kreise entlang dem Radius des Hauptkreises, von denen jeder seinen Mittelpunkt am Rand des anderen hat.

7. Der letzte der kleinen Kreise berührt fast den Außenkreis. Die Reihe teilt den Abstand zwischen dem kleineren Zentralkreis und dem äußeren Kreis fast genau in 15 Teile.

8. Konstruiere 13 konzentrische Kreise, die die Schnittpunkte unserer Reihe kleiner Kreise und die horizontale Zentrallinie durchschneiden.

9. Zeichne vom Schnittpunkt des zweitletzten Zentralkreises eine Linie zum Schnittpunkt des nächsten Radius-Strahls mit einem der konzentrischen Kreise. So entsteht automatisch eine Spirale.

10. Wiederhole diese Konstruktion in die andere Richtung.

11. Wiederhole die Konstruktion der oberen Spirale 21 weitere Male in gleichem Abstand rund um den Kreis herum.

12. Wiederhole die Konstruktion der unteren Spirale 21 weitere Male in gleichem Abstand rund um den Kreis herum.

13. Fülle jedes zweite „Dreieck" (eine seiner Seiten ist ein Halbkreis) im Schachbrettmuster aus. Jetzt hat man das Woodborough Hill-Piktogramm exakt nachgezeichnet.

Sollen Fälscher dieses geometrische Meisterwerk in dunkler, kalter, feuchter Nacht auf einem Kornfeld angelegt haben, in kürzester Zeit, mit unglaublicher Präzision, ohne den geringsten Fehler gemacht zu haben?
„Diese Formation scheint eine vollkommene Repräsentation des Wachstums zu sein, wie wir es in der ganzen Natur auf physischer und metaphysischer Ebene sehen, ob bei einer Sonnenblume oder einem Tannenzapfen oder einem anderen geometrischen Wunder der Natur, das in sich auch hochentwickelte Konzepte der Mathematik und Geometrie verkörpert", kommentierte der Kornkreisforscher Charles Mallet. *„Sie steht für Wachstum des Geistes und der Seele, des Verstehens, ja für die Evolution unserer Spezies."*

In der Nacht, als es entstand, befand sich eine Gruppe Kornkreisforscher auf dem Woodborough Hill, komplett ausgerüstet mit Nachtsichtgeräten und Kameras. Gegen 23 Uhr, so Mallet, *„wurden einige sehr seltsame und eindeutig anomale Lichtkugeln in dem Gebiet gesichtet, wo am nächsten Morgen die Formation erscheinen sollte. Diese Lichter wurden auch auf Film gebannt. Es wurde beobachtet, wie die Lichter ihre Farbe und Größe veränderten, schnell pulsierten und eine halbe Stunde lang über dem Feld manövrierten."* Eine halbe Stunde nach ihrem Verschwinden, es war mittlerweile gegen Mitternacht, suchten die Forscher noch einmal das Feld ab. Nichts war zu sehen; das Piktogramm war noch nicht da. Erst als die Morgensonne dämmerte, strahlte es der Sonne entgegen.

80 % GEFÄLSCHT?

Es gab sie also doch, die echten Kreismacher. Trotzdem, oder gerade deshalb, ging es wie ein Schock durch die Szene, als in der folgenden Woche Kornkreisforscher Colin Andrews auf einer Pressekonferenz erklärte, dass nach seinen Erkenntnissen mittlerweile 80 % aller Kornkreise gefälscht seien. Insider überrascht das wenig, ich würde sogar für das Jahr 2000 eine noch höhere Zahl veranschlagen. Im Oktober 2000 wurde sogar ein Kornkreis-Fälscher, der 29-jährige Arbeitslose Matthew Williams, von der Polizei verhaftet. Er musste sich schließlich wegen

„krimineller Beschädigung fremden Eigentums" vor Gericht verantworten. Kornkreis-Forscher hatten ihn in flagranti erwischt, als er auf dem Feld des Bauern Michael Maude einen siebenzackigen Stern anlegte, „um zu beweisen, dass man siebenzackige Sterne fälschen kann". Der Beweis misslang, der Schwindel war leicht zu erkennen. Der betroffene Bauer machte einen Schaden von rund 500 Euro geltend. Schließlich wurde der „Hoaxer" zu einem saftigen Bußgeld verurteilt. Jeder, der sich mit dem Kornkreis-Phänomen beschäftigt, weiß, dass es solche Betrüger und ihre Machwerke gibt. In den letzten Jahren nahm ihre Zahl kontinuierlich zu. Auch das war bekannt. Doch trotzdem wirkte die Ehrlichkeit von Andrews desillusionierend, ja schockierend. Dabei betraf die Zahl, was immer auch die Presse kolportierte, nur einen Teil des Phänomens. Denn für immerhin 20 %, so Andrews weiter, gab es absolut keine „menschliche" Erklärung.

Das war das Ergebnis einer Untersuchung der Magnetfelder in und um die Kornkreise, die er seit Ende der 90er-Jahre durchführte. Andrews: *„Die Studie mit dem Magnetometer wurde an komplizierten Mustern und einfachen Kreisen durchgeführt. Wir entdeckten ein eindeutiges Magnetfeld bei einer Handvoll einfacher Kreise und geometrischer Muster. Dieses Magnetfeld bildet das Kornmuster, in dem es gemessen wurde, exakt nach, mit einer Abweichung bzw. Verschiebung um 3-5° im Uhrzeigersinn. Das Modell, das ich entwickelte, und das bei weiteren Untersuchungen geprüft wird, ist, dass der die Entstehung der Kreise bewirkende Magnetfluss einen Stromkreis erzeugt, der die Pflanzen beeinflusst. Die Frage, was den Magnetfluss erzeugt, ist noch immer offen."*

DAS MILITÄR GREIFT EIN

Auch weiterhin versuchte das britische Militär, dieser Frage auf den Grund zu gehen. Am 15. Juni 2000 manövrierten zwei Armeehubschrauber so tief über dem East Field bei Alton Barnes, auf dem das Piktogramm vom 20. Mai erschienen war, dass ein Teil des Kornfeldes verwüstet wurde. *„Einer von ihnen stoppte in der Luft, um den alten Kornkreis zu betrachten. Er schwebte eine halbe Minute lang in nur 3 Metern Höhe und drückte dabei einige hundert Quadratmeter Korn zu Boden, bevor er in Richtung des Milk Hill weiterflog"*, berichtete der Kornkreisforscher Peter Sorensen. *„Ein paar Minuten später kamen beide Hubschrauber in 7 Metern Höhe von Norden her zurück und hinterließen dabei eine Spur der Verwüstung."*

Am 18. Juli gegen 20.15 Uhr besichtigte Andrew Buckley aus Manchester zwei kleine Kornmuster, die kurz zuvor am Fuße des Woodborough Hill erschienen waren. Plötzlich bemerkte er im Korn eine kleine, blitzende Leuchtkugel, 30-40 Zentimeter im Durchmesser, die ziemlich schnell in geringer Höhe am Fuße des Hügels manövrierte. Sofort packte er seine Videokamera aus, als ein zweites Objekt in einer anderen Richtung erschien, das Piktogramm überflog. Als kurz darauf eine dritte Leuchtkugel auftauchte, bemerkte Buckley ein knatterndes Geräusch am Himmel. Aus Richtung des Woodborough Hill näherte sich ein schwarzer Militärhelikopter, ein „Puma" der Royal Air Force (RAF). „Der Helikopter muss die Objekte geortet haben. Er kreiste mehrfach über dem Feld, suchte die Stellen ab, an denen sie erschienen waren", erklärte Buckley später.

Dann wurde die Szene geradezu gespenstisch. Der Zeuge sah, dass auf dem Woodborough Hill Leute standen, dem Helikopter zuwinkten und laut riefen: „Das ist einer von unseren Kameraden" und, zum Piloten, auf den Kornkreis zeigend: „Wir machten ihn letzte Nacht." Kurz darauf verließen sie den Hügel. Noch rätselnd, ob er es mit einem Kornkreis-Fälscherteam der Regierung oder bloß einer Gruppe von Scherzbolden zu tun hatte, filmte Buckley weiter. In diesem Augenblick tauchte ein weiteres Licht direkt unter dem Hubschrauber auf. Ob der Pilot es gesehen hatte, konnte er nicht sagen. Jedenfalls setzte er bald zum Rückflug an und verschwand langsam in Richtung der Ortschaft Pewsey. Kurz darauf bemerkte unser Zeuge noch zwei kleine Objekte, die umeinander rotierten, bevor sie in verschiedene Richtungen davon schossen. Am nächsten Morgen fand man eine neue Formation in der Gegend, aus der die Lichter gekommen waren.

In der Nacht des 31. Juli hielt das Ehepaar Ed und Kris Sherwood Kornkreis-Wache in einem Piktogramm bei East Kennett. Kurz vor Mitternacht bemerkten die beiden ein helles, gelbes Leuchtobjekt, das in geringer Höhe flog und von einem lauten, dunklen Militärhelikopter verfolgt wurde. Sofort griffen sie zu ihrer Videokamera, um die nächtliche Jagd über ihren Köpfen auf Film zu bannen. Der Hubschrauber flog so tief über sie hinweg, dass sie sich unwillkürlich duckten. Als die Leuchtkugel und ihr Verfolger hinter einem Hügel verschwunden waren, erschien ein zweites UFO am Nachthimmel. Später erfuhr die amerikanische Journalistin Linda Moulton Howe, dass zwei weitere Zeugen das Ereignis aus der Entfernung gefilmt hatten: der junge deutsche Fotograf Frank Laumen und der Brite Andy Buckley aus Manchester.

Drei Tage später, am 3. August, suchten vier Militärhelikopter mit einem gelbbemalten Aufsatz und den Identifikationsnummern 43, 44, 45 und 54 systematisch das East Field bei Alton Barnes ab. Immer wenn sie über ein Kornkreis-Muster gekommen waren, verringerten sie ihre Flughöhe, als ob sie etwas suchten. Irgendetwas ging vor in dieser Gegend, ahnte Linda Howe, und beschloss, die Nacht über zusammen mit zwei Kornkreisforschern das „East Field" zu beobachten.

KOMMUNIKATION

Es war eine dunkle, mondlose Nacht. Zuvor hatte es stark geregnet, so stark, dass es in Teilen des Landes zu Überflutungen gekommen war. Gegen Mitternacht stieg ein leichter Nebel auf, und Howe benutzte ihr hochsensibles Nachtsichtgerät, um trotzdem das Geschehen auf dem Kornkreisfeld zu verfolgen. Es war gegen 1 Uhr früh, als alle drei gleichzeitig riefen: „Dort drüben! Hast du den roten Blitz gesehen?"

Howe: *„Ich blickte sofort durch mein Nachtsichtgerät in Richtung des roten Lichtblitzes. Zu meinem Erstaunen sah ich dort jetzt ein helles Oval, das über dem Korn zu schweben schien und sekündlich pulsierte. Ich gab das Gerät an die anderen weiter, die ebenfalls das helle, pulsierende Oval sahen. Als ich es zurück erhielt und wieder durchschaute, sah ich, wie es von der Mitte der Bildfläche nach links sprang, dann wieder zurück, dann nach rechts, dann wieder ganz nach links; ständig wiederholte es diese verrückten Sprünge."*

Nach gut einer halben Stunde verlor Howe die Geduld. „Warum kommst du nicht näher, dass wir dich besser sehen können? Wir haben keine Angst. Komm doch bitte näher", sprach sie mit dem „Ding". In eben diesem Moment blitzte es auf. Aus dem pulsierenden Oval wurde innerhalb von Sekunden ein glitzerndes Licht von quadratischer Form, hell wie Sonnenlicht in einem Spiegel. Wieder begann es zu pulsieren, diesmal aber stärker, heller und schneller. „Linda, sprich weiter zu ihm", meinte einer ihrer Begleiter. Sie tat es. Und jedes Mal, wenn sie zu ihm sprach, wurde es heller und verstärkte sein Pulsieren. Auch mit bloßem Auge war das blitzende quadratische rote Licht jetzt klar erkennbar. Zehn Minuten später ließ seine Leuchtkraft nach, bis es nur noch das Oval war, das sie zu Anfang gesehen hatten. „Nein, geh noch nicht", flehte Linda das Licht an. Für einen Augenblick leuchtete es auf, um sich wieder abzuschwächen. Auf einen erneuten Appell der Journalistin wurde es wieder hell, schwächte sich danach aber schnell wieder ab. Einige Minuten lang wiederholte sich das Spiel, dann begann das Licht zu hüpfen, um schließlich ganz zu verschwinden. Tief beeindruckt und nachdenklich machte sich Howe auf den Heimweg...

DER BEWEIS

Es war nicht die letzte Sichtung der Journalistin. Am 12. August 2000 kletterte sie gegen 22.30 Uhr zusammen mit Andrew Buckley und seiner Freundin Hazel auf den Woodborough Hill bei Alton Barnes. Wieder hatte Howe ihr Nachtsichtgerät bei sich. Es war so hochempfindlich, dass es jedes menschliche Wesen, das sich in einem Feld aufhielt, aufspüren konnte. Bald gesellten sich vier Kornkreisforscher hinzu. Es dauerte nicht lange, da sahen die sieben eine orangene Leuchtkugel, die sinnigerweise bewegungslos über einem Hügel schwebte, der seit Urzeiten als „Golden Ball Hill" bekannt ist.

„Die Qualität des orangenen Lichtes erinnerte mich an den leichten Nebel, der Laserstrahlen umgibt. Im Inneren des runden, orangenen Strahlenkranzes waren zwei Lichter. Eines war sehr gelb und schien in der Mitte des orangenen Objektes auf seiner linken Seite eingebettet zu sein. Ein bisschen tiefer und kleiner war auf der rechten Seite ein weißes Licht. Es schien eine schimmernde Interaktion zwischen den beiden Lichtern stattzufinden", beschrieb es Howe. Sekunden später verschwand es, als hätte es jemand ausgeschaltet. Kurz darauf erschien ein „feuerwehrroter" Lichtblitz an der Stelle, an der die Leuchtkugel eben geschwebt war. Ein zweiter von gleicher Farbe folgte, diesmal nach links zeigend, gefolgt von einem dritten, weißen Lichtblitz, der nach unten zeigte – als würden sie, wie die Zeiger einer Uhr aber entgegen dem Uhrzeigersinn, 12, 9 und 6 anzeigen. Gleich mehrfach blitzten sie wieder auf, immer in derselben Reihenfolge. Bald bewegten sie sich langsam nach links, um schließlich in einer dunklen Wolke zu verschwinden.

Noch eine halbe Stunde blieb die Gruppe auf dem Hügel, doch nichts geschah mehr. Immer wieder suchten sie die benachbarten Felder mit dem Nachtsichtgerät ab. Nichts, alles war ruhig. Nur ein paar Hasen huschten durch die Felder. „Das war's für heute", meinte einer der Forscher, und die müde Gruppe stimmte ihm allzu gerne zu. Zeit, um ins Bett zu gehen. Umso mehr staunten Howe und ihre Begleiter, als am nächsten Morgen zu Füßen des Woodborough Hill das „Piktogramm des Jahres" (siehe oben) entdeckt wurde. Zwischen dem Abzug der letzten Gruppe vom Woodborough Hill und dem ersten Tageslicht lagen gerade einmal vier Stunden. Genug, um die oben beschriebenen 13 Arbeitsschritte durchzuführen und ein 85 Meter breites Piktogramm aus 600 Sektionen anzulegen?

SCHWARZE DREIECKE, ROTE LICHTER, ROTIERENDE SCHEIBEN UND NEUE KORNKREISE

Bevor Howe nach Philadelphia heimkehrte, interviewte sie noch einen Zeugen, der eine Woche zuvor ein noch spektakuläreres Erlebnis hatte. Ein Innenarchitekt aus Farnham war zusammen mit seiner 14-jährigen Tochter Claire Zeuge geworden, wie ein schwarzes Dreieck, rote Lichter und eine rotierende Scheibe über einem Kornkreis-Piktogramm manövrierten. Sie hatten die Nacht des 7. August in einem Piktogramm beim Windmill Hill nahe Avebury verbracht, das nur Stunden zuvor entdeckt worden war. Neue Piktogramme, so hatten sie gehört, „haben noch die stärkste Energie". Und tatsächlich sollten sich die „Zirkelmacher" ihnen offenbaren.

Howe kannte das Kornmuster. Sie hatte es am selben Tag gegen 16 Uhr besucht und war erstaunt über das weiße „Haar" der Roggenhalme, das sauber gekämmt in Wellenmustern auf dem Grund der Kreise lag, „wie Federn auf unruhiger See". Dieses Phänomen hatte auch den Vater und seine Tochter beeindruckt, als sie gegen 21.15 Uhr „Stellung bezogen". Zwei Stunden dauerte es, bis sie gegen 23 Uhr im Süden ein helles Licht bemerkten. Sie griffen zu ihrem Fernglas – und staunten nicht schlecht, als das Licht sich als eine Scheibe erwies, die zu rotieren schien. Urplötzlich verschwand sie, kurz bevor Claire im Osten zwei rote Lichter, dann ein drittes, bemerkte. Wieder griff der Architekt zum Fernglas, da sah er „was ich nur als schwarzes Dreieck beschreiben kann, das aus der Richtung dieser Lichter kam und mit großer Geschwindigkeit nach Westen flog. Es war sehr groß. Es hatte keinerlei Lichter. Und es gab keine Geräusche von sich, flog völlig lautlos. Die roten Lichter schienen ihm zu folgen."

Südlich von Avebury, bei Stanton St. Bernhard, tauchte in dieser Nacht eines der schönsten Piktogramme des Jahres auf, ein neunzackiger Stern, umgeben von neun perfekten Wirbeln. Wieder schien es einen Zusammenhang zwischen UFO-Sichtungen und Kornkreisen zu geben.

Nachdenklich fuhr Howe am nächsten Morgen zum Flughafen. Zumindest für sie war das Kornkreisrätsel gelöst. Die letzte Kornkreis-Ernte des 2. Jahrtausends hatte sich als ergiebig erwiesen.

11.7.1990, Alton Barnes, Wilshire: Ein Piktogramm von 168 Metern Länge brachte das Phänomen der Kornkreise zum ersten Mal weltweit in die Schlagzeilen. (Foto: George Wingfield)

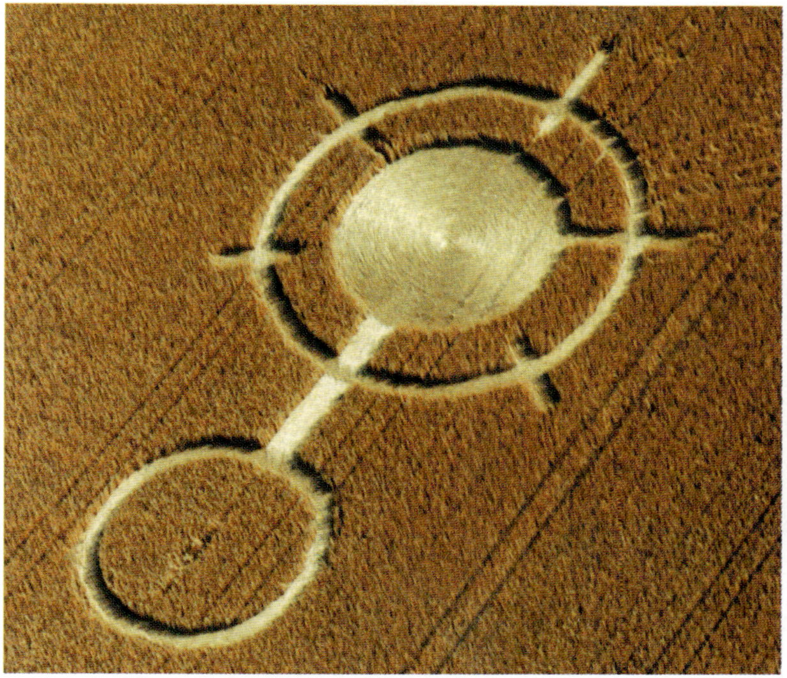

29.7.1990, Etchilhampton, Wiltshire: Der »Sonnenlogos« symbolisierte die Verbindung zwischen Himmel und Erde. (Foto: Colin Andrews)

11.8.1990, Cheesefood Head, Hampshire: Das letzte Piktogramm der Saison überzeugte durch eine saubere Kornlage. (Foto: Busty Taylor)

10.7.1991, Stonehenge, Hampshire: Das erste »Insektogramm«! (Foto: George Winfield)

16.7.1991, Barbury Castle, Wiltshire: Die »Mutter aller Kornkreise« gibt noch heute den Forschern Rätsel auf. Als das symbolträchtige Muster erschien, hörten Zeugen ein lautes Donnergrollen und sahen seltsame Lichter am Nachthimmel. (Foto: Calyx Photo, Swindon)

23.7.1991, East Kennet, Wiltshire: Der Schlüssel zeigt direkt auf den Silbury Hill. Auf dem Nachbarfeld scheint eine kleine, weiße Kugel zu manövrieren. (Foto: George Wingfield)

7.8.1991, Woodford, Northhamptonshire: Ein Kreismuster von 115 Metern Durchmesser. (Foto: George Wingfield)

13.8.1991, Marlborough, Wiltshire: Ein 70-Meter-Muster auf dem Feld des Biobauern Martin Pitt. (Foto: Michael Hesemann)

17.8.1992: Das »Dharma-Rad« war das interessanteste Piktogramm des Jahres 1992. Es arbeitete mit einem alten indogermanischen Symbolsystem. (Foto: Derek Christopher)

Juli 1993, Etchilhampton, Wiltshire: Sieben Kreise bilden eine Formation von 120 Metern Durchmesser. (Foto: Michael Hesemann)

8.8.1993, Cherhill, Wiltshire: Zu Füßen des »Weißen Pferdes« erschien ein Piktogramm, das den Schlüssel zur Lösung des Kornkreisrätsels lieferte. In ihm wurde Radioaktivität von über 300 % über den Normalwerten gemessen, zudem fand man Partikel von Meteoreisen. In der Nacht, als es erschien, wurde eine Leuchtkugel über dem Feld gefilmt. (Foto: Michael Hesemann)

4.9.1993, Bythorn, Cambridgeshire: Ein Pentagramm in einer Lotosblüte war das beeindruckendste Piktogramm des Jahres. (Foto: Lucy Pringle)

15.7.1994, Uffington, Berkshire: Ein 280 Meter breiter Kreis zu Füßen des »Weißen Pferdes«. (Foto: Michael Hesemann)

15.7.1994, Devizes, Wiltshire: Der »Skorpion« ist 160 Meter lang! (Foto: Michael Hesemann)

16.7.1994, Wilsford, Wiltshire: Eines der bemerkenswertesten Piktogramme des Jahres. (Foto: Michael Hesemann)

21.7.1994, Alton Barnes, Wiltshire: Das »Horusauge« im East Field. (Foto: M. Hesemann)

23.7.1994, West Stowell, Wiltshire: »Die Galaxie«, 50 Meter im Durchmesser. (Foto: Michael Hesemann)

26.7.1994, Ashbury, Oxford: Über 650 Meter lang, mit einem Zentralkreis von 200 Metern Durchmesser... (Foto: Michael Hesemann)

7.7.1994, Barbury Castle, Wiltshire: Die »Biene«. (Foto: Michael Hesemann)

15.8.1994, Avebury, Wiltshire: Das »Spinnennetz« neben dem prähistorischen Steinkreis. (Foto: Steve Patterson)

Der Komet Hale-Bopp wurde durch die Kornkreise des Jahres 1995 angekündigt, noch bevor er offiziell entdeckt wurde.

Mai 1995, Lullington, Sussex: Ein Sonnenrad in einem Gerstenfeld. (Foto: Busty Taylor)

29.5.1995, Beckhampton, Wiltshire: Die »Spirale« (Foto: Steve Alexander)

12.6.1995, Telegraph Hill, Hampshire: Jupiter mit seinen vier Monden? (Foto: Steve Alexander)

Am 27. Juni fotografierte Jiliane Sherwood diesen scheibenförmigen Flugkörper über dem Piktogramm von Telegraph Hill. In der Vergrößerung zeigt sich, dass das metallische Flugobjekt auf der rechten Seite die Sonne reflektiert – das entspricht dem Sonnenstand zur Aufnahmezeit. Ein Filmfehler oder eine Verwechslung ist damit ausgeschlossen!

22.6.1995, Bishops Sutton, Hampshire: Ein Asteroidengürtel aus 97 Kreisen und drei Ringen. (Foto: Steve Patterson)

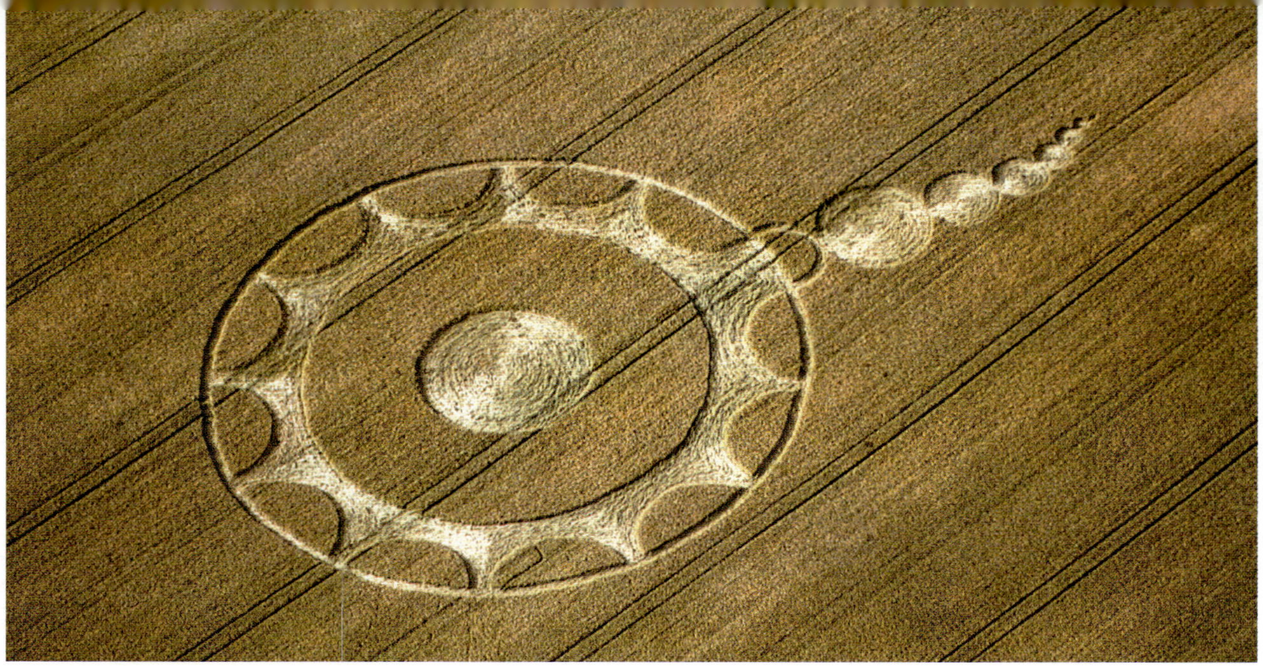

16.6.1995, Danesbury, Hampshire: Eine schematische Darstellung der Umlaufbahn des Kometen Hale-Bopp. (Foto: Steve Patterson)

Ende Juli 1995, Longwood Warren, Hampshire: Ein »Sonnensystem«, bei dem die Erde fehlt... (Foto: Busty Taylor)

Ende Juni 1995, Andover, Hampshire: Der »Mäanderring« – Ziel Erde! (Foto: Colin Andrews)

Mitte Juli 1995, Newbury, Buckinghamshire: Das »keltische Labyrinth«. (Foto: Michael Hesemann)

Mitte Juli 1995, East Meon, Hampshire: Das »Feuerrad«. (Foto: Michael Hesemann)

Mitte Juli 1995, East Meon, Hampshire: Ein »Magnetfeld«. (Foto: Michael Hesemann)

Mitte Juli 1995, Watership Downs, Buckinghamshire: Das »Shiriken« auf dem Land von Andrew Lloyd Webber. (Foto: Michael Hesemann)

17.6.1996, Alton Barnes, Wiltshire: Die »Doppel-Helix«. In ihr wurden elektrostatische Phänomene gemessen. (Foto: Steve Alexander)

7.7.1996, Stonehenge, Hampshire: Die »kosmische Spirale« von 305 Metern Durchmesser bestand aus 149 Kreisen. (Foto: Steve Alexander)

1.8.1996, Windmill Hill, Wiltshire: Ein Spiralnebel von 365 Metern Durchmesser aus 194 Einzelkreisen.

20.4.1997, Barbury Castle, Wiltshire: Das »Katharinenrad« im Rapsfeld. (Foto: Steve Alexander)

3.5.1997, Barbury Castle, Wiltshire: Ein kabbalistischer Lebensbaum. (Foto: Steve Alexander)

1.6.1997, Winterbourne Bassett, Wiltshire: Eine Kombination der Elemente Kreis und Dreieck. (Foto: Steve Alexander)

9.6.1997, Stonehenge, Hampshire: Eine riesige fraktale Schneeflocke, 80 Meter im Durchmesser. (Foto: Steve Alexander)

23.7.1997, Silbury Hill, Wilshire: Ein fraktaler Davidstern von 80 Metern Durchmesser zu Füßen der prähistorischen Stufenpyramide. (Foto: Steve Alexander)

30.7.1997, Etchilhampton, Wiltshire: Ein Kreis mit einem Quadrat aus 700 Feldern. (Foto: Steve Alexander)

8.8.1997, East Field, Alton Barnes: Das großartigste Piktogramm der Saison, eine fraktale Schneeflocke mit 200 Einzelkreisen. (Foto: Steve Alexander)

4.5.1998, Silbury Hill, Wiltshire: Das »Flammenrad« im Rapsfeld (Foto: Lucy Pringle)

20.6.1998, Beckhampton, Wiltshire. (Foto: Steve Alexander)

4.7.1998, Dadford, Buckinghamshire: Ein »Doppel-Pentagramm«, Ein »Ankh« und ein »Neter-Schlüssel«. (Foto: Steve Alexander)

9.7.1998, Alton Barnes, Wiltshire: Das geheimnisvollste Piktogramm des Jahres, die »fraktale Schneeflocke«. (Foto: Steve Alexander)

21.7.1998, Beckhampton, Wiltshire: »Der Stachelrochen«; sein Stachel zeigt exakt auf den Silbury Hill. (Foto: Steve Alexander)

2.8.1998, Avebury, Wiltshire: Ein massiver Ring erscheint vor dem prähistorischen Steinkreis. (Foto: Steve Alexander)

23.7.1998, Silbury Hill, Wiltshire: Das vierarmige »Julia-Set«, 70 Meter im Durchmesser, umgeben von 94 kleineren Kreisen, wies radioaktive Anomalien auf. (Foto: Steve Alexander)

9.8.1998, Tawsmead Copse, Wiltshire: Ein fraktaler Stern, umgeben von 176 kleinen Kreisen, 78 Meter im Durchmesser. (Foto: Steve Alexander)

12.4.1999, Milk Hill, Wiltshire: Fünf Kreise in einem Rapsfeld nehmen das Hauptmotiv des Sommers vorweg, die große Sonnenfinsternis vom 11. August. (Foto: Lucy Pringle)

2.5.1999, Milk Hill, Wiltshire: 15 »Neter«-Hieroglyphen in einem Rapsfeld, darum 14 Kreise und eine ausgestreckte Hand... (Foto: Lucy Pringle)

2.5.1999, Middle Wallop, Hampshire: Die Sonnenfinsternis in allen Etappen auf einem Rapsfeld bei Andover. (Foto: Steve Alexander)

31.5.1999, Barbury Castle, Wiltshire: Eine Menorah im Korn! (Foto: Lucy Pringle)

12.6.1999, Alton Barnes, Wiltshire: In derselben Nacht wie das Langpiktogramm tauchte die »Schlange« auf – »nur« 160 Meter lang. (Foto: Lucy Pringle)

12.6.1999, East Field, Alton Barnes, Wiltshire: Ein Piktogramm von 342 Metern Länge!

19.6.1999, Silbury Hill, Wiltshire: »Die Schwingen des Ra«. (Foto: Steve Alexander)

23.6.1999, West Overton, Wiltshire: Das »Overton-Netzwerk«, ein Beispiel für »Nano-Technologie« im Korn? (Foto: Steve Alexander)

4.7.1999, Hackpen Hill, Wiltshire: Der »Saros-Zyklus«. (Foto: Steve Alexander)

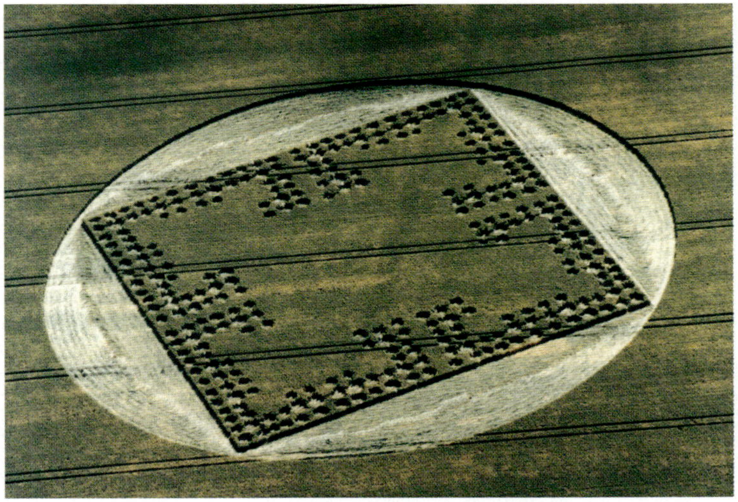

16.7.1999, Windmill Hill, Wiltshire: Ein Templerkreuz oder der Bauplan einer Kirche? (Foto: Steve Alexander)

19.7.1999, Devils Den, Wiltshire: Ein Hexagramm am »Teufelstisch«, einem 6000 Jahre alten Dolmen (im Foto oben rechts). (Foto: Steve Alexander)

24.7.1999, Silbury Hill, Wiltshire: Ein »Koch-Fraktal« von 93 Metern Breite. (Foto: Steve Alexander)

31.7.1999, Roundway Hill bei Devizes, Wiltshire: »Die (kabbalistische) Krone«: Ein beeindruckender Stern von 125 Metern Durchmesser, der in sieben 24 Meter breite Kreise mündete. Man beachte das subtile Muster in der äußerst sauberen Kornlage. (Foto: Frank Laumen)

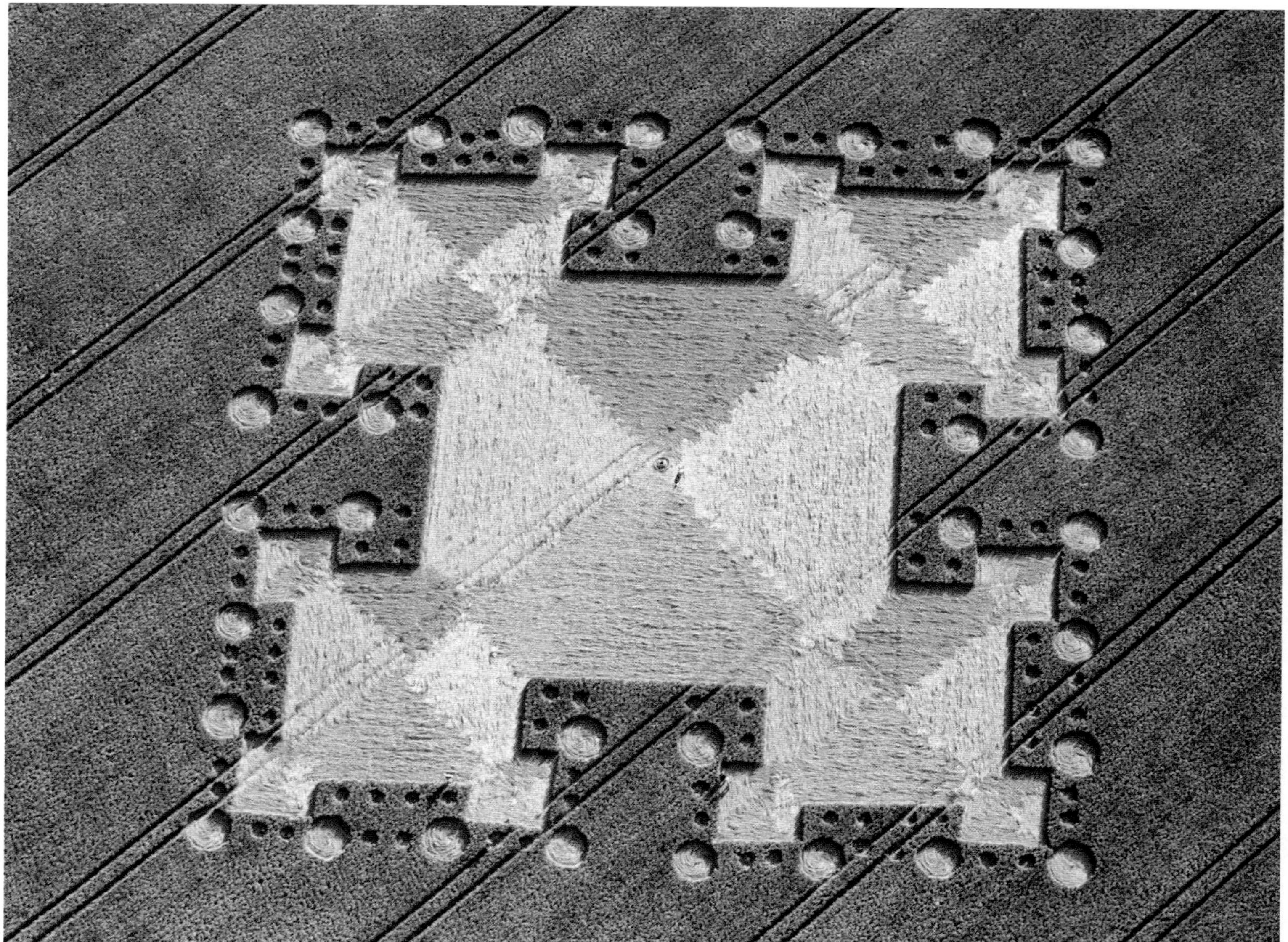

4.8.1999, West Kennet, Wiltshire: »Die Saison des Quadrates« – der Bauplan einer Pyramide mit vier Nebenbauten, 110 Meter breit und von 156 Kreisen umgeben, erschien zu Füßen des prähistorischen Langgrabes. (Foto: Steve Alexander)

9. Kapitel

2001: DAS JAHR, IN DEM SIE KONTAKT AUFNAHMEN

Es war die Probe aufs Exempel. Wie würde sich das Kornkreisphänomen in Zeiten der Maul- und Klauenseuche entwickeln, unter verschärften Bedingungen, mit abgesperrten Feldern vor der Kulisse lodernder Scheiterhaufen, in denen Hekatomben von Rindern und Schafen dem Dämon der Apokalypse geopfert wurden? Wer glaubte, dass die Kornkreise allesamt das Werk irdischer Fälscher sind, war sich sicher, dass das erste Jahr des neuen Jahrtausends den Beweis dafür erbringen würde. So wurde vorschnell das Ende des Kreise-Zeitalters verkündet. Tatsächlich erlahmte der „Croppie"-Tourismus. Viel weniger Schaulustige als in den Jahren zuvor machten sich auf den Weg in das Zirkelland, die bislang immer ausgebuchten Hotels standen zeitweise fast völlig leer. Hinzu kam ein langer, kalter Winter, eine verspätete Kornreife. Schon blies man in Marlborough und Avebury das Requiem für ein liebgewonnenes Phänomen. Doch dann kam alles ganz anders. Ganze 99 Piktogramme wurden aus Wiltshire, Hampshire und dem Rest des Landes gemeldet. Viele von ihnen übertrafen alles, was man bislang kannte. Und schließlich gipfelte das Jahr in einer echten Sensation: Zuerst erschien das größte Kornkreismuster aller Zeiten, dann folgte ein echtes Signal aus dem All.

TROTZ MAUL UND KLAUEN

Ausgerechnet am 13. Mai, demselben Tag, an dem auch in Deutschland die Saison begann (s. Kapitel 10), fand ein britischer Bauer das erste englische Piktogramm des Jahres in einem Rapsfeld am Old Winchester Hill in der Grafschaft Hampshire. Es bestand aus einem Kreis und zwei Ringen von rund 35 Metern Durchmesser. Das Feld war aufgrund der Maul- und Klauenseuche gesperrt, mit Warnschildern an jedem Zugang. Wäre ein Fälscher dort eingedrungen, hätte er sich straffällig gemacht. Leider verhinderte die Quarantäne auch eine wissenschaftliche Untersuchung des Piktogrammes. Sechs Tage später folgte ein schöner Stern in einem Rapsfeld am Ende der Startbahn des Bournemouth-Flughafens in Dorset. Mit einem weiteren Rapskreis am 15. Mai im Pewsey-Tal kehrte das Phänomen dann auch in seine eigentliche Heimat zurück. Erst am 25. Mai wurden die meisten Beschränkungen aufgehoben. Am 9. Juni erschien das erste Kornmuster – ein kompliziertes Dreiecksmuster in einem Kreis – in einem Gerstenfeld bei Avebury. Eine Schlange, die sich in den Schwanz beißt – bei den Gnostikern Symbol für die Unendlichkeit und den Kreislauf allen Seins – tauchte am 17. Juni bei Badbury in Wiltshire auf, neun Kreise um einen dreifach umringten Zentralkreis am 20. Juni bei Avebury, einen Tag später gefolgt von einem umringten dreifachen Dreieck in West Kennet bei Avebury. Weitere Muster erschienen bei Beckhampton und am Silbury Hill, der wieder einmal zum (noch immer verwundeten) Nabel der Kornkreiswelt wurde. Doch auch in anderen Teilen von Wiltshire erstaunte die Zirkelernte. So bedeckten am 30. Juni gleich 44 Kreise und, in ihrem Zentrum, ein Netz aus weiteren 20 Zirkeln eine Fläche von 360 Quadratmetern auf einem Weizenfeld bei All Cannings.

GOG UND MAGOG

In der Nähe der Universitätsstadt Cambridge, in der Grafschaft Cambridgeshire, gibt es einen Hügel, der den biblischen Namen „Gog und Magog" trägt. „Gog und Magog" stehen für die Mächte des Bösen, die in der Offenbarung des Johannes am Ende aller Zeiten gegen Israel ins Feld geführt werden. In der Schlacht von Harmageddon (oder Har Megiddo in der Ebene von Jezreel in Israel) werden sie schließlich besiegt: *„Und ich sah einen Engel niedersteigen aus dem Himmel, der hatte den Schlüssel zum Abgrund und eine große Kette in seiner Hand. Er ergriff den Drachen, die alte Schlange, das ist der Teufel und Satan, und fesselte ihn für tausend Jahre"*, schrieb der Seher von Patmos in seiner Apokalypse. *„Wenn die tausend Jahre vollendet sind, wird der Satan losgelassen werden aus seinem Gefängnis, und wird ausziehen zu verführen die Völker an den vier Enden der Erde, Gog und Magog, um sie zusammenzuholen zum Kampf. Ihre Zahl ist wie der Sand am Meere..."* (Offb 20, 1-8)

Ausgerechnet am 11. Juli, also zwei Monate vor dem schrecklichen Terror-Angriff auf New York, erschien am Fuße des Gog und Magog-Hügels von Cambridgeshire ein riesiger Ring – 666 Fuß (oder 222 Meter) im Durchmesser, 18 Fuß (6 Meter) breit. In seiner Mitte befand sich ein Kreis von 45 Fuß (4+5 = 9) Durchmesser. 666 ist in der Offenbarung des Johannes die Zahl des Antichristen: *„Es verführt die Bewohner der Erde... Hier ist die Einsicht: Wer Verstand hat, der berechne die Zahl des Tieres; denn es ist eines Menschen Zahl, und seine Zahl ist sechshundertsechzig und sechs."* (Offb 13, 14-18)

Es blieb nicht bei dem Ring. Eine Woche später erschien in seinem Innern ein 79 Meter breites Labyrinth, einige Tage später ein Muster, das die Form einer babylonischen Stufenpyramide hatte. Wurden hier die künftigen Kriegsgegner, die westliche, angelsächsisch-keltische Welt mit dem für sie so charakteristischen Labyrinth und der Irak, als Nachfolger Babylons, dargestellt? Zwei Wochen später, am 25. Juli, fand die Prophezeiung vom Gog und Magog-Hügel ihren glorreichen, hoffnungsverheißenden Abschluss. Ein Engel stieg vom Himmel herab und erschien im Korn: das erste „Angelogramm", wie das Labyrinth ebenfalls 79 Meter (oder 237 Fuß) im Durchmesser, bestehend aus einem Kreis und zwei Halbmonden aufrechten Korns, verbunden durch 77 konzentrische Strahlen. Wer auch immer dieses Muster angefertigt hatte, musste dabei so sanft vorgegangen sein, dass Dutzende Mohnblüten, die zwischen den flachgelegten Halmen emporragten, völlig unberührt stehen blieben. Die Strahlen selbst hatten einen Durchmesser von nur 15 Zentimetern. In ihnen waren die Halme nach einer Seite hin „hochgekämmt"; völlig unmöglich, dass hier jemand hindurchgegangen sein könnte. So blieben die Kornmuster vom Gog und Magog-Hügel eines der großen Rätsel der Saison.

DAS JAHR DER STERNE

Ansonsten war 2001 das Jahr der Sterne. Einige der schönsten Piktogramme des Sommers waren Sterne mit fünf, acht, zehn und sechzehn Zacken. Ein Stern aus 46 mäanderartigen, eckigen Spiralen, 40 Meter im Durchmesser, wurde am 3. Juni in einem Gerstenfeld bei Barrowden in der Grafschaft Northamptonshire entdeckt. Die Spiralen verliehen dem Muster den Charakter eines aztekischen Kunstwerks. Ein weiteres Novum in dieser Saison waren Kreise aus stehendem Korn. Um sie herum wurden die Halme flachgelegt, was den Mustern ein ganz spezielles Erscheinungsbild gab. Aus 36 stehenden Dreiecken bestand der Stern von All Cannings vom 30. Juni. Ein achtzackiger Stern, von dem 16 „positive" und 16 „negative" Kreise ausgingen, wurde am 22. Juli in einem Weizenfeld bei Lane End Down, Hampshire, entdeckt. Das bemerkenswerteste Beispiel aber erschien in der Nacht des 28. Juli auf einem Weizenfeld vor dem Old Shaw Village bei Lockeridge in Wiltshire. Es bestand aus 96 Kreisen stehenden Korns. Dann, am 10. August, veränderte sich das Bild. Ein Piktogramm,

Geradezu aztekisch: Das Kornkreismuster von Barrowden, Northhamptonshire, 3.6.2001.

das am Woodborough Hill in Wiltshire auftauchte, bestand aus zehn Kreisen in einem neunfachen Wirbel, umgeben von einem doppelten Ring. Das große, präzise Muster verblüffte die Experten. Doch schon bald spielte es keine Rolle mehr. Denn zwei Tage später, am 12. August 2001, fand man ein Kornmuster, das alles bis dahin Bekannte in den Schatten stellte.

DAS WUNDER VOM MILK HILL

Seine Geschichte begann schon in der Nacht des 11. August. Es war ein Samstag, es regnete in Strömen und die wenigen Enthusiasten, die überhaupt im Kornkreisgebiet nach neuen Formationen Ausschau hielten, waren längst vor dem schlechten Wetter geflohen. Die Busladungen voll Kornkreistouristen, die gewöhnlich jeden Sommer in Wiltshire einfielen, waren in diesem Jahr ohnehin ausgeblieben, abgeschreckt durch die Meldungen von gesperrten Feldern und der Maul- und Klauenseuche. So nahm auch die Zahl der UFO-Sichtungen 2001 rapide ab; es lagerten einfach nicht mehr genug Menschen auf den Hügeln und Feldern, um eventuelle Besucher aus dem All sichten zu können.

Es muss schon Intuition gewesen sein, dass Charles Mallett, ein langjähriger begeisterter Kornkreisforscher, in dieser verregneten Nacht trotzdem ausharrte und ganze zwei Stunden auf einem Hügelrücken nahe Devizes verbrachte. Immer heftiger peitschte der Regen gegen seine Windschutzscheibe, die nur durch das Gebläse seines Wagens vor dem schnellen Beschlagen bewahrt wurde, während die Scheibenwischer auf Hochtouren liefen. Plötzlich bemerkte er einen Lichtblitz, der für Sekunden die Spitze eines Hügels erhellte, der irgendwo in der Dunkelheit vor ihm lag. Er warf einen Blick auf die Karte. Es musste der Milk Hill gewesen sein, der zwischen seiner Position und Alton Barnes lag. So heftig auch der Regen fiel, es war kein Gewitter; kein Donnergrollen war am Horizont zu hören. Sekunden später blitzte es wieder aus derselben Richtung auf. Für einen Augenblick ahnte Mallett, dass etwas geschehen sein könnte. Doch es war zu dunkel, das Wetter zu schlecht, um sich auf die Suche zu machen. Eine gute Stunde harrte er noch aus, dann machte er sich müde auf den Heimweg.

Dann, am nächsten Morgen, war es auf einmal da. Es war das größte Kornkreis-Piktogramm, das je gefunden wurde. Ganze 409 Kreise waren auf einer Fläche von 90.000 Quadratmetern erschienen. Sechs massive, gekurvte Arme, jeder bestehend aus 86 Einzelkreisen, umringten einen Zentralkreis von 25 Metern Durchmesser. Zusammen bildeten sie eine regelrechte Galaxie von 280 Metern Durchmesser, ein linksdrehendes Sonnenrad mit sechs Speichen, das jetzt den Experten den Atem raubte. Der Regen dauerte noch immer an. Ununterbrochen hatte es von 23 Uhr am 11. August bis zum Nachmittag des 12. August in Strömen gegossen. Noch war das Feld viel zu durchnässt, um es betreten zu können. Erst am Morgen des 14. August trafen die ersten Kornkreisforscher am Milk Hill ein – und kamen aus dem Staunen nicht mehr heraus. „Es gibt keine Worte, um das Gefühl zu beschreiben, das mich in seinem Innern übermannte", berichtete bewegt Stuart Dike auf der website www.cropcircleconnector.com, „dieses Muster hat die Kornkreisszene im Sturm erobert, und mit ihr vielleicht die ganze Welt." Dike hat schwerlich übertrieben. Es gab niemanden, der das Mega-Piktogramm besucht hatte und nicht völlig überwältigt war. Plötzlich hatte ein Phänomen, das zuvor noch von vielen belächelt, von anderen längst abgeschrieben worden war, eine neue Dimension erreicht. Jeder, der bislang alle Kornkreise auf menschliche Fälscher zurückführte, musste jetzt zurückstecken. Denn schon die simpelste Mathematik sprach gegen eine Fälschung. Alle 30-60 Sekunden, so errechneten die Forscher, hätten „Hoaxer" einen Kreis anlegen müssen. Nicht den kleinsten Fehler, nicht die geringste Asymmetrie hätten sie sich erlauben dürfen. Und das alles bei strömendem, peitschenden Regen, der das Kornfeld in einen Sumpf verwandelte – ohne Fußabdrücke, ja sogar ohne Schlamm auf den niedergetrampelten Halmen zu hinterlassen? Nicht eine einzige Spur menschlicher Aktivität fanden die ersten Kornkreisforscher, die das Piktogramm am Dienstagmorgen endlich betraten. Nein, eine Fälschung war auszuschließen. Das erkannten endlich auch die Medien. CNN und BBC, Fuji TV in Japan und ABC TV in Australien, Channel 4 und ITV in England berichteten. Zum ersten Mal seit 1991 machte ein Kornkreispiktogramm wieder weltweit positive Schlagzeilen. „Sie sind wieder da“ titelte selbst der skeptische „Spiegel“ und befragte gleich den bekennenden Kreisefälscher John Lundberg dazu: „Lundberg bestreitet, das Muster geschaffen zu haben, und auch alle anderen Kornkreismacher, die er kenne, seien nicht daran beteiligt gewesen.“ Tatsächlich: Es war „die Formation, die der Öffentlichkeit das Phänomen zurückbrachte“, wie Stuart Dike es formulierte. Er wusste, wovon er sprach. In den folgenden Tagen wurde seine website von den Neugierigen geradezu gestürmt, was zu zeitweiser Überlastung und Ausfall führte. Ähnlich erging es seinem Kollegen Paul Vigay mit seiner homepage www.cropcircleresearch.com. Und Kornkreis-Papst Colin Andrews schwärmte: „Es gab nie bessere Kornkreise. Das ist der Höhepunkt der letzten 20 Jahre. Diese neuen Muster sind atemberaubend, einfach einzigartig... verwirrend und aufregend. Man spürt den spirituellen Kontext. Ich bin tief berührt.“

DER HÜGEL DER GÖTTIN

Selbst das Feld, auf dem es erschien, war wohl ganz gewiss nicht zufällig gewählt. Es hieß in alten Karten entweder „St. Anne's Hill“ oder „Tan Hill“, wobei Letzteres auf die keltische Göttin Beltane, Ersteres auf eine spätere Christianisierung zurückgeht. Nach Ansicht der Autoren John und Julie Wakefield war das gesamte Gebiet des Pewsey-Tales einst eine heilige Landschaft, die der Erdgöttin geweiht war: Milk Hill und Golden Ball Hill galten als ihre Brüste, Knap Hill als ihr Schwangerschaftsbauch. Ihre Nabelschnur, symbolisiert durch die Honey Street (Honigstraße), endete im East Field (Osten als Symbol für den Sonnenaufgang und die Neugeburt), auf dem über die Jahre hinweg so viele bemerkenswerte Kornkreismuster erschienen waren. Nach dieser Deutung wäre Tan Hill das Haupt der Erdgöttin, durch das neue Piktogramm in ein Medusenhaupt verwandelt. Tatsache ist, dass noch im 15. Jh. heidnische Rituale auf dem Tan Hill stattfanden, der als „Hexentreffplatz“ galt. Zudem liegt er in direkter Ausrichtung auf den Silbury Hill, der von seiner Spitze aus auf der anderen Seite eines Hügelrückens sichtbar wird. Während der Milk Hill schon 1991 einer der wichtigsten Schauplätze des Kornkreisgeschehens war, ist noch nie zuvor ein Piktogramm auf dem Tan Hill erschienen. Erst jetzt hat er sich eine Stellung in der Kornkreisgeschichte erobert, die ihm niemand mehr nehmen kann.

Schon die erste Untersuchung des Mega-Piktogramms durch die beiden Kornkreisforscher Janet Ossebard und Robert Boerman brachte eindeutige Ergebnisse zutage. Es wies alle Charakteristiken eines authentischen Kornmusters auf. Es gab Hinweise auf eine große Hitzeeinwirkung, die die Zellknoten Tausender Weizenhalme buchstäblich sprengte. Auf dem flachgelegten Korn fand Janet Ossebard eine Kugel getrockneten Grases. Als sie sie aufheben wollte, stellte sie fest, dass sie noch immer fest mit dem frischen grünen Gras, das unter dem Weizen lag, verbunden war. Mit anderen Worten: Das Gras war von der Kraft, die die Kornkreise schuf, hochgehoben, durcheinandergewirbelt und an seinen Enden ausgetrocknet worden, bevor es als Kugel wieder zur Erde fiel. Schon dieser Fund allein wies auf die geheimnisvollen Kräfte hin, die hier am Werke waren. Schließlich bemerkten die Forscher, dass eine ganze Reihe von Halmen direkt unter den Ähren spiralförmig verdreht, gewunden und gekrümmt war. In einigen Fällen wiesen auch die Ähren selbst Krümmungen auf, ohne dass sie gebrochen oder die Samen beschädigt waren. Diese Details bestätigten, dass das Jahrhundert-Piktogramm nicht von Menschenhand gemacht worden war.

DIE BOTSCHAFT AUS DEM ALL

Wenn es die Aufgabe des Milk Hill-Piktogramms war, die Aufmerksamkeit der Weltöffentlichkeit wieder auf das Kornkreisphänomen zu lenken, so hat es diese gewiss mit Bravour erfüllt. Was folgte, war ein Rätsel. Vielleicht handelt es sich dabei um die erste „offizielle“ Antwort auf das SETI-Projekt, die Aussendung intelligenter Radiobotschaften ins All, in der Hoffnung, dass sie einmal von Außerirdischen aufgefangen werden. Vielleicht ist alles auch nur ein gigantischer Scherz im „Windschatten“ der Begeisterung für das Mega-Kornmuster, der ablenken sollte von dem eigentlichen Geschehen. Um diese Frage zu untersuchen müssen wir die Fakten ganz unvoreingenommen unter die Lupe nehmen.

Am selben Tag, an dem die ersten Kornkreisforscher auf dem Tan Hill eintrafen, wurde aus Huish bei Draycott Fitzpayne in der Grafschaft Wiltshire ein neues Piktogramm gemeldet. Von einem Kornkreis gingen zehn Ringe und fünf gerade Linien aus, die sieben andere Kreise erreichten. Es war so, als sollte die Aussendung einer Funkbotschaft symbolisiert werden. Das interessante Kornmuster ist zweifellos echt. Janet Ossebard und Robert Boerman, die schon das Milk Hill-Mega-Muster untersuchten, fanden in ihm dieselben Anomalien, nämlich verdrehte Halme und gesprengte Zellknoten. Aber noch ein anderes Phänomen erregte ihre Aufmerksamkeit. An mehreren Weizenhalmen hingen tote Fliegen, die in ihnen mit der Zunge steckengeblieben waren. Das deutete darauf hin, dass die Paraffin-Außenhaut der Pflanzen kurzfristig erhitzt und damit aufgeweicht wurde, sich dann aber in der kalten Nachtluft schnell wieder erhärtete. Für die Fliegen, die, von der Wärme angezogen, ihre Flüssigkeit aufnehmen wollten und in ihrer erweichten Außenhaut stecken blieben, wurden sie zur tödlichen Falle.

Weshalb das Symbol der ausgesandten Radiosignale so wichtig war, zeigte sich fünf Tage später. Am 19. August 2001, exakt eine Woche nach der Entdeckung des Milk Hill-Wunders, erschien ein neues Kornmuster auf einem Weizenfeld neben dem Radioteleskop von Chilbolton in Hampshire. Das Chilbolton-Radioteleskop wurde 1965 eingerichtet und ist in Besitz der britischen Regierung. Es empfängt Radiowellen aus dem Weltraum und von Satelliten. Im Rahmen meteorologischer Forschungen sendet es elektromagnetische Energieimpulse aus und misst die zurückkehrenden Echos. Die Anlage ist Sperrgebiet und von hohen Stacheldrahtzäunen umgeben. Mehrere Überwachungskameras sind auch auf das Kornfeld gerichtet; nicht eine davon filmte etwas Verdächtiges. An derselben Stelle, in unmittelbarer Nähe des Radioteleskopes, war bereits im Vorjahr ein großes Piktogramm aufgetaucht. Das war an sich schon interessant, aber noch lange keine Sensation. Doch was jetzt vermeldet wurde, war kein gewöhnliches Kornkreismuster, sondern etwas ganz anderes. Es glich einem binären Code, bestand aus Hunderten verflochtenen Pfaden und Zylindern stehenden Korns, jeder scheinbar einzeln und kunstvoll in den reifen Weizen graviert. Dabei war es 67 Meter lang und 28 Meter breit.

Der Code war eine Botschaft. Eine ähnliche Botschaft ist am 16. November 1974 um 13.13 Uhr vom Radioteleskop Arecibo auf Puerto Rico aus ins All gefunkt worden. Sein Ziel war die Sternengruppe M 13. Hatte jetzt jemand darauf geantwortet?

Die Arecibo-Botschaft war von dem verstorbenen US-Astronomen Dr. Carl Sagan und dem Radioastronomen Dr. Frank Drake entwickelt worden, der damals das Arecibo-Observatorium leitete und heute dem SETI-Institut vorsteht, das die weltweite „Suche nach Extraterrestrischen Intelligenzen“ koordiniert. Es war eine einfache binäre Graphik aus 73 Zeilen à 23 Zeichen, also insgesamt 1679 binären Einheiten. Man hatte bewusst Primzahlen gewählt. Die Botschaft wurde verschickt, indem man sie auf zwei Frequenzen auf dem 2380 MHz-Band sendete. Die Transmission dauerte drei Minuten.

Wie der amerikanische Software-Ingenieur Dustin D. Brand in seiner beeindruckenden Studie „We made Contact“ („Wir stellten einen Kontakt her“) enthüllte, wurde die Arecibo-Botschaft noch zwei weitere Male im Rahmen des privaten „Cosmic-Call“-Projektes am 30. Juni und 1. Juli 1999 vom angemieteten Radioteleskop Evpatoriya in der Ukraine ausgesandt. Ihr Ziel waren drei Welten in nur 60 Lichtjahren Entfernung. Bemerkenswerterweise stand die ganze Aktion damals unter dem Motto „Encounter 2001“ („Begegnung 2001“)!

Um den Aufbau der Botschaft zu verstehen ist eine Erklärung des Grundprinzips binärer Codes notwendig. Während unsere Mathematik auf dem Dezimalsystem basiert, gibt es in binären Codes nur zwei Ziffern, 1 und 0. Das ist bei der Aussendung von Funksignalen hilfreich, da es viel zu umständlich wäre, auf zehn Frequenzen zu senden. Ähnlich wie beim Morsecode, der auf der Benutzung kurzer und langer Funksignale basiert, wechseln sich 1 und 0 auch beim binären Code ständig ab.

So werden auch Zahlen durch die ständige Abwechslung der beiden Zeichen gebildet. Daraus ergibt sich folgende Umrechnungstabelle:

Dezimal	Binär
1	1
2	10
3	11
4	100
5	101
6	110
7	111
8	1000
9	1001
10	1010
11	1011
12	1100
13	1101
14	1110
15	1111
16	10000

In der Radiobotschaft wurde aus den „Einsen“ und „Nullen“ des binären Codes eine Graphik erstellt. Um sie zu verdeutlichen, wird sie gewöhnlich in schwarze (für die Einser) und weiße (für die Nullen) Felder umgesetzt.

Das Radiosignal enthielt eine Reihe von Informationen über uns und unsere Heimat: Unsere Position als dritter Planet im Sonnensystem, die Erdbevölkerung (damals 4,29 Milliarden), unser Aussehen (skizziert als simples Strichmännchen), unsere durchschnittliche Körpergröße (1,76 Meter), dargestellt durch 14 „Wellenlängeneinheiten“, ein paar Informationen über unsere biologische Konstruktion (die DNS und einige Bausteine unserer Biochemie) sowie eine Skizze des Radioteleskopes, das die Botschaft aussandte.

Das Chilbolton-Signal ist nur auf den ersten Blick identisch. Wer es genauer untersucht, stößt auf erstaunliche Unterschiede. So findet man eine Art Sonde oder „fliegende Untertasse“ anstelle der Skizze des Arecibo-Teleskops. Interessanterweise gleicht sie dem Kornkreismuster, das exakt ein Jahr zuvor – am 14. August 2000 – an derselben Stelle erschienen war. Der Durchmesser des Raumschiffes wird mit 850 Metern angegeben. Die Heimatwelt der Fremden ist offenbar der vierte Planet eines Sonnensystems mit neun oder zwölf Planeten. Auch der dritte und fünfte Planet – der als Vierergruppe dargestellt wird, vielleicht sind vier Monde eines Riesenplaneten gemeint – scheinen bewohnt zu sein. Die Sonne ist offenbar kleiner als die unsrige. Vielleicht will die Botschaft auch anzeigen, dass die Besucher vom vierten Planeten unseres Sonnensystems stammen – dem Mars. Dann würde die interessante Viererformation des fünften Planeten für die vier „galileischen“ Monde des Jupiter stehen – Io, Europa, Ganymed und Kallisto. Soll damit angezeigt werden, dass auf ihnen Leben existiert? Wie auf dem Mars, so ist auch hier die Existenz außerirdischer Basen – vielleicht unter der Planetenoberfläche – zumindest möglich. Ein Monolith auf dem Io stand im Zentrum von Arthur C. Clarkes genialem Werk „2001 – Odyssee im Weltraum“, das von Stanley Kubrick so meisterhaft verfilmt wurde. Das Strichmännchen ist ersetzt worden durch eine kleinere Figur mit einem recht großen Kopf, einem typischen „kleinen Grauen“ aus der UFO-Forschung. Die Körpergröße wird mit acht „Wellenlängen-Einheiten“ dargestellt, was 1,08 Metern entspräche. Interessanterweise entspräche das auch den Angaben vieler Augenzeugen von Begegnungen mit UFO-Insassen. Die Bevölkerung der fremden Welt würde bei 21,3 Milliarden liegen – sie wäre dreieinhalb mal so groß wie die heutige Erdbevölkerung. Am interessantesten aber ist ein Unterschied in der Biochemie der Fremden, auf den die Kornkreisforscher Paul Vigay und Ing. Dustin Brand stießen, als sie das Piktogramm dechiffrierten.

Die oberste Zeile der Arecibo-Botschaft stellt die Zahlen von 1 bis 10 als binären Code dar. Eine Zeile tiefer sind die Atomzahlen der

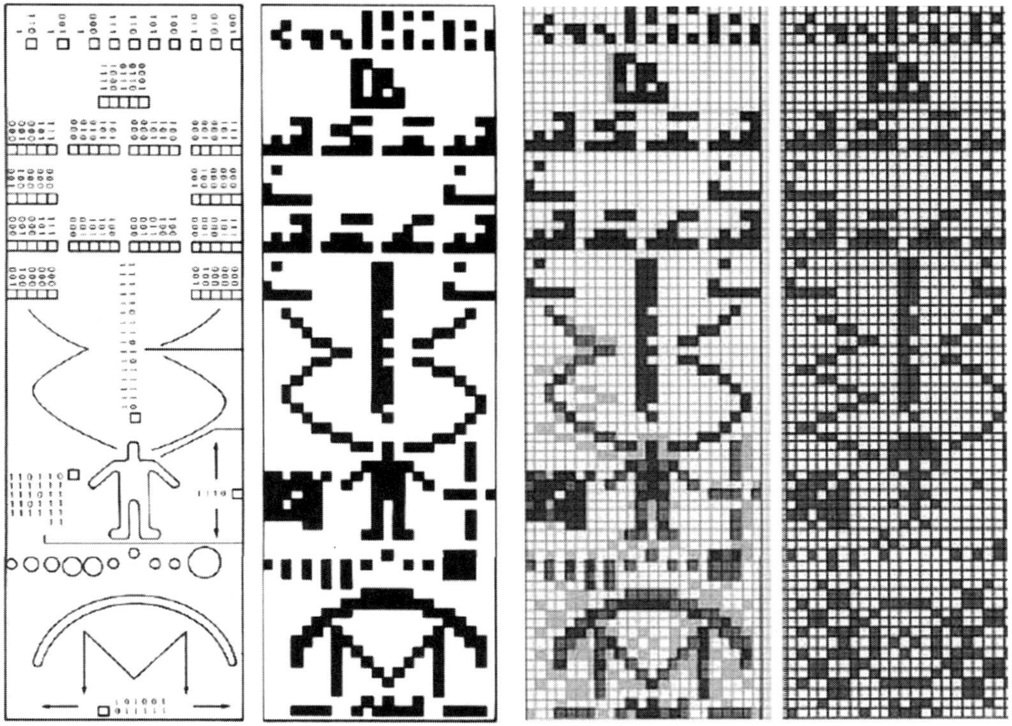

Eine Botschaft und die Antwort: Radioteleskop Arecibo, Puerto Rico, 1974 – Kornkreismuster Chilbolton, 2001.

Hauptelemente irdischen Lebens wiedergegeben: Phosphor (15), Sauerstoff (8), Nitrogen (7), Kohlenstoff (6) und Wasserstoff (1). Doch das Chilbolton-Piktogramm führt nicht fünf, sondern sechs Atomzahlen an. Die sechste ist die „14“. Sie steht für Silizium. Vigay: *„Das ist äußerst interessant, denn eine Reihe von Fachleuten ist der Ansicht, dass bei außerirdischen Lebensformen, wenn sie nicht auf einer Kohlenstoff-Basis existieren, nur ein einziges Element der Periodentafel als Alternative infrage käme – Silizium. Es ist durchaus möglich, dass auf einem anderen Planeten Silizium das dominante Element ist. Umso erstaunlicher, dass wir ausgerechnet diese Information in dem Kornmuster finden.“* Doch es gibt noch eine andere Möglichkeit, und die ist, dass die Urheber des Piktogramms Sagan und Drake schlichtweg korrigierten. Im Jahre 1969 entdeckte der bekannte Mikrobiologe Ben Voltani die wichtige Rolle, die Silizium bei allen Lebewesen auf einer Kohlenstoffbasis spielt. Selbst in der menschlichen Zellstruktur ist es unentbehrlich. Ohne Silizium hätten wir gummiartige, biegbare Knochen – und könnten angesichts der Erdschwerkraft nicht einmal aufrecht gehen. Das war den beiden US-Astronomen damals noch nicht bekannt, weshalb sie Silizium in ihrer Radiobotschaft wegließen. Die Erwähnung des Elementes in der Chilbolton-Botschaft ist jedenfalls alles andere als „Science fiction“, wie es der SETI-Wissenschaftler Seth Shostak in einem ersten Kommentar in einer US-Radioshow behauptete. So oder so macht sie sehr viel Sinn. Entscheidender jedoch ist, dass in der „Alien-DNS" der DNS-Doppelhelix ein weiterer Strang hinzugefügt wurde, was sie zur Triple-Helix machte. *„Die DNS ähnelt der unseren, und so könnte dies durchaus auf eine genetische Veränderung oder Mutation hindeuten"*, meint Vigay. Erst im letzten Jahr kündigte die Firma Enzo Biochem aus Farmingale/NY ein neues Verfahren der DNS-Modifizierung an, eine Technik, bei der der klassischen Doppel-Helix ein dritter Strang hinzugefügt wird. Wie Dustin Brand in seiner Analyse der Chilbolton-Botschaft feststellte, wäre ihre Form eine logische Folge des Umstands, dass bei der Alien-DNS ein tetrahedrales Silizium-Oxygen-Molekül die Rolle übernimmt, die bei uns das Phosphat spielt. Die Anzahl der DNS-Sequenzen oder Basis-Paare wird mit 4.294.966.110 angegeben. Das sind immerhin 524.288 mehr als in der Arecibo-Botschaft angegeben. Doch schon damals war die Zahl geschätzt. Offiziell waren 1974 erst 1,3 Milliarden Basis-Paare entdeckt worden, heute sind es rund 3,5 Milliarden. Man nimmt an, dass Sagan, der an Forschungsprojekten der US-Regierung beteiligt war, bei diesem Detail Insiderwissen einfließen ließ. Die Chilbolton-Botschaft aber hat ihn um eine weitere halbe Million nach oben hin korrigiert!

Trotz dieser gründlichen und beeindruckenden Analyse des Kornmusters durch Vigay und Brand blieb das SETI-Institut in Mountain View/Kalifornien skeptisch, als es von der Chilbolton-Botschaft erfuhr. In einer eigens herausgegebenen Presseerklärung wurde die Möglichkeit, es könne sich hier um ein echtes Signal aus dem All handeln, vehement bestritten. Die Zielgalaxie der Radiobotschaft sei 25.000 Lichtjahre entfernt, und schon deshalb könne vor dem Jahr 26.1974 mit keiner Antwort gerechnet werden. Zudem sei völlig auszuschließen, dass Außerirdische uns auf so auffällige Weise ähneln; diese Vorstellung sei eine „anthropozentrische Täuschung". Last but not least würden sie wohl ein dauerhafteres Medium wählen als kurzlebige Kornfelder. Fazit: *„Kornkreise sind dekorativ, beeindruckend, provokativ, aber nicht informativ. Wir können von einer echten extraterrestrischen Intelligenz Besseres erwarten."*

Tatsächlich? Und was ist, wenn die Außerirdischen mit uns verwandt sind?

Ein Schwindel jedenfalls scheint unwahrscheinlich. Prof. James Deardorff, Physiker an der Oregon State University und Wissenschaftler des Nationalen Zentrums für Atmosphärenforschung im Ruhestand, bezifferte die Wahrscheinlichkeit, dass *„Fälscher (a) kreativ genug sind, um diesen neuen Kornmuster-Typ zu konstruieren, bei dem rechteckige Einheiten und keine Kreise vorkommen; (b) dieses Verfahren mehrfach ausprobierten, ohne dabei erwischt zu werden und ohne dass ihre Versuche je gefunden wurden; (c) das komplizierte Muster aus 1679 Einheiten ohne einen einzigen Fehler produzierten; (d) dies alles in ein paar Stunden bei Nacht und (e) ohne dabei von den Sicherheitskameras der Anlage gefilmt zu werden, schließlich (f) ohne Fußspuren auf dem Feld, Löcher im Boden oder irgendwelche anderen Spuren zu hinterlassen und dann (g) nicht einmal mit ihrem Werk zu prahlen und Skeptikern zu zeigen, wie sie das alles zustande brachten"* auf *„weniger als zwei zu zehn Milliarden"*.

Als der Kornkreisforscher Colin Andrews das Muster untersuchte, war er von der „geradezu militärischen Präzision" der Formation beeindruckt, die sich, als das Feld abgemäht wurde, auch unter der ersten Kornlage fortsetzte.

EIN PHOTOGRAMM

Was das Chilbolton-Piktogramm noch interessanter machte, war ein eingerahmtes menschliches Gesicht, das bereits eine Woche zuvor – ausgerechnet an jenem 14. August, an dem auch das Kornmuster von Huish erschien – von Mitarbeitern des Radioteleskops entdeckt worden war.

Wieder fanden Kornkreisforscher, die es eine Woche später inspizierten, weder Schlammspuren noch gebrochene Halme. Sie waren sich sicher, dass niemand vor ihnen das Kornmuster betreten hatte. Ebenso konnte ausgeschlossen werden, dass jemand es mit Seilen und Planken ins Feld getrampelt hatte. Die delikate Bodenkonstruktion erzeugte subtile Kontraste, die nur aus großer Höhe zur Wirkung kamen. Das ganze Muster wirkte durch Hunderte stehender Zylinder, deren präzise Positionierung den Gesamteffekt erzielte. Dabei ähnelte es einem gerasterten Zeitungsfoto. Je mehr man es aus der Nähe betrachtet, desto stärker löst es sich in einzelne Punkte unterschiedlicher Stärke auf. Aus größerer Entfernung dagegen ergibt sich das klare, sogar dreidimensionale Bild eines menschlichen Antlitzes. Das Kornkreisphänomen war in eine neue Phase eingetreten, arbeitete jetzt mit völlig anderen, noch effektiveren Mitteln. In Chilbolton war das erste „Photogramm" entstanden.

Damit aber gab uns das Kornmuster ein zweites Rätsel auf. Denn das Gesicht, das der großen Botschaft voraus ging, kam einer Reihe von Forschern bekannt vor. Es erinnerte an ein weiteres großes, kosmisches Rätsel – das Marsgesicht. Dabei war dieses, ganz wie die Kornkreise, eigentlich längst abgeschrieben worden.

NEUE RÄTSEL UM DAS MARSGESICHT

Als im Juli 1976 die Viking 1-Sonde der NASA auf dem roten Planeten landete, funkte ihr Orbiter rund 300.000 Aufnahmen der Marsoberfläche zur Erde. Eine davon, die mit der Katalognummer 35A72 gekennzeichnet wurde, erstaunte bald die Experten. Sie zeigte, in unmittelbarer Nähe einer Gruppe pyramidenförmiger Gebilde, die vertrauten Züge eines menschlichen Gesichtes! Bald versuchten engagierte Forscher, den Nachweis zu erbringen, dass es nur künstlichen Ursprungs sein konnte. Das Foto wurde jeder nur möglichen Methode digitaler Bildauswertung unterzogen, gefiltert, verstärkt und mit Falschfarben analysiert, bis man sich endlich sicher war: Für ein Verwirrspiel von Licht und Schatten auf einer Berglandschaft war das Gebilde einfach zu symmetrisch.

Bald entdeckte der US-Wissenschaftsjournalist Richard Hoagland einen weiteren Hinweis auf eine künstliche Konstruktion. Sämtliche Strukturen im Umfeld des Marsgesichtes am Rande der Cydonia-Ebene auf der Nordhalbkugel des Mars schienen in einer sinnvollen, geometrischen Beziehung zueinander zu stehen. Dieselbe Geometrie, dieselben Formeln und Winkel fand er auch in den britischen Kornkreisen. Selbst ein Gegenstück zum Silbury Hill und dem Steinkreis von Avebury schien es auf dem Mars zu geben. In meinem Buch „Kornkreise – Die Geschichte eines Phänomens" (Neuwied 1996) gehe ich detailliert auf diese Parallelen ein. Die entsprechenden Seiten gebe ich im Anhang an dieses Kapitel noch einmal wieder, da sie durch die Chilbolton-Botschaft verstärkt an Aktualität gewannen. Für Hoagland wurde das Kornkreisland zum „irdischen Cydonia", bestand eine direkte Verbindung zwischen dem Kornkreis-Phänomen und den außerirdischen Spuren (und eventuellen Basen) auf dem Mars.

Es folgte eine große Desillusionierung. Als am 7. November 1996 die 1062 kg schwere Marssonde „Global Surveyor" startete, kam endlich die begründete Hoffnung auf, dass das Rätsel des Marsgesichtes bald gelöst würde. Denn an Bord hatte die Sonne neben diversen hochsensiblen Sensoren auch eine neue Kamera, deren Auflösung um ein Vielfaches besser war als bei der Viking-Sonde von 1976. Die „Mars Orbiter Camera" (MOC) war gut genug, um Objekte bis zu 1,40 Metern Größe gestochen scharf ablichten zu können, versprach die Raumfahrtbehörde. Trotzdem bedurfte es einer Reihe von Petitionen, Unterschriftensammlungen und Presseaktionen der „Marsgesicht"-Forscher, um die NASA dazu zu bewegen, die Kamera auch über der Cydonia-Region einzusetzen. Das mögliche Signal einer anderen Zivilisation hatte für die US-Raumfahrtbehörde, wie offiziell verlautbart wurde, keine Priorität! Oder scheute man sich vor allzu eindeutigen Beweisen für die Existenz einer außerirdischen Menschheit?

Als die Sonde am 12. September 1997 im Marsorbit eintraf, begann eine ganze Serie von angeblichen Pannen und Vertröstungen, die nicht wenige Forscher an eine bewusste Sabotage oder Zensur denken ließ. Zuerst hieß es, man könne, aus welchen Gründen auch immer, die schon im September zur Erde gefunkten Bilder erst im März 1998 veröffentlichen. Als das zu Protesten führte, ließ man am 11. November 1997 in der „Los Angeles Times" verlautbaren, ein beschädigtes Sonnensegel der Sonde sei der Grund, weshalb die Fotos noch länger auf sich warten lassen würden. Man müsse die Kartographierung der Marsoberfläche mindestens auf 1999 verschieben, und auch dann sei mit drastischen Einschränkungen zu rechnen. „Wir werden

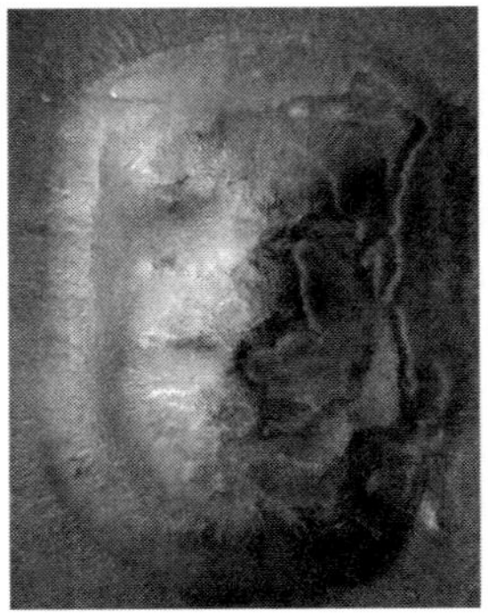

Das mysteriöse Marsgesicht in der Cydonia-Region des Roten Planeten.

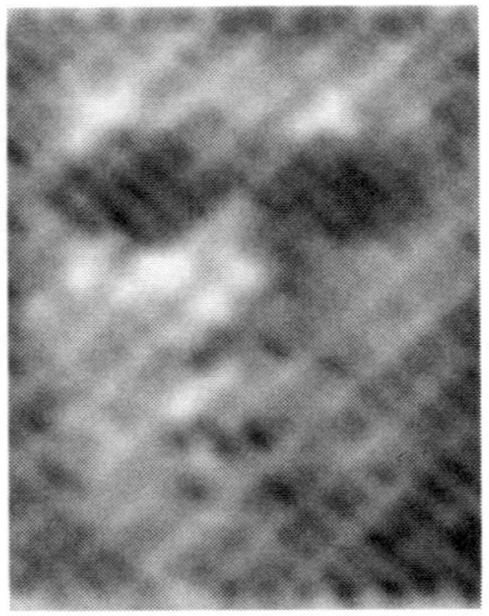

Die Rekonstruktion des Kornkreisforschers Peter Sorensen, das »Photogramm« von Chilbolton.

nicht die gewünschte Anzahl Fotografien erhalten, mit denen wir ursprünglich gerechnet hatten. Wir werden nicht die geplanten Scans der gesamten Planetenoberfläche bekommen“, teilte NASA-JPL Projektwissenschaftler Arden L. Albee der enttäuschten Öffentlichkeit mit. Noch lauter wurden die Proteste, die NASA wurde der gezielten Vertuschung und Verschwörung bezichtigt.

Dann kam alles ganz anders. Am 5. April 1998 war der Mars Global Surveyor plötzlich doch in der Lage, die Cydonia-Region gestochen scharf zu fotografieren. Nur etwa 10 Stunden später erschien das neue Foto des Marsgesichts im Internet. Die Enttäuschung war groß. „Das Gesicht ist kein Gesicht!“, verkündete die NASA. Die Weltpresse hatte ihre Schlagzeile. Wieder einmal waren die „UFO-Spinner“ blamiert. Das „Marsgesicht“ schien bloß ein Phantasieprodukt zu sein, eine optische Täuschung, hervorgerufen durch eine zerklüftete Hochebene, ein Plateau von Sanddünen. „Die legendäre Formation erscheint als nichts anderes als ein erodierter Hügel und ganz viel Einbildung“, vermeldete die Agentur „Associated Press“ am 7. April 1998. Davon konnte sich jeder überzeugen, der das veröffentlichte NASA-Foto sah.

Doch dieses Foto war manipuliert worden. Die NASA selbst bezeichnete es auf der hauseigenen website als „processed image“, also „bearbeitetes Bild“. Es hatte nur 25 % der ursprünglichen Auflösung, war künstlich umpositioniert und dadurch verzerrt worden, und es wies nur 42 der 256 möglichen Graustufen auf. Deshalb wirkte es kontrastarm, flach, ohne jede Tiefe. Als dann endlich einen Tag später das Originalbild auf die NASA-website gestellt wurde, war es zu spät. Der Fall war abgeschlossen, die Öffentlichkeit hatte sich längst gegen das Marsgesicht entschieden. So interessierte es nur noch wenige Enthusiasten, als MGS im April 2000 sowie am 8. April 2001 die Cydonia-Region erneut fotografierte und qualitativ sehr viel bessere Fotos des „Marsgesichtes“ zur Erde funkte. Die zusätzlichen Bilder – eine Detailaufnahme quer durch die linke „Gesichtshälfte“ und ein Frontalbild – lieferten weitere Details. Während die NASA bei ihrem Standpunkt bleibt – „was die Aufnahmen zeigen, ist das marsianische Gegenstück zu einer Mesa, einem Tafelberg“, erklärte NASA-Chefwissenschaftler Jim Garvin –, sehen sich auch die Advokaten eines künstlichen Ursprungs bestätigt. So ist Dr. Mark Carlotto, der die 1976er Viking-Aufnahmen gründlich am Computer studiert hat, jetzt sogar „mit 99%-iger Sicherheit“ von der Künstlichkeit der Struktur überzeugt: „Es ist offensichtlich, dass das Gesicht, wenn es denn tatsächlich ein Gesicht ist, schwer erodierte.“ Immerhin ist es seit rund 500.000 Jahren dem extremen Marsklima ausgesetzt! Sein Kollege Tom van Flandern, früherer Direktor der Abteilung für Himmelsmechanik des US-Marineobservatoriums, erklärte: *„Die humanoiden Gesichtsformen, die uns auf diese Region aufmerksam machen, werden durch die neuen Fotos bestätigt... ein Muster, der Kopfschmuck, ist so eindeutig eine symmetrische Kombination rechtwinklig-linearer Strukturen, dass es fast eindeutig künstlichen Ursprungs ist.“* Die Plattform, in die es hineingemeißelt zu sein scheint, ist so regelmäßig und klar umrissen, dass ein künstlicher Ursprung wahrscheinlich erscheint. Richard Hoagland geht noch weiter: Er will sogar künstliche Augäpfel in den sauber herausgearbeiteten Augenhöhlen erkennen können. Zudem haben die Forscher gute Gründe, die Raumfahrtbehörde erneut einer Vertuschung zu bezichtigen. Die exzellente Detailaufnahme vom April 2000 wurde, ohne jede Vorankündigung, erst am 31. Januar 2001 veröffentlicht, nachdem man sie wieder einmal mehrfach anmahnen musste.

DAS ANTLITZ DER ANDEREN

Das Kornmuster von Chilbolton zwingt uns, das so vorschnell „entmystifizierte“ Marsgesicht erneut in Erwägung zu ziehen. Da kommt ein Element zum anderen: die schon 1991 festgestellte „Cydonia-Geometrie“ britischer Kornkreise, die Parallelen zwischen der „heiligen Landschaft“ von Avebury und den Strukturen auf dem Mars, das Antlitz von Chilbolton und die Herkunftsangabe der Fremden auf der Chilbolton-Botschaft. Stammen sie tatsächlich ursprünglich vom Mars, haben sie vielleicht noch heute versteckte Basen unter der Oberfläche des Roten Planeten? Weshalb versuchen sie, erneut unsere Aufmerksamkeit auf unseren Nachbarplaneten zu lenken?

Der deutsche Kornkreisforscher und Grafikdesign-Student Andreas Müller fand ganze 27 Übereinstimmungen zwischen dem Kornmuster und dem Marsgesicht. Eine Traktorenspur durchzieht das Korn-Gesicht vertikal und leicht schräg, auch das Marsgesicht scheint in zwei Hälften geteilt, *„das Gesicht eines Menschen und das Antlitz eines Löwen“*, wie Hoagland 1995 schrieb. Doch auch wenn die Verbindung rein zufällig ist, wenn das mysteriöse Photogramm von Chilbolton nichts mit dem Marsgesicht zu tun hat, so scheint es doch, als blickten wir in ein Antlitz aus einer anderen Welt. Noch nie haben die echten Kreisemacher so viel von sich offenbart, noch nie sind sie uns so nahegekommen. Was immer die nächsten Jahre bringen werden, sicher ist: Es wird spannend. Vielleicht, ja mit einem gewissen Grad von Wahrscheinlichkeit, wird 2001 als das Jahr, in dem sie endlich Kontakt mit uns aufnahmen, in die Geschichte eingehen.

RÜCKBLICK: EIN IRDISCHES CYDONIA?

(aus Michael Hesemann: Kornkreise - Die Geschichte eines Phänomens)

Aber vielleicht gibt es noch eine andere Erklärung, die buchstäblich „nicht von dieser Welt“ ist. Denn das Gebiet rund um Avebury ist eine künstlich geformte heilige Landschaft, deren Modell auf dem Mars liegt – behauptet jedenfalls der US-Autor Richard Hoagland. Als im Juli 1976 die Viking 1-Sonde der US-Raumfahrtbehörde NASA auf dem Mars landete, funkte gleichzeitig der Viking-Orbiter rund 300.000 Aufnahmen der Marsoberfläche zur Erde. Eine davon, NASA-Foto 35A72, zeigte eine Struktur in der Marsregion Cydonia, die sehr an ein menschliches Gesicht erinnert. 1980 geriet dieses Foto in die Hände der Computerspezialisten Vincent DiPietro und Gregory Molenaar, die von dem 1500 Meter langen Gebilde derart fasziniert waren, dass sie es mit Hilfe der Digital-Computertechnik und modernster Bild-Auswertungsverfahren wie Rand-Hervorhebung, Verstärkung der Grauschattierungen durch Falschfarben und dem „Treppenstufeneffekt“, der Abstufung der Pixel (Bildzellen), analysierten. Als sie im NASA-Archiv noch eine zweite Aufnahme ausfindig machten – Foto 70A13 –, auf der das Marsgesicht aus einer anderen Perspektive und bei einem anderen Sonnenstand zu sehen ist, konnten sie beweisen, dass es sich hier tatsächlich um eine symmetrische, künstlich geschaffene Monumentalstruktur handelt, „das erhabene Abbild eines menschlichen Antlitzes gegen den Hintergrund der Marslandschaft“, wie es DiPietro beschrieb. Mehr noch, etwa 15 Kilometer westlich der

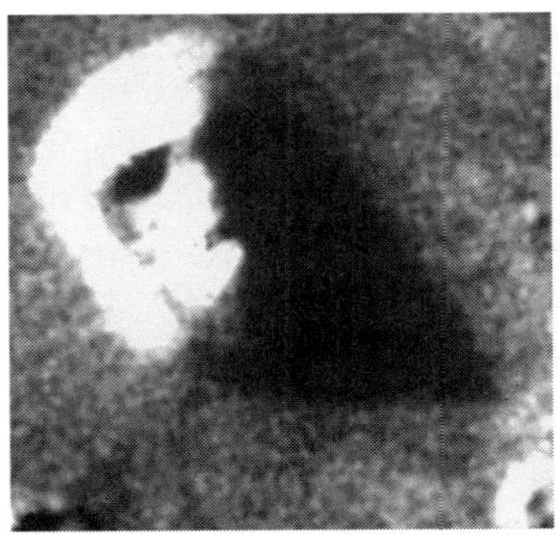

Das Marsgesicht (NASA Viking Foto 35A72)

Die Mars »City«

Struktur entdeckten die beiden Wissenschaftler sechs riesige Pyramiden mit symmetrischen Außenkanten und Ecken. Ebenso wie die ägyptischen Pyramiden waren sie offenbar astronomisch ausgerichtet.

Zu diesem Zeitpunkt wurde der Wissenschaftsjournalist Richard Hoagland auf die Untersuchungen von DiPietro und Molenaar aufmerksam. Hoagland hatte Naturwissenschaften studiert, war Direktor des Planetariums von West Hartford und des Hayden-Planetariums in New York City und zudem Chefredakteur des „Star & Sky"-Magazins und Berater des Goddard-Raumflugzentrums der NASA gewesen. Mitte der 70er-Jahre war er als Raumfahrtexperte für die US-Fernsehsender CBS und CNN tätig und kommentierte die Voyager-Mission der NASA vor der Kamera. Zusammen mit Eric Burgess hatte er die erste interstellare Botschaft der Erde entwickelt: die gravierte Plakette, die an der Pioneer 10-Sonde installiert wurde und mit dieser ihre Reise in die Bereiche jenseits des Sonnensystems antrat.

Für Hoagland waren die Marsstrukturen eine architektonische „Pioneer-Plakette", eine außerirdische Botschaft an die Erdenmenschen. Und er fühlte sich berufen, sie zu entschlüsseln. In seinem Buch „The Monuments on Mars" (Deutsch: „Die Mars-Connection") wies er nach, dass die „Pyramidenstadt" und das Marsgesicht Teil einer gewaltigen Anlage sind, die nach dem Aufgangspunkt der

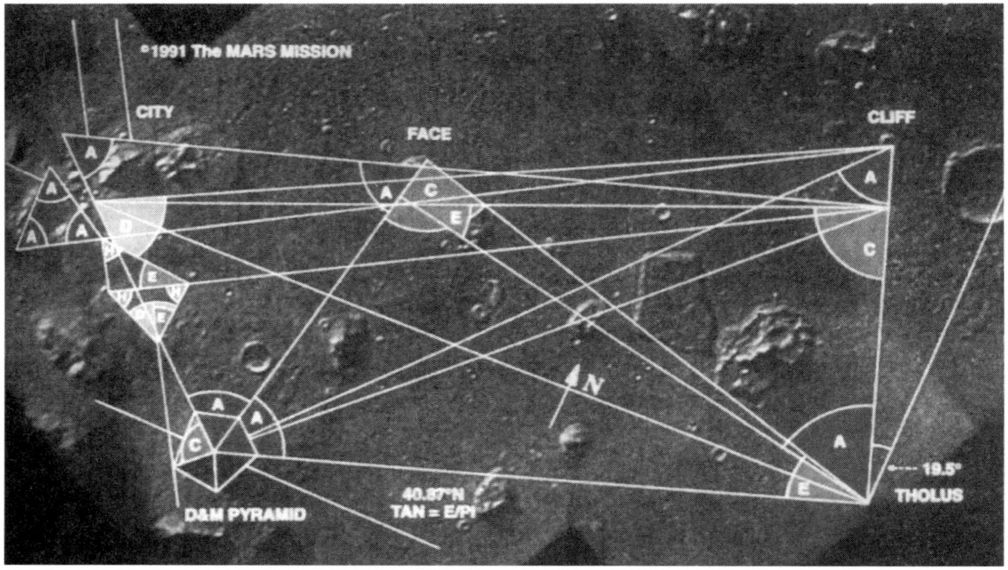

Richard Hoaglands Rekonstruktion der Cydonia-Geometrie

Sonne zur Mars-Sommersonnenwende vor 500.000 Jahren ausgerichtet war. Zudem entdeckte er, dass die „Marsstadt" nach ähnlichen Gesetzen der „heiligen Geometrie" angelegt wurde, wie wir sie auch bei den alten Tempelstädten der Erde finden. Das ist freilich bemerkenswert, zumal die Sumerer die „Ankunft der Götter" auf der Erde und die Errichtung ihrer ersten Kolonie, Eridu (im Zweistromland) auf 428.000 v. Chr. datierten. Da ist zumindest denkbar, dass die „Marsstadt" tatsächlich die erste Basis der „Anunnaki" im inneren Sonnensystem war, bevor sie zur Erde kamen – und, Jahrtausende später, die Menschheit ihre „heilige Geometrie" lehrten. Für Hoagland ist diese Geometrie kein Zufall, sondern eher ein Code, eine mathematische Botschaft an die Nachwelt, ganz wie die Pioneer-Plakette.

Bald fand er heraus, dass die wichtigste Struktur in der Cydonia-Region nicht etwa das Marsgesicht war – das wohl eher dem Zweck diente, unsere Aufmerksamkeit auf die „Zeitkapsel" der anderen Marsstrukturen zu lenken –, sondern die fünfseitige Pyramide, deren Spitze auf das Gesicht zeigt, und die Hoagland DiPietro und Molenaar zu Ehren die „D&M-Pyramide" taufte. Ihre Geometrie wurde decodiert durch Erol Torun von der kartographischen Abteilung des US-Verteidigungsministeriums

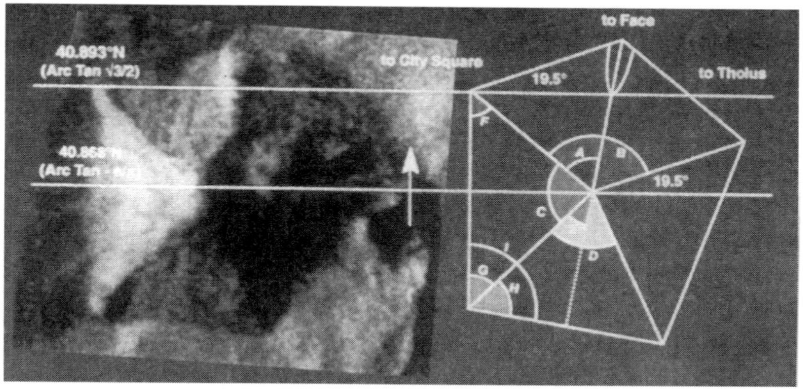

Die »D&M Pyramide«: zentraler Punkt der »heiligen Geometrie«

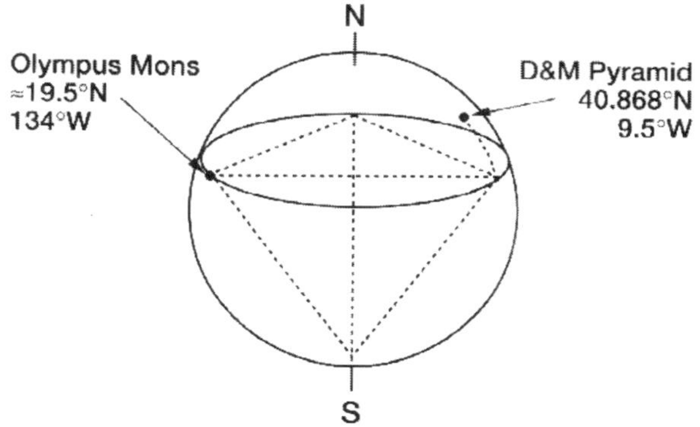

Stan Tenens »Tetraedermodell«

(die sich ironischerweise im fünfeckigen Pentagon befindet). Dieser fand nicht nur heraus, dass die 1,5 x 2,2 km große, fast tausend Meter hohe Struktur ganz nach dem „goldenen Schnitt" angelegt war, wie ihn Leonardo da Vincis berühmte Darstellung vom Menschen in einem Kreis zeigt, er entdeckte auch, dass sich die Winkel und Entfernungen und mathematischen Konstanten der D&M-Pyramide überall in der Anlage wiederfinden. Diese Konstanten werden gebildet, indem zwei andere Konstanten durch einander geteilt werden. Die eine Konstante ist *e*, die Basis der natürlichen Algorithmen, die andere ist *pi*, das Verhältnis des Umfangs durch den Durchmesser eines Kreises. *E* geteilt durch *pi* ergibt ein Verhältnis von 0,865. 0,865 ist eine trigonometrische Funktion und, unter anderem, die Bogentangente des Winkels 40,87. Nun liegt aber der Apex der D&M-Pyramide exakt auf dem Mars-Breitengrad 40,87. Das heißt: In der internen Geometrie der Pyramide ist ihre Position codiert.

Aber worin liegt die Bedeutung von *e* durch *pi*? Die Antwort auf diese Frage lieferte Stan Tenen, der sich 20 Jahre lang mit geometrischen Symbolen in antiken Texten befasste und immer wieder auf, wie er es nannte, „tetraedrale Metaphern" stieß – denselben Code, den wir in der Cydonia-Geometrie finden, aber auch in der heiligen Geometrie antiker Tempelanlagen von Teotihuacan in Mexiko bis Gizeh in Ägypten, von Stonehenge in England bis Zimbabwe im gleichnamigen Staat. Dieser führte ihn dazu, ein Modell eines Tetraeders in einer Kugel zu entwickeln. Wenn man den Tetraeder in der Kugel so platziert, dass seine Spitze auf den Nordpol trifft, berühren seine Ecken die Kugel auf 19,5° südlicher Breite. Viele antike Tempelkomplexe liegen auf 19,5 Breite – übrigens auch die mächtigste geologische Struktur des blauen Planeten, die Vulkane von Hawaii. Interessanterweise befinden sich auch der große rote Fleck des Jupiter, die Schildvulkane der Venus, der gewaltige Marsvulkan Olympus Mons, der dunkle Fleck des Neptun und der Bereich mit der höchsten Sonnenfleckenaktivität auf unserem Zentralgestirn auf 19,5° nördlicher oder südlicher Breite. Ein Zufall? Oder ein noch unentdecktes astrophysikalisches Gesetz?

In dieser Phase seiner Arbeit stieß Hoagland auf ein weiteres Teil seines kosmischen Puzzlespiels. Er traf Bruce DePalma, einen Physiker am renommierten Massachusetts Institute of Technology (MIT), der sich mit der Physik rotierender Körper befasst. DePalma glaubt – wie auch eine Reihe japanischer Wissenschaftler, der Inder Paramahansa Tewari und der Amerikaner Adam Trombly –,

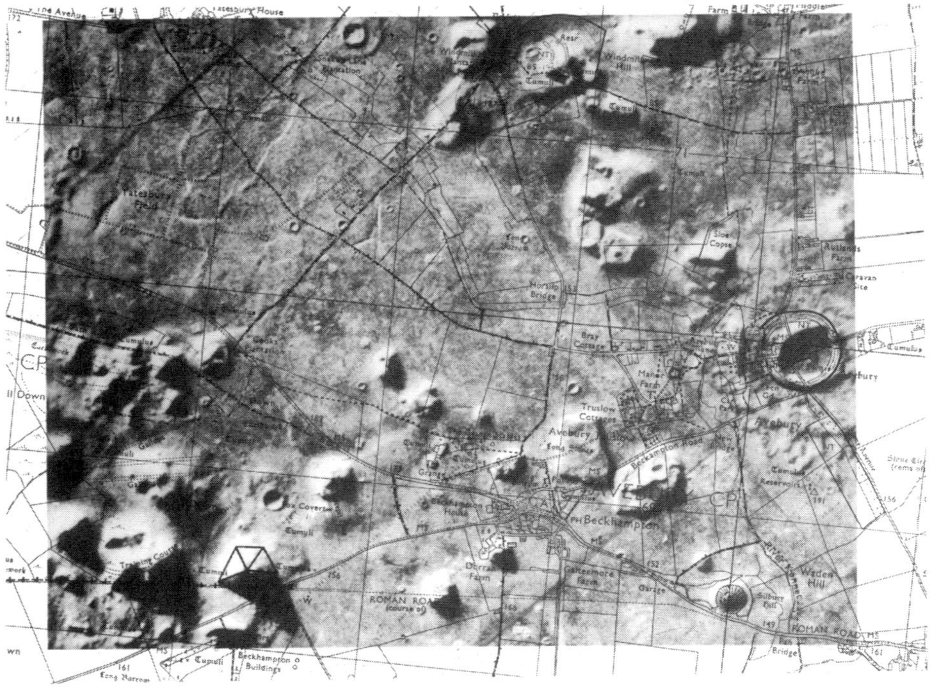

Richard Hoaglands Vergleich der Anlage von Avebury und der Cydonia-Region auf dem Mars.

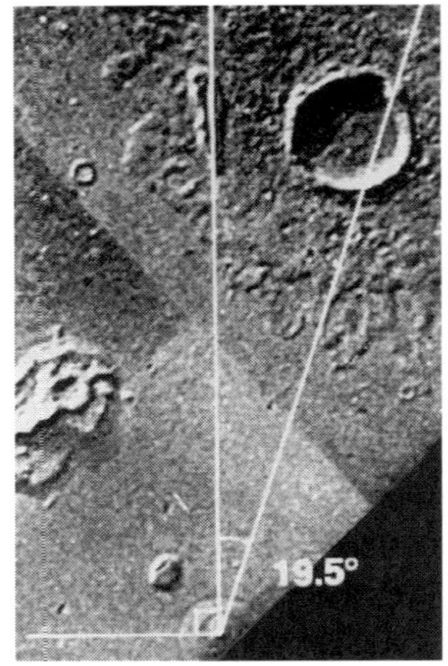

Ein Avebury auf dem Mars: Ring und »Tholus«.

dass die Rotation einer Sphäre ein „Tor“ öffnet, durch das Energie aus der vierten Dimension oder einer Art Überraum in kohärenter, elektrischer Form einfließt – und es zu diesem Energieaustausch zwischen den Dimensionen auf einer Breite von 19,5° kommt.

Schon bald sollte DePalmas Hypothese zumindest unterstützt werden, als die NASA-Sonde Voyager 2 im Herbst 1989 den Planeten Neptun passierte. Denn die Daten, die die Sonde zur Erde funkte, irritierten die Astrophysiker und zwangen sie zu dem Bekenntnis, dass alle ihre Vorhersagen über Neptun falsch waren. Der Planet war nicht etwa eine Eiswelt am Rande des Sonnensystems, wie sie geglaubt hatten – sondern hatte eine äußerst dynamische, dichte Atmosphäre aus Methangasen mit bizarren Wetterbedingungen und Windgeschwindigkeiten von bis zu 2000 km/h.. Und: Neptun strahlt dreimal mehr Energie aus, als er von der Sonne empfängt. Nur Tromblys Hypothese beantwortet die Frage, woher diese Energie denn stammt, und auch Zecharia Sitchins „Nibiru“ mit seiner exzentrischen Umlaufbahn von 3600 Jahren wird erst durch das Modell einer „sonnenunabhängigen Energieproduktion“ denkbar.

Die Cydonia-Strukturen beinhalten also Wissen über „das, was die Welt im Innersten zusammenhält“, um Goethe zu zitieren, eine Weltformel, das Geheimnis freier, unbegrenzter Energie. Sollte es uns einmal gelingen, Zugang zu dieser Energiequelle zu bekommen, so kann das unser aller Leben in der Zukunft verändern. Schon längst benötigt die Menschheit eine saubere, sanfte und natürliche Alternative zur Nuklearenergie und den fossilen Brennstoffen. Und interessanterweise finden wir dieselben „magischen Formeln“ der „tetraedralen Geometrie“ in einigen der Kornkreise. Die aber konzentrierten sich in den letzten Jahren in einem Gebiet, das das irdische Gegenstück zur Cydonia-Region zu sein scheint: rund um Avebury und den Silbury Hill.

Östlich des mysteriösen Marsgesichtes befinden sich ein Ring und ein Hügel, den Hoagland den „Tholus" taufte. Ein Spiralpfad scheint auf die Spitze des „Tholus" zu führen, wie einst ein solcher Weg auf den Silbury Hill führte. Nicht ganz nördlich des Silbury Hill, mit einer Abweichung von 19,5°, befindet sich der Steinkreis von Avebury, dessen zwei innere Kreise wiederum in einer Abweichung von 19,5° nordwestlich angeordnet sind. Nördlich des „Tholus" befindet sich ein Kraterring mit zwei Erhöhungen, zwei Hügeln auf seinem Rücken – exakt an jenen Stellen, an denen auch der Avebury-Ring Erhebungen aufweist. Auch das Größenverhältnis Tholus zu Ring und Silbury Hill zu Avebury-Steinkreis korrespondiert. „Haben die alten Briten, die Erbauer von Avebury, versucht, die Marsmonumente nachzubilden?", fragt Hoagland dann auch. Woher aber wussten die Avebury-Menschen, die Priester der Megalithkultur, von der Anlage in der Cydonia-Region auf dem Mars? Wurden sie angeleitet von Außerirdischen, den „Wächtern", den Anunnaki?

Obwohl in der Avebury-Region im Laufe der Jahrtausende viel zerstört wurde, lassen sich noch andere Parallelen zur Cydonia-Region herstellen. So befindet sich in einer proportionalen Überblendung dort, wo auf dem Mars die fünfeckige „D&M"-Pyramide liegt, eine fünfeckige Umfriedung auf dem Gelände der Firs-Farm. Da, wo die „Mars-City" anzusiedeln wäre, finden wir ebenfalls alte Befestigungen und Tumuli (Grabhügel). Das Marsgesicht selbst läge nördlich der A4, westlich von Beckhampton, im Bereich eines prähistorischen Langgrabes. Tatsächlich war die Maßeinheit der Megalithkultur das so genannte „megalithische Yard" von exakt 2,72 britischen Fuß. 2,72 ist aber gleichermaßen die Konstante *e*, die bei den Marsmonumenten eine entscheidende Rolle spielt. Zufall? Jedenfalls ist der britische „Foot" eine sehr alte Maßeinheit, die offenbar auch beim Bau der Pyramiden und von Stonehenge benutzt wurde und nur von den Engländern – als Erben der alten keltischen Kultur – überliefert wurde.

Auch die nordöstliche Ausrichtung von Stonehenge in einem Winkel von 49,6° entspricht der Cydonia-Geometrie: in diesem Fall dem Winkel der „D&M"-Pyramide, äquivalent zur *e:p*-Formel von 0,865, der zentralen Botschaft von Cydonia. Und eben in diesem Gebiet rund um Stonehenge und Avebury tauchten, etwa zeitgleich mit der irdischen „Viking"-Marsmission, seit 1975 regelmäßig die Kornkreise auf.

Eine Untersuchung der Kornkreismuster durch Hoaglands Kollegin, die amerikanische Mathematikerin Colette Dowell, ergab, dass so gut wie alle echten Formationen Werte der Cydonia-Geometrie aufwiesen. Mehr noch, das Langpiktogramm von West Kennet, das am 16. Juli 1990 erschien, war so angelegt, dass seine Achse in der Verlängerung den Ostrand des Silbury Hill berührte, während ein Winkel von 19,5° in der Verlängerung die Westseite tangieren würde. Das Langpiktogramm von Cheesefoot Head vom 3.8.1990 wies Winkel von 85,3° und 69,4° auf, die Hoagland auch in Cydonia messen konnte. Teilt man einen dieser Winkel durch den anderen, ergibt sich eine der Cydonia-Formeln: *e* durch die Quadratwurzel von 5. Das Langpiktogramm von Old Sarum von 1992 wies Winkel von 45° und 52° auf, die, durch einander geteilt, 0,865 oder *e* durch *pi* ergeben. Aber die komplexeste Sammlung von Cydonia-Daten fanden Hoagland und Dowell in dem bemerkenswertesten aller Kornkreispiktogramme, dem riesigen Dreieck von Barbury Castle, das sich als perfekter Tetraeder (und Symbol für den Austausch mit der vierten Dimension) erwies. So ergab eine Projektion der konzentrischen Ringe im Innern des Piktogramms auf die Breitengrade eines Planeten die folgenden Werte:

19,5°: Bei 19,5° kommt es der tetraedralen Geometrie zufolge bei einem rotierenden Körper zu einem Energieaustausch zwischen den Dimensionen.
22,5°: Der Neigungswinkel des Marsgesichtes.
49,6°: Vorderer „Stützwinkel" der D&M-Pyramide und Achsenwinkel der Stonehenge-Avenue; Radians von *e:p*.
52°: Der (abgerundete) Breitengrad von Barbury Castle (exakt: 51,30°): eine ähnliche

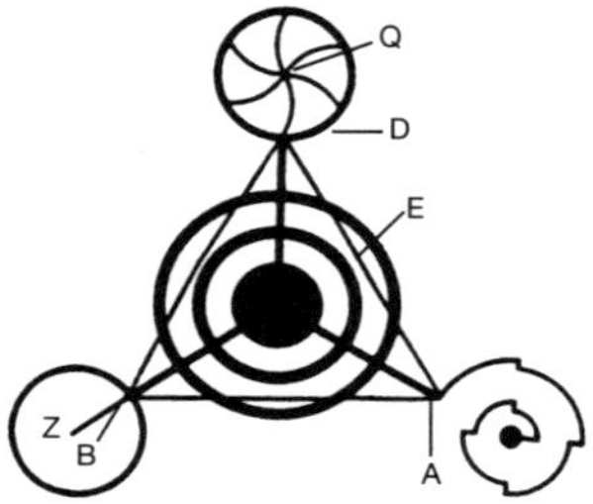

XD	0°
XA	120°
XB	234°
AB	268°
BC	24°
CD	30°
DE	148°
EA	150°
DQ	0°
BZ	234°

Die wichtigsten Winkel der Cydonia-Geometrie im »Tetraeder« von Barbury Castle, 1991

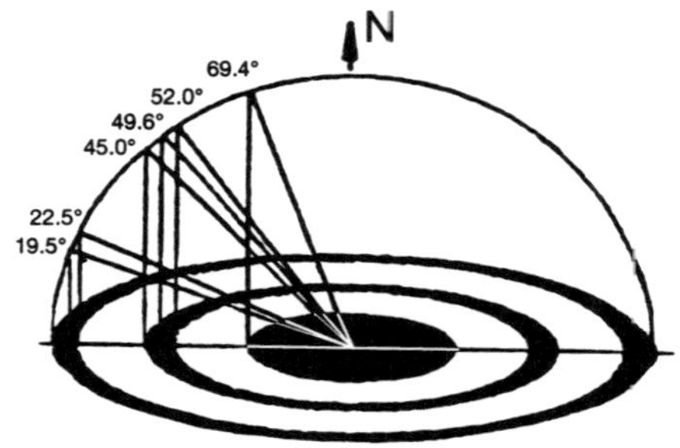

Die Projektion des Ringzentrums der Barbury Castle-Formation enthüllt Werte der Cydonia-Geometrie

„selbstbezogene" Codierung wie in der Cydonia-Region, wo die Geometrie der Strukturen ihre Position aufzeigt.
45°: Exakt die halbe Entfernung zwischen Äquator und Pol.
45°:52°: 45:52 ergibt 0,865, also die „Marsformel" *e:pi.*
60°: Der Winkel, in dem die drei Seiten eines Tetraeders zueinander stehen.
60°: 69,4°: Wieder 0,865, also *e:pi.*
69,4°: *e*:√5-Radians, eine Beziehung, die wir gleich dreimal in der Cydonia-Region finden.

Damit aber ist das Piktogramm von Barbury Castle nichts anderes als ein irdisches Gegenstück zur „D&M-Pyramide": Es trägt in sich alle wichtigen Zahlenwerte der Cydonia-Geometrie. Oder, mit Hoaglands Worten: „Das gesamte verdammte Ding ist durch und durch tetraedral und 'cydonisch'." Und das bis ins kleinste Detail. Erinnern Sie sich an den „schiefen Balken" des Musters, die einzige Unsauberkeit der sonst so perfekten Formation und für Hoax-Theoretiker das „corpus delicti" für die „wahren Täter"? Hoagland ahnte: Dieser „Knick" war wichtig. Welchen Winkel hätte er bekommen, wenn die gebrochene Linie durch den inneren Ring – dem sie ausweicht – gegangen wäre? Die Antwort: 49,6°. „Bingo!", rief Hoagland aus, „verdammt, diese Jungs sind elegant!" Denn 49,6° ist nicht nur ein Schlüsselwinkel der D&M-Pyramide und der „Avenue-Winkel", nach denen Stonehenge ausgerichtet ist, er ist auch der Radians von *e:p*, der Marsformel. Hoagland: „Unsere Entdeckung und Verifizierung der Cydonia-Geometrie 'mitten im Korn' bestätigt einen außergewöhnlichen Verdacht: Jemand... der offensichtlich dieselbe Geometrie benutzt wie jene, die vor einer halben Million Jahren ihre bemerkenswerten geometrischen Stempel in die Cydonia-Region gesetzt haben... ist endlich zur Erde zurückgekehrt..." In das „irdische Cydonia", ins Gebiet um Avebury.

10. Kapitel

DIE DEUTSCHEN KREISE

30. April 2000: Die Nacht war klar und trocken, auch wenn es eigentlich noch zu kalt war, sie im Freien zu verbringen. Doch es war keine gewöhnliche Nacht. Es war die keltische Neujahrsnacht, das alte Beltane-Fest, das in christlicher Zeit zur „Walpurgisnacht", zum Umtrieb der Hexen und Teufel erklärt wurde. Immer wieder waren in dieser magischen Nacht Kornkreise aufgetaucht, stets in derselben Gegend, in einem Tal zwischen Kassel und Zierenberg, nahe dem Dorf Burghasungen. Kein Wunder, dass rund 20 deutsche und holländische Kornkreis-Enthusiasten diesmal vor Ort sein wollten – bot sich ihnen doch zumindest die Möglichkeit, die „Zirkelmacher" in flagranti zu erwischen.

So saßen sie auf einem Hügel, von dem aus sie das Tal überblickten; sie plauderten, diskutierten und warfen hin und wieder einen Blick in den Nachthimmel. Kein Mond, keine Sterne waren zu sehen, sie versteckten sich hinter einer dichten Wolkendecke. Am Horizont glühten die Lichter mehrerer Dörfer, hinter ihnen fuhren Wagen auf der A 44. Ein kalter Wind wehte über die Hügel. Es war still, zu still. Mitternacht verging, es wurde eins, und eigentlich rechnete niemand mehr mit einem Ereignis, als plötzlich etwas Seltsames geschah. Um Punkt 2 Uhr wurde es plötzlich dunkel, oder besser: stockfinster. Es war so, als würden langsam alle Lichter verlöschen, einschließlich jene der Dörfer und der Autobahn, als würden sie von einem großen, schwarzen Loch verschluckt. Auch Töne, die Geräusche der Nacht, das Brummen der Motoren, waren nicht mehr zu hören. Die, die es erlebten, waren überwältigt, wagten es nur noch, andächtig zu flüstern: „Hey, siehst du das auch?", „Yeah, da passiert etwas."

„Es war, als schwebten wir in einem tiefschwarzen Universum, wirklich unheimlich", erklärte später ein Zeuge der US-Journalistin Linda Howe, *„wir schienen völlig von der Außenwelt abgeschnitten. Doch es fühlte sich nicht bedrohlich an. Es war ein sehr schönes Gefühl, als würden wir beschützt."* Niemand wusste, was es war. Sicher war nur, dass es kein Nebel sein konnte. Noch Sekunden zuvor hatten sie ganz klar die Lichter eines Wagens gesehen. Doch plötzlich, so schien es, stülpte etwas diese „Glocke der Finsternis" über sie und lüftete sie erst nach einiger Zeit langsam wieder. Gegen 2.15 Uhr war alles vorbei. Aufgeregt diskutierten die Beteiligten, was sie gerade erlebt hatten. Ein Zeuge: *„Dann geschah es wieder, exakt von 3 Uhr bis 3.15 Uhr. Diesmal war es sogar noch intensiver als beim ersten Mal. Wirklich intensiv. Als es nach einer Viertelstunde wieder endete, waren wir alle sehr, sehr müde. Wir hatten das Gefühl: Das war's. Es ist entstanden, es ist da. Und so gingen wir schlafen."*

Als die Forscher beim ersten Sonnenlicht aufwachten, diskutierten sie noch einmal über das, was ihnen in der letzten Nacht widerfahren war. Doch weit und breit war kein Kornkreis zu sehen. Eine Stunde lang fuhren sie durch die Landschaft, fanden nichts. Schließlich verabschiedeten sich die Holländer, machten sich frustriert auf den langen Heimweg. Erst später wurden ihre deutschen Kollegen, die noch weiter suchten, fündig. Es gab ein neues Piktogramm. Es war hinter ihnen, jenseits der Autobahn, aufgetaucht: Eine perfekte Hantel in einem gelbblühenden Rapsfeld. Als einer von ihnen, Frank Laumen aus Leverkusen, es fotografieren wollte, versagte seine professionelle Canon-Kamera. Außerhalb des Kornmusters funktionierte sie wieder einwandfrei. Kurz darauf fanden sie noch einen zweiten, einfachen Kreis in etwa 2 Kilometern Entfernung bei Zierenberg. Auch er befand sich in einem Rapsfeld, auch er musste in der Walpurgisnacht entstanden sein. Die Forscher waren beeindruckt. Rapspflanzen lassen sich nicht so einfach niederlegen wie Weizenhalme. Sie sind so empfindlich, dass jede Gewaltanwendung Schäden hinterlassen würde. Und dennoch fanden sie auf den Feldern keinerlei Spur irgendeiner Fremdeinwirkung. Sie waren sich absolut sicher, als Erste die Formationen betreten zu haben.

Spätestens seit dieser Nacht gilt Burghasungen als das deutsche Avebury, das Zentrum des Kornkreisgeschehens in ganz Mitteleuropa. Hier, in Nordhessen, waren seit 1996 die meisten Kornkreise aufgetaucht, hier hatte das Phänomen sein teutonisches revival erlebt. Denn nach dem geradezu legendären Kornkreissommer 1991, gipfelnd in dem Piktogramm von Grasdorf – einem der geheimnisvollsten überhaupt in der Geschichte des Phänomens – war es ruhig um sie geworden. Erst 1996 kehrten sie in größeren Mengen zurück.

1996

Die Saison begann am 23. Mai, als ein Pilot drei Piktogramme zwischen Schleswig und Kappeln in Schleswig-Holstein entdeckte. Einer der Kreise hatte einen Durchmesser von 20 Metern, sein Nachbarkreis 9,5 Meter. Beide befanden sich auf einem Gerstenfeld, während der dritte, 10 Meter breite Kreis jenseits eines Landweges auf einem Rapsfeld lag. Zwei Wochen später tauchten drei Kreise in einem Roggenfeld bei Loit, ebenfalls im Raum Schleswig, auf, der größte mit einem Durchmesser von 19 Metern. Interessanterweise, so merkte die Schleswig-Holsteinische Zeitung vom 5.8.1996 an, hatten „mehrere Zeugen von einer UFO-Sichtung über demselben Feld zehn Jahre zuvor" berichtet. Ein Kenner der alten Mythologie wies darauf hin, dass sich ganz in der Nähe ein Steinkreis, eines der ältesten germanischen Heiligtümer Norddeutschlands, befände. Das nächste Piktogramm entstand dann Ende Juni in einem Weizenfeld bei Ulsnis im Kreis Schleswig. Es bestand aus vier Kreisen, von denen die beiden größten durch eine geschwungene Gasse miteinander verbunden waren, „beinahe, als habe die kreisformende Energie zwischen den Kreisen über den Boden geschleift", wie die Zeitung meinte. Doch die eigentliche Sensation war ein Langpiktogramm von 60 Metern Länge (die Satellitenkreise mitgerechnet sogar 70 Meter), das in der Nacht zum 16. Juli auf einem Weizenfeld bei Brodersby an der Schlei, östlich von Schleswig, auftauchte. „So was kann kein Mensch machen", meinte Landwirt Hans-Heinrich Schmidt aus Geel bei Kappeln, dem der Acker gehört: Sicheln, Kreise und F-förmige Auswüchse – der ägyptischen Neteru = Wächter-Hieroglyphe ähnlich –, ein großer Zentralkreis von 11,68 Metern Breite, durch einen Kanal verbunden mit zwei kleineren Kreisen, von denen einer von einem Ring umgeben war. Ein Werk der Studenten, die 1991 inmitten der Kornkreiswelle die Publicity nutzten, und vor den NDR-Kameras ein (plumpes) Kornmuster fälschten? Der Landwirt glaubt das nicht: „Die haben damals Holzbalken benutzt. Aber hier ist kein Halm kaputt, nichts geknickt, alle Halme wachsen waagerecht am Boden weiter." Der saubere Fluss des Korns spricht tatsächlich für die Echtheit des Piktogramms, von der auch Michael Michalsky überzeugt ist, der das Piktogramm beging. Michalsky: *„Erstaunlich war, dass bei allen Stichproben der Kreishalme keine Brüche aufzuweisen waren. Sämtliche Halme innerhalb der Struktur wuchsen ab Erdaustritt horizontal zum Boden. An den Zellknoten (die viel größer waren als bei Halmen außerhalb der Struktur) wuchsen die Halme abgewinkelt weiter. Die Kreiszentren waren 'sauber' (klar und deutlich erkennbar)."*

Doch auch aus anderen Regionen wurden Piktogramme gemeldet. Am 8. Juli berichtete die „Rhein-Zeitung" über die Entdeckung eines hantelförmigen Piktogramms aus drei Kreisen in Beulich im Hunsrück. Die Halme der 5 und 8 Meter breiten Kreise waren im Uhrzeigersinn flachgelegt, berichtete mir mein Leser Heribert Schlumm. Das Muster soll um den 3. Juli aufgetaucht sein.

In derselben Nacht des 3. Juli entstanden dann die ersten beiden Piktogramme an der A 44 nahe Zierenberg/Burghasungen bei Kassel: ein Kreis von 18 Metern Breite, von zwei Ringen umgeben, der erste 4, der zweite 2 Meter breit. Das zweite Zeichen lag auf einer Blumenwiese aus lila Bienenweide und bestand aus einem 10 Meter breiten Kreis mit einem ebenso langen und 5 Meter breiten „F"-förmigen Auswuchs – wieder die „Neteru"-Hieroglyphe! Mein Leser Eckhard Weber, der mir von dem Fund berichtete, bemerkte die *„deutlich erkennbare Spiralform des großen Kreises; verschiedene Kornlagen, Verflechtungen; Halme gebogen, gekrümmt, flachgelegt, nicht gebrochen, wachsen horizontal weiter; vergrößerte Knoten an den Halmen, die umgelegten Halme wachsen an den Knoten schräg weiter; erhöhte Radioaktivität"* – um 400 % oberhalb der Vergleichswerte – *„Mikrowellenstrahlung messbar, Spiralzentrum nicht im Kreiszentrum. Mehrere Personen zeigten körperliche Reaktionen (z.B. Kreislaufbeschwerden, Kopfschmerzen)"*. Mit diesem fulminanten Auftakt war der Raum Kassel erstmals in die Aufmerksamkeit deutscher Kornkreisforscher gerückt.

1997

Diese Tendenz setzte sich 1997 fort. Neben einem 40 Meter breiten Ring und einem Kreis bei Bretzfeld/Franken, einem sehr schönen, 40 Meter langen Piktogramm bei Ludwigshafen sowie zehn Formationen – darunter einem beeindruckenden Lang-Piktogramm – in Angeln/Schleswig-Holstein war wieder der Raum um Kassel das Zentrum des Geschehens. Zuerst erschienen die Kreise zwischen Dorla und Gleichen, östlich von Kassel. In Dorla waren bereits 1982 verschiedene kreisrunde Abdrücke auf einem Acker und in einer Garageneinfahrt aufgetaucht, die als UFO-Landespuren gedeutet worden waren. Am 7. Juni fand man bei Dorla einen Kornkreis (20 Meter im Durchmesser), umgeben von einem Ring (Durchmesser: 55,9 Meter). Zwei Wochen zuvor waren in dieser Region Lichtkugeln am Nachthimmel gesichtet worden. Am 14. Juni beobachtete der Forscher Wolfgang Schöppe, wie sich eine runde, schwarze Wolke vom Himmel zu lösen schien und 20 Sekunden lang über dem Kornmuster schwebte. Dem Zeugen gelangen zwei Fotos des Phänomens.

In der Nacht vom 28. auf den 29. Juni entstanden schließlich zwei Kornkreis-Muster, die beide an altgermanische Labyrinthe („Trojaburg") erinnerten, bei Burghasungen und an der Autobahn bei Ehlen. Über dem erstgenannten, so berichteten Zeugen, soll in der Nacht ein heller Lichtkegel geschwebt sein.

1998

Eine simple Spirale im blühenden Raps, 24 Meter im Durchmesser, eröffnete die Kornkreissaison 1998 ausgerechnet wieder in Burghasungen. In der Nacht zum 1. Mai hatte es stark geregnet, am nächsten Morgen, als die Forscher es inspizierten, war das Feld matschig. Trotzdem konnten keine Fußabdrücke gefunden werden; die Pflanzen waren mannshoch, doch niemand hatte sie weggedrückt. Mit Sicherheit hatte kein Mensch in der letzten Nacht den Acker betreten. Es folgte eine beeindruckende „Ernte". Mit 24 Piktogrammen lag dieses Jahr nur knapp unter der „Rekordzahl" von 1991 (26 Kreise und Piktogramme). Diesmal konzentrierte sich das Phänomen eindeutig auf Angeln – von wo fünfzehn Piktogramme gemeldet wurden! Dazu zählte die faszinierendste Variante: Über 100 Eiskreise entdeckten Kornkreisforscher am 15. November in der Eisdecke der Schlei.

Doch der eigentliche Durchbruch des Jahres fand wieder im Raum Kassel statt. Das Piktogramm von Ehlen – zwei parallel rotierende Spiralen von je 30 Metern im Durchmesser –, das am 2. Juli in einem Roggenfeld gefunden wurde, sollte als erstes deutsches Kornmuster wissenschaftlich untersucht werden. Dazu konsultierte die „Forschungsgesellschaft Kornkreise e.V." den renommierten amerikanischen Biophysiker Prof. Levengood vom BLT Research Team in Cambridge, Massachusetts. Prof. Levengood schickte seine Mitarbeiterin Nancy Talbott nach Ehlen, um das Kornmuster aus der Luft und vom Boden aus zu fotografieren, zu vermessen und 47 Proben von insgesamt 630 Pflanzen aus dem Piktogramm und dem umliegenden Feld zu entnehmen. Die Ergebnisse der Untersuchung waren beeindruckend:

„Anhand einer mathematischen Analyse des Luftbildes zeigt sich, dass die beiden Spiralfiguren annähernd der Gleichung logarithmischer Spiralen entsprechen. Das deutet darauf hin, dass die an der Entstehung

beteiligten Energien anhand eines präzisen mathematischen Musters organisiert waren. Verglichen mit den Kontrollproben wurden an den Pflanzen aus der Formation signifikante Verlängerungen der Wachstumsknoten vorgefunden: +32 % bei den liegenden, +30 % bei den stehenden Pflanzen.
Das deutet darauf hin, dass eine hitzeerzeugende Energie ... wahrscheinlich Mikrowellenenergie... und nicht Gravitropismus die Ursache für die Knotenvergrößerung ist.
Auffällige Risse, Dehnungsnarben und -löcher wurden in 27 % der niedergelegten Formationspflanzen und 3 % der stehenden Formationspflanzen gefunden (0 % in den Kontrollproben).
Die Menge magnetischen Materials im Erdboden innerhalb und im unmittelbaren Umfeld der Formation betrug das Zehnfache des erwarteten Normalwertes von 0,4 mg/g im Erdboden.
Das Verteilungsmuster des vorgefundenen magnetischen Materials innerhalb und im unmittelbaren Umfeld der Formation deckt sich mit dem Modell eines schnell rotierenden Wirbelsystems...
Detaillierte Untersuchungen des Samenwachstums zeigen eine signifikante Verminderung der Keimfähigkeit um -18 % bei den niedergelegten Formationspflanzen und eine ebenfalls signifikante Steigerung von +14 % bei den stehenden Formationspflanzen."

Das deckt sich mit den Ergebnissen von Levengoods Untersuchungen britischer Kornkreispiktogramme (siehe 12. Kapitel). Damit steht fest: Dieselbe Energie, die in Südengland am Werke ist, erzeugte auch die deutschen Kornkreise. Zumindest die Piktogramme im Raum Kassel sind also mit allerhöchster Wahrscheinlichkeit authentisch.

1999

Der deutsche Kornkreissommer 1999 begann wieder pünktlich am 1. Mai, wieder mit einem Raps-Piktogramm bei Burghasungen. Drei Ringe umgaben einen Zentralkreis, der äußerste mit einem Durchmesser von 40,6 Metern. Mitglieder einer spirituellen Gruppe, die zum buddhistischen Wesak-Fest auf dem Burghasunger Berg meditierten, hatten in der Nacht zuvor leuchtende Kugeln beobachtet. In derselben Nacht entstand ein zweiter Rapskreis, von zwei Ringen umgeben, bei Borchen im Kreis Paderborn. Sein Durchmesser betrug 56 Meter. Leider konnten Kornkreisforscher ihn erst nach 13 Tagen inspizieren; da war er schon in einem so schlechten Zustand – er wies gebrochene Halme und Fußabdrücke auf –, dass sie eine Fälschung für die wahrscheinlichste Möglichkeit hielten.

Am 6. Juni entdeckte der Kornkreis-Pilot Clemens Richter einen 20,3 Meter breiten Kreis in einem Gerstenfeld nahe Lindau in Schleswig-Holstein. Wie der lokale Kornkreis-Forscher Jan Schwochow auf seiner Internet-Seite (http://www.schwochow.de/kornkreise) bekanntgab, sollen seit 1920 Kornkreise in Angeln aufgetaucht sein, ein Beispiel aus dem Jahre 1983 konnte durch Augenzeugen bezeugt werden. 1999 aber blieb es bei dem einen Exemplar.

Währenddessen wurde der Raum Kassel endgültig zum neuen deutschen Kornkreis-Land mit immerhin sechs eindrucksvollen Piktogrammen. Ausgerechnet bei Ehlen entstand am 7. Juni wieder eine Doppelspirale, nachdem Kornkreisforscher Wolfgang Schöppe gegen Mitternacht *„einen senkrecht stehenden weißen Wirbelschlauch, welcher sich langsam drehte"*, mit dem Fernrohr beobachtet haben will. Er ist sich sicher: *„Er stand in der Entfernung und Richtung genau an dem Punkt, wo der Kornkreis später entdeckt wurde."* Dorla führte am 20. Juni mit zwei Piktogrammen die Reihe fort: einer Formation, die aus einem großen Außenring und 110 Halbringen bestand, die einen mäandrigen, spiraligen Pfad bildeten, und einer Formation aus zwei konzentrischen Ringen mit einem angefügten „Y". Am 26. Juni folgte noch einmal Ehlen mit einer Weiterentwicklung des Dorla-Großmusters, einer eindrucksvollen und eleganten Spirale in unmittelbarer Nähe der A 44. Kornkreisforscher Schöppe ist überzeugt, dass es noch nicht da gewesen war, als er gegen 8 Uhr früh auf der Straße fuhr, was hieße, dass es bei Tageslicht entstand. Ein zweites Piktogramm aus sieben Kreisen, einem Ring und vier „Halbmonden", an die 100 Meter breit, wurde am selben Tag im selben Gebiet entdeckt. Ein Dreieck, zwei Kreise und ein größerer

Kreis mit zwei Halbringen tauchten schließlich am 30. Juni nahe dem Gut Rangen-Zierenberg bei Kassel auf.

Der lokale Kornkreisforscher Eckhart Weber will sogar Beweise für ein Interesse der Bundeswehr an den Burghasunger Kornkreisen gefunden haben. So schrieb er im „Magazin 2000“: *„Interessant ist, dass die Bundeswehr einmal mit einem LKW mit mehreren Soldaten hingekommen ist, sie haben sich umgeschaut und in einem kleinen Zelt eine Videokamera aufgebaut. Bei der ‚Spirale' waren dann auch Bundesgrenzschutzbeamte mit Hubschrauber, die von oben fotografierten. Sie kamen ziemlich nahe herunter und machten, wie es schien, Notizen und Fotos... Fast immer, wenn Kornkreise entstanden, waren auch immer entweder Bundesgrenzschutz oder Bundeswehr am Schauplatz.“*

2000

Mit der denkwürdigen Walpurgisnacht von Burghasungen begann ein Jahr, das mit 27 Kornkreis-Piktogrammen sogar den „Sommer der Kreise“ von 1991 übertraf. Doch mehr als je zuvor konzentrierte sich das Geschehen jetzt endgültig auf den Raum Kassel. Ganze 15 Piktogramme, beeindruckend in ihrer Schönheit und Präzision, zählte man hier. Angeln, bislang das zweite, große deutsche Kreiseland, hatte offenbar ausgedient; nur eine einzige Formation wurde aus Schleswig-Holstein gemeldet. Mecklenburg-Vorpommern stand an zweiter Stelle, allerdings mit so chaotischen Kornmustern, dass ein Schwindel wahrscheinlich ist. Auch eine Verbindung zum ersten deutschen Kreisejahr, 1991, gab es: Ein 110 Meter langes Piktogramm fand man am 21.6. ausgerechnet in Netze bei Waldeck, wo eines der größten und schönsten Kornmuster des „Klassiker-Jahres“ erschienen war.

Auffallender denn je war die Verbindung der nordhessischen Formationen zu prähistorischen Stätten. Die Nähe der Burghasunger Kornzeichen zur A 44 lässt sich vielleicht dadurch erklären, dass sie einen uralten Kultort durchschneidet, den „Roten Hain“, einen Versammlungsort der keltischen Frauen. Ein blumenförmiges Muster erschien am 16.5. vor der Ehlener Keltenschanze, genannt „Lindberg“. Eine Nacht später folgte ein Kornkreis mit zwei Ringen nahe der keltischen Ringwallanlage Dörnberg. Ein neunzackiger Stern wurde am 24.6. in Burghasungen-Bodenhausen nahe einem bronzezeitlichen Hügelgrab entdeckt. In derselben Nacht erschien ein beeindruckender Kreis, den Forscher „Die geteilte Erde“ oder „Trennung von Licht und Schatten“ tauften, neben der Keltenschanze von Escheberg. Am 8.7. fand man zwei Langpiktogramme, einen Pfeil und eine „Dreierhantel“, mit einer Gesamtlänge von 220 Metern in Fürstenwald neben einer keltischen Anlage. Die Netzer Formation tauchte in der Nähe eines alten Klosters auf. Und auch das schönste Piktogramm des Jahres, am 10.7. in Calden entdeckt, hatte einen eindeutigen Bezug zur deutschen Vorgeschichte; es erschien direkt neben dem „Caldener Erdwerk“, einer keltischen Anlage, die seit zehn Jahren archäologisch untersucht wird. Es bestand aus drei erhabenen Spiralen, die aus einem 60 Meter großen Kreis emporragten. Dasselbe Symbol, von Keltenforschern „Dreibeinspirale“ genannt, wurde, in Stein gemeißelt, in dem prähistorischen Steingrab von New Grange in Irland entdeckt. Zufall? Ein Schwindel jedenfalls ist unwahrscheinlich. Zu präzise sind die Spiralen aufrecht stehenden Korns, zu charakteristisch die Erfahrungen, die der Kornkreisforscher Klaus Listmann bei der Vermessung der Formation machte. Neue Batterien waren urplötzlich leer, um später wieder zu funktionieren, das Thermometer maß in dem Muster 5° mehr als außerhalb.

EIN SCHUTZHEILIGER DER KORNKREISE?

Der geheimnisvollste Ort im neuen Kornkreisland aber ist Burghasungen selbst. Seine Geschichte ist eng verbunden mit dem heiligen Heimerad oder Heimrad, der in den Diözesen Freiburg und Fulda verehrt wird. Er verstarb am 28. Juni 1019 in Burghasungen. In Meßkirch in Baden geboren, pilgerte er als junger Mann nach Rom und Jerusalem. Nach seiner Rückkehr trat er zuerst in das Kloster Hersfeld in Hessen ein, um bald darauf ein Leben als Einsiedler zu wählen. Zuerst trieb es ihn nach Kirchberg (unweit von

Dorla), dann zog er weiter. Erst als er zum Burghasunger Berg kam, hatte er das Gefühl, an seinem Ziel angelangt zu sein. „Hier ist das Haus Gottes und die Pforte zum Himmel" soll er ausgerufen haben. Auf dem Berg errichtete er sich eine kleine Behausung und dem Herrn eine Kapelle. Fortan predigte er zu den Armen, teilte sein letztes Brot und wirkte zahlreiche Wunder. Bei den Einheimischen galt er schon zu Lebzeiten als Heiliger, und schließlich pilgerten sogar Bischöfe zu ihm. Als er verstarb, errichtete der Erzbischof von Mainz ihm zu Ehren eine Kirche an der Stätte seines Wirkens. Bald entstand neben ihr auch ein kleines Kloster. Der Ort wurde zum Wallfahrtsziel.

Doch offenbar galt der Burghasunger Berg, ein erloschener Vulkan, schon den Kelten als heilig. Davon jedenfalls zeugt die „Keltenschanze", die Umwallung eines Ritualbezirks, rund um den interessanterweise herzförmigen Kratersee. Der Esoteriker Eckhart Weber ist überzeugt, dass dieser Ort „das Herzchakra Europas ist, ganz wie Avebury und Avalon = Glastonbury das innere und äußere Herzchakra der Erde sind". Daher, so glaubt er, bestünde „ein feinstofflicher Kontakt" zwischen Südengland und Nordhessen.

WARUM KASSEL?

„Warum Kassel?", fragte mich die US-Journalistin und Kornkreisforscherin Linda Howe, als wir durch die nächtlichen Straßen von San Marino spazierten. Wir waren Anfang Juni 2000 zum jährlichen UFO-Kongress des Kultur- und Verkehrsministeriums der ältesten Republik der Welt eingeladen, und ich freute mich, Linda wiederzusehen. Sie hatte gerade von den jüngsten Formationen in Hessen erfahren und wollte von mir eine Antwort haben. „Linda, ich denke, das hat mit der Geschichte von Kassel zu tun", erwiderte ich. „Hast du schon mal vom ‚Herkules' gehört? Kassel ist, ganz wie Avebury, Zentrum einer ‚heiligen Landschaft', eine Art Freiluft-Tempel. Es ist ein Musterbeispiel für ein geomantisches Design mit dem Ziel, Energie zu kanalisieren. Dahinter steckt dieselbe Philosophie der Errichtung eines ‚neuen Jerusalem', die auch William Blake und andere Angehörige der Geheimbünde des 17. und 18. Jh. fasziniert hat."

„Was ist dieser Herkules?"

„Eine Statue des mythischen Halbgottes oder Gottmenschen als Symbol für den neuen, erleuchteten Menschen, der das Ziel dieser Geheimbünde, der Freimaurer und Illuminaten, war."

„Eine Statue?"

„Eine Statue als Krönung eines Freilufttempels."

„Wer hat den gebaut? Und wann?"

„Das war 1717. Interessanterweise dasselbe Jahr, in dem die Freimaurerei erstmals an die Öffentlichkeit ging mit der Gründung der Großloge von England in London. Der Graf von Hessen-Kassel war einer der ersten deutschen Freimaurer. Er interessierte sich für hermetische und buddhistische Lehren. Und er hatte diesen ehrgeizigen Plan, seine Residenzstadt in einen hermetischen Freiluft-Tempel zu verwandeln. Mit der Unterstützung italienischer Architekten wurde sie als „Stadt des Menschen", als Modell des menschlichen Energiekörpers mit seinen sieben Chakren, geplant. Dazu ließ er eine Kette von Brunnen und Monumenten entlang einer geraden Linie anlegen, der neuen Zentralachse der Stadt, die einen Berg hinauf führt. Auf seiner Spitze errichtete er eine achteckige Struktur, die dem achtblättrigen Lotus der buddhistischen Kundalini-Lehre, dem Symbol für das „Kronen"- oder „Scheitelchakra" des Menschen, entsprach. Er krönte sie mit einer Struktur, die halb Obelisk, halb Pyramide war. Das ist ein altes freimaurerisches Symbol. Du findest es auch auf der Dollarnote..."

„...mit dem allsehenden Auge Gottes an der Spitze..."

„...und das ersetzte unser Landgraf von Hessen Kassel durch eine bronzene Statue des Herkules, des Gottmenschen der griechisch-römischen Mythologie. Der Gottmensch, der vollkommene Mensch, tritt damit an die Stelle Gottes! Das entspricht dem Versprechen Luzifers von der Selbsterlösung des Menschen, der Rebellion gegen Gott, der diese Geheimbünde frönen. (Aus diesem guten Grund stellt sich die katholische Kirche gegen die Logen, Anm. d. V.) Von unten betrachtet sieht alles aus wie eine tibetische Stupa. Zu ihren Füßen platzierte er den besiegten Riesen Encelados, Symbol für den ungöttlichen 'alten Menschen', den es zu überwinden galt."

„Eine geniale Planung..."

„...hinter der ein hoher Eingeweihter gestanden haben muss. Vielleicht war es der mysteriöse Alchemist, der Graf von St. Germain, der angeblich Unsterblichkeit erlangt hatte und mit vielen führenden Persönlichkeiten des 18. Jh., speziell aber mit Logenangehörigen, verkehrte. Sicher ist, dass Saint Germain nach 1767 der Lehrer des Landgrafen Carl von Hessen-Kassel war. Er lebte sogar bis zu seinem angeblichen Tod 1784 auf Schloss Louisenlund bei Eckernförde, unweit dem Lieblingsschloss des Landgrafen, Gottorf bei Schleswig. Er war Mitglied diverser Geheimbünde. 1774 wurde Carl in die Freimaurer-Loge von Schleswig aufgenommen. 1782 veranstaltete er den ersten internationalen Freimaurerkongress. Nun rate mal, wo?"
„In Schleswig?"
„Nein, in Kassel-Wilhelmsbad! Und jetzt halte dich fest. Es gibt bei Kassel einen heiligen Berg der Germanen, den Odenberg, benannt nach dem Gott Odin. Über einen riesigen Park mit geometrischen Bauten und Gräben verbanden die Hessen-Kassler Landschaftsarchitekten den Odenberg mit der Orangerie, dem Schloss des Landgrafen, und speisten die Energielinien in die Wilhelmshöher Allee ein. Diese Allee führt schnurstracks durch Kassel auf den Bergpark Wilhelmshöhe, wo der Freimaurerkongress stattfand. Und eben dort steht der Herkules!"
„Das ist ja genial!"
„Diabolisch genial! Und wenn man eine gerade Linie von der Wilhelmshöher Allee über den Bergpark Wilhelmshöhe zieht, kommt man genau auf den Burghasunger Berg, wo der heilige Heimrad wirkte... und wo jetzt die Kornkreise erscheinen. Na, noch Zweifel?"
„Eigentlich nicht mehr. Das ist eindeutig."
„Aber es geht noch weiter zurück..."
„Wirklich?"
„Als Kassel im 12. Jh. seine Stadtrechte bekam, war es der Sitz eines deutschen Kapitels der Templer. Seit 1277 ist es die Residenzstadt der Grafen von Hessen. Sie führten ihren Ursprung auf Pippin den Kleinen, den Vater Karls des Großen zurück. 1527 führte Hessen als eines der ersten deutschen Fürstentümer die lutherische Reformation ein. 1614 wurden in Kassel von dem Drucker Wilhelm Wessen die beiden ‚Bibeln' der Rosenkreuzer veröffentlicht, die anonyme „Allgemeine Reformation der ganzen Welt" und die berühmte „Fama Fraternitatis" von Johann Valentin Andreae. Der war Sohn eines lutherischen Pastors, hatte den Ruf, ein Alchemist zu sein und lebte in Tübingen. Ein Jahr später folgte ein zweites Buch Andreaes, die „Confessio Fraternitatis", ein Aufruf der Rosenkreuzer „an die Intellektuellen Europas", wieder von Andreae verfasst, wieder in Kassel verlegt. Das sieht doch ganz danach aus, als sei Kassel der Sitz, das Zentrum der Rosenkreuzer-Bewegung gewesen, oder?"
„Natürlich. Deshalb war es sicher, die Bücher dort herauszugeben."
„Wahrscheinlich war Andreaes Freund und Förderer, Rudolf August von Braunschweig-Wolfenbüttel, auch schon ein Mitglied der Rosenkreuzer. Jedenfalls war Kassel der Geburtsort dieser einflussreichen Bewegung und später, im 18. Jh., auch ein Zentrum freimaurerischer Aktivitäten. Sein regierendes Haus war tief verwickelt in Hermetik, Alchemie und Geomantie. Diese Geheimwissenschaften haben ihren Ursprung im alten Ägypten, und genauso besteht eine Verbindung zwischen dem Landschaftstempel von Avebury, der Silbury-Hill-Pyramide und dem Land der Pharaonen. Deshalb erscheint es mir nicht als Zufall, dass die Kreisemacher im Raum Kassel ihr zweites Tätigkeitsfeld gefunden haben."
Wir waren auf unserem Weg durch die Nacht wieder an unserem Hotel angelangt. Nachdem ich Linda versprechen musste, ihr all dies aufzuschreiben, verabschiedeten wir uns für diese Nacht.
„Linda, ich wünsche dir schöne Träume", meinte ich.
„Ich weiß nicht, ob ich noch schlafen kann. Das ist alles so aufregend. Und endlich macht es Sinn."
Wie Recht sie hatte. Die Verbindungen sind einfach zu offensichtlich, um reiner Zufall zu sein.

Umso amüsanter war dann die Pressemitteilung, die der „Deutsche Jagdschutz-Verband" (DJV) in Bonn am 4. Juli 2000 an die Agenturen schickte. *„Magische Kreise im Kornfeld – Rätsel gelöst"* hieß es darin. Und: *„Nicht etwa außerirdische Besucher waren hier am Werk, sondern Rehböcke, die ihre Angebetete so lange im Kreis treiben, bis sie zur Paarung bereit ist."* Einen kapitalen Bock hatten die Herren Jägermeister da geschossen – oder war das doch nur Jägerlatein?

2001

Auch im Jahre 2001 erschienen wieder 11 der insgesamt 22 deutschen Kornkreise im Raum Kassel. Durch den langen, kalten Winter blieb in diesem Jahr der Kornkreis vom 30. April aus – das Korn war einfach noch nicht reif genug. Doch ausgerechnet am Jahrestag der Erscheinungen von Fatima, am 13. Mai, dem Tag, an dem auch der erste englische Kornkreis des Jahres erschien, war es dann soweit. In einem Rapsfeld bei Zierenberg erschien ein kompliziertes sechsblättriges Blumenmuster von höchster Präzision. Holländische und deutsche Forscher, die es begutachteten, waren beeindruckt von der Vielzahl deformierter Pflanzen: Die starken, robusten Raps-Halme waren nicht geknickt oder gebrochen, sondern um bis zu 90° gebogen. Der Durchmesser des Musters betrug 32 Meter. Der Besitzer des Feldes, ein Herr Feuring, fand das Piktogramm morgens um 7.30 Uhr, als der Boden und die Pflanzen noch feucht waren. Nirgendwo entdeckte er Fußabdrücke oder einen anderen Hinweis darauf, dass jemand hier nachts am Werke gewesen war. Elf Tage später tauchte ein Muster auf einer Wiese bei Zierenberg auf. Einen Tag später folgte ein „Yin-Yang"-Muster in einem Rapsfeld in Oberelsungen bei Zierenberg. Am 1. Juni wurde zwischen Zueschen und Geismar, ebenfalls unweit von Zierenberg, ein 48 Meter breites, sechsspeichiges „Sonnenrad" in einem weiteren Rapsfeld entdeckt. In der Nähe sollen sich die „Donar-Eichen" der Germanen befunden haben, die der christliche Missionar Bonifatius fällte, was zum entscheidenden Wendepunkt bei der Christianisierung der Sachsen wurde. Auch eine Heilquelle befindet sich in Sichtweite des Feldes. Einen Tag nach dem „Sonnenrad" erschien ein ähnliches 28 Meter breites Zeichen in einem Gerstenfeld bei Zueschen. Am 17. Juni fand man ein Rundpiktogramm in einem Roggenfeld zu Füßen des Heiligenberges bei Melsungen, weitere folgten bei Gudensberg und Dorla. Am 5. August erreichte die Saison einen weiteren Höhepunkt mit einem besonders schönen Muster am Fuße des Odinsberges von Gudensberg. In einem Weizenfeld wurde ein dreifacher Ring entdeckt. Der Außenring war zu einem Drittel zu einem doppelten Wellenmuster geworden, was ihm ein besonders dynamisches, „interdimensionales" Erscheinungsbild verlieh. Als der Kornkreisfotograf Frank Laumen das Muster überflog, gelang es ihm, eine seltsame Lichtkugel aufzunehmen, die über das Nachbarfeld glitt. Das letzte Piktogramm bei Dorla wurde am 11. August vermeldet. In derselben Nacht – dem großen Saisonfinale in Deutschland – waren zwei Piktogramme bei Warburg in Nordrhein-Westfalen sowie ein sehr schönes Muster in einem Weizenfeld bei Neuburg in Bayern erschienen. Trotz dieser breitgefächerten Verbreitung bleibt der Raum Kassel auch im neuen Jahrtausend wieder das Zentrum des deutschen Kornkreisgeschehens.

11. Kapitel

EIN GLOBALES PHÄNOMEN

In den neunziger Jahren wurden die Kornkreise endgültig zu einem globalen Phänomen. Mit jedem Jahr nimmt der prozentuale Anteil der Piktogramme, die außerhalb Englands entdeckt werden, deutlich zu; schon jetzt sind es bis zu zwei Drittel der „Zirkelernte" einer Saison. Um sie geht es in diesem Kapitel. Dass sie sich in allen Charakteristiken gleichen, ist ein wichtiges Indiz dafür, dass wir es hier mit einem realen Phänomen externen Ursprungs zu tun haben; oder sollen sie etwa das Werk einer global operierenden „Hoaxer"-Mafia sein? Wie schon im Vorläufer dieses Buches, so bemühe ich mich auch hier um einen möglichst vollständigen Überblick. Glücklicherweise gibt es mittlerweile internationale Meldesysteme, zum Beispiel die exzellente Internet-website www.cropcircleconnector.com, auf der Daten über neue Piktogramme aus aller Welt zusammengetragen werden. Wer über Informationen zu weiteren Formationen verfügt, möge sie bitte an mich oder die genannte website weiterleiten.

Die meisten Kornkreise erscheinen außerhalb Englands – eine Statistik:

Land	Zahl der Kornkreise seit 1965
England	1.503 *
Deutschland	174
Österreich	6
Schweiz	12
Schweden	50
Norwegen	12
Dänemark	11
Irland	3
Niederlande	260
Belgien	30
Frankreich	13
Italien	10
Spanien	5
Tschechien	350
Slowakei	6
Polen	14
Ungarn	12
Rumänien	1
Bulgarien	1
GUS	70
Slowenien	2
Kroatien	2
Serbien	3
Lettland	1
Finnland	8
Türkei	7
Israel	46
China	7
Japan	38
Malaysia	1
Afghanistan	30
Indien	200
Ägypten	1
Botswana	1
Kanada	324
USA	290
Peru	6
Puerto Rico	1
Mexiko	7
Brasilien	4
Australien	81
Neuseeland	25
GESAMT:	3.668

* vor 1990 pflegten Kornkreisforscher die Kreise einer Formation einzeln zu zählen. So kam es zu sehr viel höheren Zahlen. Wir haben hier bei allen Ländern die Anzahl der Formationen aufgelistet, nicht die der Einzelkreise.

Dänemark: Mit fünf unglaublichen Piktogrammen trat Dänemark im Sommer 2000 offiziell der Reihe von Kornkreis-Ländern bei. Am 8. Juli tauchte in Borum bei Fyn das erste Muster auf, ein „keltisches Kreuz" aus vier miteinander verbundenen Ringen von 25 Metern Durchmesser, im Zentrum ein von einem Ring umgebener Kreis. Besucher waren beeindruckt von der Präzision des Musters. Hunde fürchteten sich, es zu betreten, ein TV-Team berichtete, dass ein frisch geladenes Kamera-Akku plötzlich leer war. Eine Woche später, am 14. Juli, folgte in Kjersing nahe Esbjerg (Jütland) eine Spirale von 100 Metern Durchmesser. Jetzt erinnerten sich Zeugen, dass eine ähnliche Spirale schon 1998 gefunden worden war. Auch 1995 soll es Kornkreise in Dänemark gegeben haben, hieß es. Ein riesiges Dreiermuster – die Kreise hatten einen Durchmesser von 72, 38 und 28 Metern – fand man am 27. Juli 2000 in Onsted bei Aarhus, ein noch größeres Piktogramm von größter Präzision – ein Ring mit einem „Propellerblatt", verbunden mit einem Kreis – folgte am 3. August. Drei Kreise, zwei davon von einem Ring umgeben, beendeten am 23. August die Saison bei Greve, Sjaelland. Auch 2001 meldete sich das Phänomen wieder mit zwei imposanten Großpiktogrammen. Das erste erschien am 24. Juli bei Frisenborg auf Jylland in einem Weizenfeld. Es bestand aus sieben einander überschneidenden Ringen, umgeben von einem achten, breiteren Ring mit einem Durchmesser von 101 Metern. Kornkreisforscher waren beeindruckt von der sauberen Kornlage. Die Pflanzen waren deformiert und weder gebrochen noch zertrampelt. Ebenfalls auf Jylland wurde am 2. August ein Piktogramm von 144 Metern Länge entdeckt: Eine Zentralachse durchzog drei Kreise und zwei mächtige Ringe.

Schweden: Der erste Kornkreis Skandinaviens erschien im April 1972 in Hjortkvam bei Örebro, nachdem ein hellleuchtendes UFO das Feld überquert hatte. Er bestand aus zwei konzentrischen Ringen, von denen der äußere einen Durchmesser von 15 Metern hatte.

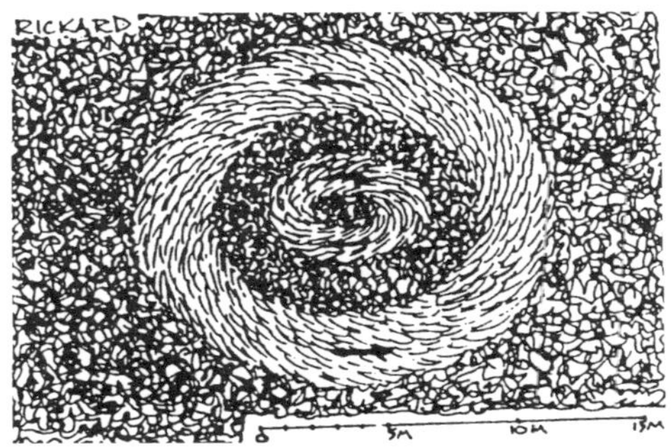

Für den Fall, dass sich doch irgendwann einmal wieder ein Kornkreis in den hohen Norden verirren sollte, riefen das Schwedische Institut für Landesverteidigung, der schwedische Wetterdienst und die schwedische UFO-Organisation auf einer Konferenz am 5. Mai 1991 das „Projekt Kreisstudie" ins Leben.

Doch den ersten echten „Kornkreissommer" Schwedens gab es 1993. „Berichte von unerklärlichen Kreisen in schwedischen Kornfeldern erscheinen jetzt regelmäßig in den Zeitungen", meldete Per Nilson dem Fachblatt „Cerealogist" (10/93) und „niemand kann sie länger ignorieren". Die ersten tauchten am 6. Juli 1993 bei Sala im Vastmanland nordwestlich von Stockholm auf, nachdem zwei Brüder beobachtet hatten, wie sich der Himmel gegen 5 Uhr früh ungewöhnlich rot verfärbte. Kurz darauf entdeckten sie zwei Kreise in einem Weizenfeld, 6 und 12 Meter breit. Ein 16 Meter-Kreis wurde am 19. Juli in Harplinge/Halland, Südschweden von einer Frau gefunden, die gerade ihren Hund zum Morgenspaziergang ausführte. Ein Kreis von 18 Metern Durchmesser tauchte am 19. Juli bei Höganäs in Scania (Skane) im äußersten Süden Schwedens auf, während zwei Tage später eine Ellipse von 16,2 x 14,8 Metern in Ljungby im Halland entdeckt wurde.

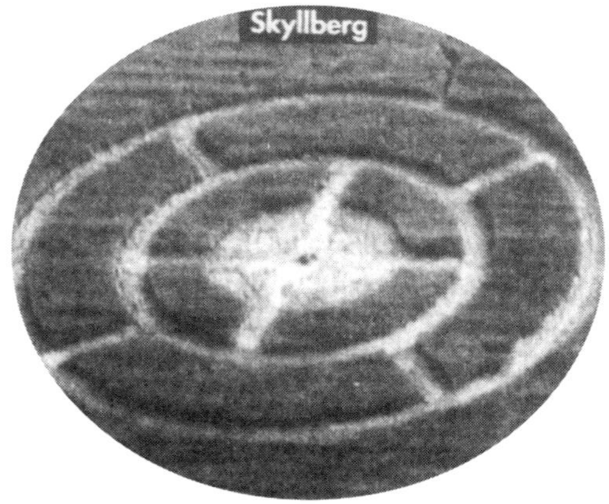

Das Piktogramm von Skyllberg, Schweden

Die eindrucksvollste schwedische Formation aber war das Piktogramm von Skyllberg in Närke (zwischen Stockholm und Göteburg), dessen Form am 30. Juli 1993 in fast jeder schwedischen Zeitung erschien: Ein Kreis, umgeben von zwei konzentrischen Ringen von höchster Präzision, der äußere mit einem „F"-Schlüsselsymbol versehen, begleitet von zwei kleineren Kreisen. Nur 800 Meter weiter befand sich ein 26,6 Meter breites Doppelrad mit je vier Speichen. Im Rahmen des „Projektes Kreisstudie" wurden alle diese Kornmuster vom schwedischen Militär vermessen und dokumentiert. Der Kornkreissommer wiederholte sich, wenngleich nicht ganz so spektakulär, 1994 und 1995.

Norwegen: Relativ unbeachtet blieben bislang die norwegischen Kornkreise, die in ihrer Form und Gestaltung an die britischen Piktogramme der frühen neunziger Jahre erinnern. Die ersten beiden Muster, ein „Nether-Schlüssel" und ein Unendlichkeitssymbol, erschienen im August und am 3. September 1995 in Raufoss und Enebakk. Ein Jahr später tauchte derselbe „Schlüssel" wieder bei Raufoss auf, nämlich am 28. September. Fünf Kreise, von denen vier miteinander verbunden waren, wurden am 5. August bei Morsteng entdeckt. 1997 gab es nur ein Kornmuster, eine Pyramide von 25 Metern Länge mit vier Auswüchsen, ein Jahr später gingen von einem Kreis ein Dreieck und ein Tetraeder aus. Norwegens großes Kornkreisjahr war 1999 mit vier interessanten Hantelmustern. Nur eine Hantel erschien am 22. Juli 2000 bei Furnes, eine sechsblättrige Blume schließlich am 2. September 2001 bei Trondheim.

Finnland: Seit dem Sommer 1996 gibt es auch in Finnland Kornkreismuster, doch wirklich beeindruckend wurde das Phänomen erst zwei Jahre später. Ende Juni 1998 erschien bei Pori eine Reihe von 30 abgerundeten Quadraten, ganze 300 Meter lang. Am frühen Morgen des 19. August fuhr die Schwester eines Bauern in Siuntio (Südfinnland) nachmittags um 14 Uhr an seinem Feld vorbei, ohne etwas Ungewöhnliches zu bemerken. Als gegen 17 Uhr eine andere Schwester dieselbe Straße befuhr, sah sie es vor sich: ein rund 100 Meter langes Piktogramm, ein Spiralarm aus 13 Kreisen, der kleinste 3, der größte 21 Meter im Durchmesser. Die Kornlage war sauber und im Uhrzeigersinn ausgerichtet. Forscher bemerkten eine größere Häufigkeit von Mücken in der Formation. Sogar das finnische Militär interessierte sich für das Kornmuster. Fünf Tage später tauchte eine auf beiden Seiten umringte Hantel bei Sipoo auf. Abgeschlossen wurde die Saison im September durch eine riesige, komplexe Formation bei Kokemäki. Erst zwei Jahre später kehrte das Phänomen

Das schönste finnische Piktogramm: Der 100 Meter große Spiralarm von Siuntio. (Foto: Lars Österman)

nach Finnland zurück. Am 25. Juli 2000 wurde eine „Hantel" aus zwei umringten Kreisen mit zwei Auswüchsen bei Espoo gefunden. Ihre Länge betrug 35 Meter.

Niederlande: Mit über 260 Kornmustern ist Holland eines der wichtigsten europäischen Kornkreisländer. Die Welle begann 1994, als sich die Formationen im äußersten Nordosten des Landes, an der Grenze zu Nordfriesland, an der Rheinmündung und in Brabant häuften. Das erste Piktogramm, ein 12 Meter breiter Kreis mit einem 26 Meter langen Auswuchs, der in einen kleinen Kreis mündete, erschien bei Zierikzee und sorgte für eine regelrechte Hysterie der Presse. Einige der Halme in dem Piktogramm waren in halber Höhe um 90° geknickt. Auf einem Foto der Formation wurde eine Leuchtkugel entdeckt. In einem weiteren Kornmuster bei Zierikzee, das in der Nacht vom 21. auf den 22. Juli auftauchte, fanden Kornkreisforscher der Gruppe CNI (Contact Network International) abgebrochene Halme, die an ihrer Bruchstelle verkohlt waren.

Die Welle setzte sich 1995 etwas schüchterner fort. Nach einer Reihe von UFO-Sichtungen erschien am 17. August ein „keltisches Kreuz“ in De Wijk bei Dunninghe. In der Nacht zuvor hatten mehrere Zeugen, darunter der 18-jährige Renee Leutscher, ein rot-orangenes Leuchtobjekt über dem Feld beobachtet, in dem am nächsten Morgen das Piktogramm gefunden wurde. „Plötzlich kam es angeflogen“, erklärte der Zeuge, „es war rund, etwa 3 Meter groß und von einer Reihe von Lichtern umgeben. Nach vier Minuten flog das Ding in Richtung Rijksweg davon und verschwand am Horizont.“

Dann das Rekordjahr 1996: 98 Kornmuster zählten die Forscher, viele davon mit einer klaren „UFO-Connection“. Auf der Insel Veerse (Zeeland) beobachteten zehn Bewohner der Kleinstadt Brielle mysteriöse Leuchtkugeln, die an mehreren Tagen im August am Himmel manövrierten. Kurz darauf wurde ein Kornmuster gefunden. Ende Juli tauchte bei Vaals in Süd-Limburg ein 70 Meter langes Piktogramm aus sechs Kreisen und einem Ring auf. Offenbar war eine Taube in den Kornkreis-Entstehungsprozess geraten, ihre Federn lagen jedenfalls in einem Kreis verstreut. Sonderlich originell aber waren die Zirkelmacher in diesem Jahr noch nicht. Die meisten Muster waren simple Kreise und Hanteln. Erst im nächsten Jahr, 1997, wurden die Piktogramme komplizierter.

Die Saison begann auf bemerkenswerte Weise in Hoeven, Nord-Brabant. Am Morgen des 15. Mai 1997 fuhr der Schüler Robbert van de Broeke frühmorgens mit dem Fahrrad zur Schule, als er etwas Seltsames beobachtete: Hunderte glühender Kugeln, jede so groß wie ein Tennisball, schienen über einer Wiese am Wegrand zu tanzen. Als er langsam und ungläubig an ihnen vorbeifuhr, näherten sie sich ihm, umkreisten ihn. Er wurde bewusstlos. Als er wieder zu sich kam, befand er sich in der Mitte eines 12 Meter breiten Musters in dem 60 cm hohen Gras. „Es schien wie elektrisch aufgeladen“, erklärte Robbert später, „es knisterte wie Pommes frites, wenn man sie in heißes Öl wirft.“

Am 5. Juli 1997 fanden die Bewohner von Hooghalen nahe Drenthe eine Formation aus 14 Kreisen und einem ovalen Ring in einem Roggenfeld. Die Formation wurde von der Kornkreisforscherin Hilda Musch untersucht. In einem der Kreise fand sie ein „mysteriöses weißes Pulver auf den Pflanzen“, das sie zur Analyse in ein Labor schickte. Die Pflanzen waren ansonsten unversehrt. Ein „Dreifuß“ aus 12 Kreisen entstand am 16. Juli bei Nieuweketk, Zeekland, ein 45 Meter langes Piktogramm, dessen Spitze von drei Ringen umgeben war, zwei Tage später bei Limburg, ein Dreieck – drei Kreise, durch Linien verbunden – von 34 Metern Länge in Texel, Nordholland.

Die Tendenz setzte sich 1998 fort. Es wurden weniger, aber qualitativ wertvollere Kreise. Wieder begann die Saison in Hoeven, mit fünf Kreisen auf einer Wiese nahe einer Hochspannungsleitung am 12. Februar 1998. Ein einfacher Kreis von 7 Metern Breite folgte, ebenfalls bei Hoeven, ebenfalls in einer Wiese, am 27. April. Das Gras im Innern des Kreises schien an der Spitze vertrocknet zu sein.

Als die Kornkreise am 30. Mai 1999 die neue Saison in Holland eröffneten, bot sich in Sevenum nahe der deutschen Grenze eine Novität: Ein 7 Meter breiter Kreis erschien über Nacht auf einem Kartoffelacker, bestehend aus zu Boden gedrückten Knollen. Kein Fußabdruck wies auf menschliche Urheber hin, die Pflanzen waren unbeschädigt, eine deutliche Dehydration zeugte von einer intensiven Hitzeeinwirkung. Eine Woche später, am 7. Juni 1999 beobachtete wieder der junge Holländer Robbert van de Broeke bei Hoeven in Nord-Brabant die Entstehung eines Kornkreises durch eine rötlich leuchtende Kugel (siehe nächstes Kapitel). Doch erst sechs Wochen später ging es in Holland richtig los. Am 23. Juli wurden in Berkel-Enschot bei

Tilburg drei perfekt runde Kreise entdeckt, der eine 25, die beiden anderen je 8 Meter im Durchmesser. Einzelne Halme waren von der großen Hitze verkohlt. Ein beeindruckendes, 171 Meter breites Muster aus 93 Kreisen schuf ein Fälscherteam aus 15 Personen in der Nacht vom 23. auf den 24. Juli auf einem holländischen Kornfeld – nur um am 28. Juli nahe Kilder/Gelderland eine Antwort in Form eines wahrscheinlich echten Kornmusters zu erhalten, das immerhin 300 Quadratmeter Fläche hatte.

Auch die Kornkreissaison 2000 wurde in Hoeven eröffnet. Zehn Kreise, zwischen 2 und 10 Metern im Durchmesser, bildeten ein Kreuz in einer Wiese. Es wurde am 21. April entdeckt. Fünf Kreise in einem Gerstenfeld folgten am 16. Juni, fünf weitere Kreise und ein 39 Meter langes Hantel-Piktogramm – einer der Kreise hatte einen „Neteru"-Schlüssel als „Auswuchs" – folgten am 6. November, wieder auf einer Wiese. Weitere interessante Langpiktogramme wurden aus Gelderland und Groningen gemeldet.

Mit 17 teils äußerst beeindruckenden Piktogrammen setzte sich die Tendenz auch 2001 fort. Zwar erschien schon am 16. April eine Fünferformation mit einem Zentralkreis von 28 Metern Durchmesser auf einer Wiese in Zevenbergen, Nord-Brabant, sowie am 6. Mai ein 43 Meter langes Gras-Insektogramm bei Aalten im Gelderland, doch die eigentliche Saison wurde wieder, diesmal am 21. Juni, in Hoeven eingeläutet. In 350 Metern Entfernung von einer Hochspannungsleitung erschien im jungen Weizen ein Muster, das einem Auge ähnelte. Ein einzelner Kreis folgte am 20. August in einem Bohnenfeld bei Hoeven. Ein Dreieck – drei durch „Kanäle" miteinander verbundene Kreise – wurde am 26. Juli in Elst bei Utrecht gefunden, ein viergeteilter Zentralkreis mit 14 Satelliten am 31. Juli bei Groningen. Einen Tag später tauchte ein 40 Meter langer „Skorpion" aus fünf Ringen und acht Kreisen am Stadskanaal von Groningen auf. Als holländische Kornkreisforscher das Piktogramm untersuchten, fanden sie in ihm verkohlte Pflanzen. Wachstumsknoten der Weizenhalme schienen aufgrund einer schnellen Erhitzung geradezu gesprengt worden zu sein. Am 7. August fuhr auch Robert Boerman, der das niederländische Kornkreisarchiv aufgebaut hat (www.dcca.nl), mit seinem Neffen Jan Willem Bobbink und dem Physiker Eltjo Haselhoff nach Groningen. Als er die einzelnen Kreise fotografierte und beim achten angekommen war, musste er feststellen, dass plötzlich ein neunter Kreis hinzugekommen war. Nur zehn Minuten zuvor hatte sein Neffe aus

1. August »Skorpion« am Stadskanaal von Groningen

dem achten Kreis noch Proben entnommen. Er war sich 100 %ig sicher, dass das Piktogramm mit ihm endete. Fotos, die zur selben Zeit entstanden, bestätigten dies. Im Beisein der Forscher muss also in kürzester Zeit und völlig lautlos ein neuer Kornkreis entstanden sein – nachmittags um 3 Uhr, bei strahlender Sonne! Minuten nachdem er den jungen Kreis erstmals betreten hatte, verspürte Boerman ein Prickeln in seinen Beinen, dann einen stechenden Schmerz. Er verschwand erst, als er fast fluchtartig das Piktogramm verlassen hatte. Haselhoff hatte Schmerzen am linken Arm und Handgelenk, mit dem er die Halme berührt hatte. Er und Bobbink stellten fest, dass die Pflanzen noch warm waren.

In der folgenden Nacht, der Nacht vom 7. auf den 8. August, hörte die Tochter eines Bauern bei Ridderkerk in Süd-Holland einen schweren Brummton, der aus der Richtung eines Feldes kam. Am nächsten Morgen fand ihr Ehemann auf der Fahrt zur Arbeit auf diesem Feld eine „Hantel" mit vier kleinen Begleitkreisen. Als kurz darauf eine Gruppe von Kornkreisforschern – unter ihnen Herman Hegge von der Frontier Sciences Foundation und Robert Boerman – das Muster besuchten, fühlten sie wieder Schmerzen in ihren Beinen. Bei einigen von ihnen kamen schwere Kopfschmerzen hinzu. Auf einem Foto, das Boerman aufnahm, war eine Leuchtkugel zu sehen.

Zwei Tage später sollten Boerman und Bobbink in einem dreifach umringten Kreis, der bei Biddinghuizen im Flevoland aufgetaucht war, noch einmal den „Zirkelmachern" begegnen. Als sie sich dem Kornmuster näherten, bemerkten sie kleine Lichtkugeln, nur 4 Zentimeter im Durchmesser, die aus dem Feld zu springen schienen. Mit einem einfachen Kreis, in dessen Zentrum noch das Korn stand, endete die Saison am 28. August.

Belgien: 1994 tauchten wieder Kornkreise in Belgien auf. Das beeindruckendste Piktogramm wurde bei Boekhoute in Flandern entdeckt, wie die „Antwerpener Gazette" am 1. August berichtete. Das hantelförmige Muster mit verschiedenen Auswüchsen war 80 Meter lang. Auch im Sommer 1999 wurden Kreise und Kornmuster aus dem Norden Belgiens gemeldet.

Italien: Gleich drei Kreise erschienen am 22. September, 27. September und 4. Oktober 1995 bei Arba, Malnisio und Maniago in der Provinz Pordenone. Jeder der Kreise hatte einen Durchmesser von exakt 10,60 Metern, und zusammen bildeten sie ein gleichschenkliges Dreieck rund um den Lago Redona unweit von Friaul. Eine Untersuchung der Kreise durch das Centro Ufologico Nazionale (C.U.N.) und die zivile Luftfahrtbehörde Italiens ergab, dass es zu chemo-physischen Veränderungen in den Pflanzen gekommen war. Zudem konnten elektromagnetische Anomalien in den Kreisen festgestellt werden. „Entweder hat die NATO-Basis von Aviano hier geheime Experimente durchgeführt, oder wir haben es mit den Spuren nichtirdischer Besucher zu tun", erklärte der Chemiker Antonio Chiumento, wissenschaftlicher Berater des C.U.N.

Am 1. Mai 2000 sollten die Zirkelmacher nach Italien zurückkehren. An diesem Tag entdeckten Farmarbeiter ein Kornkreismuster auf einem Weizenfeld bei Villaspeciosa im Süden der Insel Sardinien. Das Piktogramm hatte einen Durchmesser von 30 Metern und bestand aus drei konzentrischen Ringen und einem ägyptischen Lebenskreuz („Ankh") im Zentrum. Sofort wurden die Carabinieri (Bundespolizei) benachrichtigt, die die Formation vermaßen und fotografierten. Von ihnen befragt erklärte der Besitzer des Feldes, dass in der Nacht zuvor seine Hunde angeschlagen hätten. Als er aus dem Fenster schaute, sah er ein blinkendes violett-weiß-orangenes Licht, das sich über das Feld in Richtung der Stadt bewegte. Am nächsten Morgen hätten die Schweine nicht fressen wollen. Der Vorfall fand große Beachtung in den lokalen Medien. Am nächsten Tag wurde das Kornmuster von Tausenden Schaulustigen besucht. Nach den einfachen Kreisen der Vorjahre war es das erste Piktogramm, das in Italien entdeckt wurde.

Am 3. Juni fand man ein ovales Kornmuster, 5,3 x 4 Meter groß, in einem Feld bei Villa Raverio in der Lombardei. In der Nacht zuvor war ein graues Licht in den Wolken beobachtet worden.

Frankreich: Eine 100 Meter lange Formation wurde am 11. Juni 2000 aus Perigord gemeldet.

Spanien: Das erste spanische Großpiktogramm erschien Anfang Februar 2000 bei Las Garrigues in der Provinz Barcelona. Es bestand aus einem kleinen Kreis, 5,9 Meter breit, umgeben von einem riesigen Ring, 2 Meter breit und 26 Meter im Durchmesser. Die Pflanzen im Inneren der Kreise schienen verbrannt zu sein. Zehn Tage später tauchte neben dem Piktogramm ein zweiter Kreis auf, 4,6 Meter breit, umgeben von einem Ring von 36 Metern Durchmesser. Verärgert rief der Bauer jetzt die Polizei. Die Beamten tippten auf den Schwindel eines Scherzbolds unter Einsatz von Pestiziden. Doch eine Untersuchung von Pflanzenproben im CUDAM-Labor in Alicante ergab, dass keine Chemikalie in einem Maß feststellbar war, das zu einem Schaden geführt haben könnte. Kurz darauf erschien ein dritter Kornkreis in dem Dorf Montoliu, der sich jedoch als Fälschung erwies.

Schweiz: Eher selten tauchen die Kreisemacher bei den Eidgenossen auf. Am 26. Juli 1996 wurde ein Piktogramm an der Bahnlinie zwischen Thun und Bern entdeckt. Es bestand aus drei miteinander verbundenen Kreisen, deren Zentralkreis zwei Ausläufer hatte, die mit zwei Viertelringen verbunden waren. Die Länge des Musters betrug 50 Meter. Anfang Juli 1998 entdeckte der Bauer Emil Neff aus Appenzell zwei sich berührende Kreise, einer Acht ähnlich, auf einer Weide.

Am Morgen des 6. August 1998 fand Bauer Jakob Thalmann aus Beinwil am See (Kanton Aargau) auf seinem Weizenfeld ein Kornmuster: einen schlichten Ring um einen kleinen Kreis. „UFO-Landung auf dem Homberg?", fragte die Lokalzeitung „Wynentaler" am 7.8.1998. „Das waren bloß ein paar Verrückte, es ist ja Vollmondzeit", war dagegen Bauerssohn Markus Thalmann überzeugt.

Österreich: Eine riesige Ellipse von 30 Metern Durchmesser, darum ein Ring, 60 Meter im Durchmesser, mit sechs symmetrisch angeordneten Kreisen erschien Mitte Juli 1996 bei Korneuburg in Niederösterreich. „Es ist phantastisch, mit welcher Exaktheit die Ellipse, die genau in Nord-Süd-Richtung zeigt, geformt ist", erklärte Ernst Fischer, der Bürgermeister der Gemeinde. Er glaubt nicht an einen „natürlichen" oder menschlichen Ursprung. Den Kornkreis-Alarm hatte der 75-jährige pensionierte Polizeibeamte und Jagdleiter Rudolf Wiedermann ausgelöst, der um 5.45 Uhr auf den Hochsitz geklettert war und unter sich das Piktogramm entdeckt hatte. Sein Jagdkamerad Josef Bruny hatte in der Nacht zuvor bis 22 Uhr auf dem Hochsitz gesessen. Als er wegging, war alles ruhig, weit und breit nichts Ungewöhnliches zu sehen. Das Kornmuster muss also während dieser sieben Stunden entstanden sein. „Unmöglich, dass Menschen es in so kurzer Zeit geschafft haben, zudem noch, ohne Spuren zu hinterlassen", ist der Bürgermeister überzeugt.

Anfang August 1997 erschienen zwei erstaunliche Kornmuster im Raum Lienz/Osttirol: ein simpler Kreis, der kurz darauf vom Bauern abgeerntet wurde, und der ‚Lienzer Schlüssel', eine ‚Hantel' aus einem umringten Kreis und drei Auswüchsen. Zwei dieser Auswüchse endeten in der ‚Neteru' (Wächter)-Hieroglyphe, dem für Kornkreise typischen Muster und möglicherweise die Signatur der Urheber.

Auch im Waldviertel bei Weideneck wurde ein Kornkreis entdeckt. Am 1. Juli 1999 folgte ein ziemlich interessantes Yin/Yang-Muster, umgeben von einem Auge in einem Kreis, wiederum umgeben von sechs kleinen Kreisen, bei Hetzmannsdorf in Niederösterreich. Als der UFO-Forscher Oliver Stummer es besuchte, musste er feststellen, dass in seinem Innern die Akkus von seinem GPS (Global Positioning System) und seiner Digitalkamera versagten. Außerhalb des Piktogramms zeigte ihre Anzeige wieder an, dass sie immerhin noch halb voll waren. Zwei weitere Personen machten in dem Muster ähnliche Erfahrungen. Kurz darauf wurden wieder „riesige Kreise" – immerhin mit einem Durchmesser von 80 Metern – aus Korneuburg gemeldet.

Tschechische Republik: Seit 1994 tauchen regelmäßig Dutzende eindrucksvoller Piktogramme in Böhmen auf. Die Welle begann am 30. Juli 1994, als Ivan Suk den ersten tschechischen Kornkreis auf einem Feld bei Kolinec entdeckte, 23,12 Meter im Durchmesser. Eine Untersuchung durch die lokalen Forscher Josef Pekarek und Jaroslav Oliva ergab: Die Radioaktivität in dem Kreis lag um 150 % über den Normalwerten, magnetische Anomalien wurden gemessen, die Halme waren verformt, alles sprach für die Echtheit. Dann, am 8. August, folgten zwei „keltische Kreuze" bei Zihobce, nebeneinander auf demselben Weizenfeld gelegen. Der eine Zentralkreis hatte einen Durchmesser von

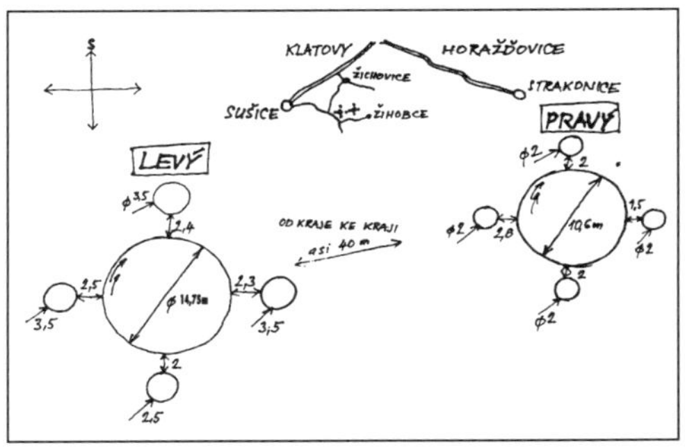

Skizze der beiden »Keltischen Kreuze« von Zihobce

14,75 Metern, seine Satelliten waren je 3,50 Meter breit. Der zweite Zentralkreis war 10,60 Meter breit, seine Satelliten nur 2 Meter. In beiden Piktogrammen lag das Korn mit äußerster Präzision im Uhrzeigersinn. Der Abstand zwischen beiden Piktogrammen betrug 40 Meter. Simple Kreise folgten in anderen Teilen des Landes, und schließlich, zum Abschluss der Saison, ein weiteres „keltisches Kreuz", diesmal mit einem von einem Ring umgebenen, 7 Meter breiten Zentralkreis und vier 3,20 Meter breiten Satelliten zwischen Rotjni und Jaromiri am 4. September 1994 in grünem Klee. Der interessanteste Fall der Saison jedoch ereignete sich am 9. August in Frimburka zwischen Zelenov und Susicku. Gegen 22 Uhr bemerkte Frau Miklasova Störungen in ihrem Fernsehgerät. Sie ging nach draußen, um zu sehen, ob ein entferntes Gewitter dafür verantwortlich war, als sie eine von einem farbigen Strahlenkranz umgebene Scheibe erblickte. Kurz darauf und in anderer Stellung nahm das Objekt die Form

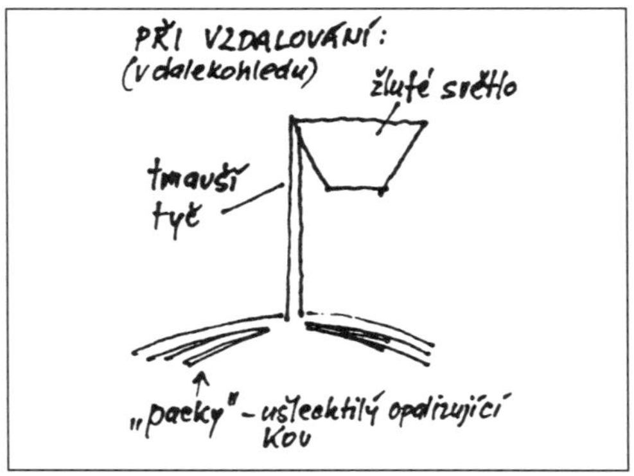

Die UFO-Sichtung von Frau Miklasova

Ein »keltisches Kreuz« im Klee, am 4. September 1994 zwischen Rotjni und Jaromiri/CR entdeckt.

einer Wanne an, aus der ein Strahl kam, der zur Erde zielte. Es schien Frau Miklasova, als würde sie das Objekt fünf Minuten lang beobachten, bis es verschwand – doch als sie auf ihre Uhr schaute, war es schon 23.40 Uhr – eine Stunde und 40 Minuten waren vergangen. Tatsächlich wurden auch hier in der fraglichen Gegend Kornkreise gefunden.

Die Welle setzte sich 1995 fort. Am 13.7.1995 wurden in einem Weizenfeld bei Podmokel drei Kornkreise entdeckt, 12,50 Meter, 9,10 Meter und 4,70 Meter breit, in denen das Getreide äußerst „sauber" flachgelegt wurde. Tschechische Kornkreisforscher konnten magnetische Anomalien messen. Am 18.7.1995 tauchte ein 20,40 Meter breiter Kreis bei Susice auf. Das Korn lag im Uhrzeigersinn, und an den ersten Tagen konnten magnetische Anomalien gemessen werden, die aber bald verschwanden. Ein kleinerer Kreis von 3,70 Metern Breite wurde 70 Meter von dem Hauptkreis entfernt gefunden. Am 19.7.1995 erschien ein 5,80 Meter breiter Kreis auf einem Feld bei Zichovic. Die Forscher, die ihn untersuchten, entdeckten zahlreiche Metallstücke von einer ungewöhnlichen Aluminiumlegierung unter dem im Uhrzeigersinn flachgelegten Korn. Als sie ihre Beobachtungen auf Tonband protokollierten, war ein schriller Pfeifton auf der Aufnahme zu hören. Der Ton wurde lauter, je weiter sie ins Zentrum des Kreises traten, und nahm ab, als sie den Kreis verließen. Am 29.7.1995 fanden sie zwei ellipsoide Formationen von 8,15 und 8,55 Metern Durchmesser bei Chmelne in Böhmen. Weitere Kreise folgten, und schließlich, am 7.9.1995, das erste Piktogramm, 1,5 Kilometer von Hradek in Böhmen entfernt: Eine Hantel in einem ovalen Ring, 33,50 Meter lang und 28,20 Meter breit, wie die tschechische Ausgabe von „Magazin 2000" berichtete.

Das setzte sich in den folgenden Jahren fort. 1996 lösten rätselhafte Kreise, die unweit des ostböhmischen Ortes Solnice entdeckt wurden, ein regelrechtes UFO-Fieber aus. Hunderte Tschechen besuchten die Piktogramme am ersten Juli-Wochenende.

1998 war mit 29 Kornmustern ein nicht minder interessantes Jahr. Am 7. Juni nahm dann die Saison 1999 ihren Anfang, als nahe der Stadt Krinec ein 8,60 Meter breiter Kreis in einem Gerstenfeld erschien. Am 25. Juni folgte das Dorf Ruda in der östlichen Provinz Morawa (nahe der slowakischen Grenze) mit einem Piktogramm aus sieben Kreisen, von denen der größte einen Durchmesser von 14 Metern hatte. Ein zweites, 30 Meter breites Muster wurde auf einem benachbarten Feld entdeckt. Am 3. Juli entstand bei Bohuslavice eine Formation aus fünf Kreisen, von denen jeder um die 18 Meter breit war, und nahe Susice ein „keltisches Kreuz" aus neun Kreisen. Als Kornkreisforscher Miroslav Zuzanek das Feld der Bohuslavice-Kreise ein Jahr später, am 20. Mai 2000, erneut überflog, fand er an ihrer Stelle noch immer fünf kreisrunde Verfärbungen im jungen Korn. Offenbar hatte die Energie der Kreise hier „nachgewirkt". Am Morgen des 8. Juli arbeiteten Elektriker an einer Hochspannungsleitung in Lomnice nahe Popelka. Als sie gegen 10 Uhr eine Frühstückspause machten, fiel ihnen nichts Ungewöhnliches auf. Doch als sie eine Stunde später wieder die Strommasten hochkletterten, sahen sie unter sich ein imposantes Kornmuster, einen Kreis, von zweieinhalb Ringen umgeben, begleitet von einer kleineren Hantel und einem weiteren Kreis. Diese müssen, ohne dass jemand die „Kornkreismacher" sehen konnte, innerhalb kürzester Zeit entstanden sein. Zahlreiche Besucher der Formation klagten über Kopfschmerzen. Fünf Tage später wurde auf demselben Feld ein drittes Muster gefunden, ein Kreis von 42,90 Metern Durchmesser, umgeben von zwei Ringen. Der Höhepunkt der Saison: Ein 60 Meter breites Muster aus vier verästelten Bäumen, das Kornkreisforscher Petr Novak leider erst nach der Ernte fotografieren konnte, war am 25. Juli bei Novy Jicin in Nordmorawien aufgetaucht, in derselben Nacht wie eine 50 Meter breite „dreiblättrige Blume" in Jindrichivice im Westen des Landes. Weitere Kornkreise wurden aus Vestec (28.6.), Mokrosuky bei Susice (3.7.), Kasovice (Mitte Juli) gemeldet – bis zum 1. September konnten die tschechischen Kollegen 47 Piktogramme in ihrem Land zählen.

Im Jahr 2000 wurden die tschechischen Kornmuster noch beeindruckender. Die Saison begann am 26. Juni, als zwei konzentrische Ringe, 17,10 Meter im Durchmesser, bei Krasna Lipa entdeckt wurden. Vier Tage später fand ein Pilot eine 21,50 Meter lange Dreier-Hantel. Anfang Juli erschien bei Zlin ein dreifacher Ring, 26 Meter breit, umgeben von fünf einfachen Kreisen. Dann, am 7. Juli, das größte Kornmuster des Jahres: Ein Dreieck mit 80 Metern Seitenlänge umgab einen umringten Kreis, 45 Meter im Durchmesser. Das präzise Muster wurde bei Prezletice gefunden. Ein 60 Meter-Piktogramm folgte am 11. Juli bei Sumperk: Drei Kreise und drei Ringe waren in gleichmäßigen Abständen entlang einem Ring rund um einen 30 Meter breiten Zentralkreis angeordnet. Mit zehn Kornkreismustern begann in Tschechien das neue Jahrtausend. Am 2. Juli 2000 wurde eine Dreiecks-Formation aus drei Kreisen, je 22 Meter im Durchmesser, bei Buchlovice entdeckt. Ein einzelner Kreis folgte am 13. Juli bei Kudlov, ein Kreis, von einem doppelten Ring umgeben, am 16. Juli bei Breclav. Am 19.8. endete die Saison mit einer interessanten Formation aus zwei Kreisen, die bei Havlickuv Brod gefunden wurde. Mit über 350 Kornkreisen in den letzten neun Jahren ist Tschechien zu einem der wichtigsten europäischen Kornkreisländer geworden.

Slowakei: Im Juli 1996 wurden die ersten Kornkreise in der slowakischen Republik nahe Bratislava entdeckt.

Slowenien: Im Jahr 2000 tauchten zwei Piktogramme in Slowenien auf: Am 25. Juni zwei Kreise und ein Ring, 32 Meter im Durchmesser bei Pecarovci, am 10. Juli zwei Kreise, die zusammen die Zahl „8" (das Symbol für Unendlichkeit) bildeten, bei Gradin.

Kroatien: Zwei Ellipsen, je ca. 5 Meter im Durchmesser, wurden am 8. Juni 1998 gefunden.

Serbien: Mit einer gewaltigen „Schnecke" von 100 Metern Länge in einem Weizenfeld bei Odzaci trat Serbien am 30. Mai 2001 dem „Klub der Kornkreisländer" bei. Ein 50 Meter breiter Kreis, mit einem 7 Meter breiten Kreis stehenden Korns im Zentrum, wurde von einer Gerade mit zwei Auswüchsen flankiert. In der Nacht, in der das Piktogramm erschien, spielten die Tiere in dem nahegelegenen Dorf verrückt, erklärten die Bauern. Die lokale Polizei schloss aus, dass es sich um einen Scherz handeln könnte. Das serbische Fernsehen berichtete über den Vorfall, Fotos des Piktogramms gingen durch die Weltpresse. Forscher, die es betraten, bestätigten, dass die Kornhalme verbogen, nicht aber gebrochen waren. Drei Wochen später, am 19. Juni, tauchten zwei weitere Piktogramme, wie Windräder geformt, bei Backi-Gracac auf.

Lettland: Das einzige lettische Piktogramm erschien am 10. Juli 1999 1,2 km südöstlich von Bauska. Es bestand aus einem Kreis, aus dem vier Auswüchse ragten.

Polen: Am 26. Juli 2000 meldete die Presse die Entdeckung von Kornkreisen auf Weizenfeldern in drei polnischen Dörfern. In Wylatowo, einem Dorf in Pommern im Norden des Landes, waren zehn Kreise mit Durchmessern zwischen 8 und 10 Metern und „von unglaublicher Präzision“ aufgetaucht. In der Nacht zuvor hatten Dorfbewohner „ein überirdisches Glühen“ über dem fraglichen Feld beobachtet. Einige Dorfbewohner glaubten, zehn UFOs hätten sich an der Hochspannungsleitung „aufgeladen“, die über dem Feld verläuft. Der Fall sorgte landesweit für Aufsehen, das Fernsehen berichtete. Einen Monat zuvor hatte man ähnliche Kreise bei Kielanowka nahe Rzeszow im Süden des Landes gefunden, der größte 7 Meter im Durchmesser.

Wylatowo, „von unglaublicher Präzision“

Gleich zwei Kornkreismuster tauchten in der Nacht des 27. Juni 2001 in Polen auf: diesmal in Jugowa bei Strzegom sowie wieder bei Wylatowo in Westpommern; in letzterem Fall formten neun Kreise und vier Ringe ein doppeltes „keltisches Kreuz“.

Rumänien: Am 27. Juni 1994 erschien der erste Kornkreis in einem Weizenfeld in Rumänien, nahe des Dorfes Arad: Es war ein kleiner Kreis, 6 Meter im Durchmesser, umgeben von einem breiten Ring, 42 Meter im Durchmesser. Und mindestens fünf Augenzeugen beobachteten gegen 4 Uhr früh, wie die Formation entstand: *„Ich war zu Tode erschreckt“*, erklärte Ioan S., *„plötzlich war das ganze Weizenfeld taghell erleuchtet. Ich hörte ein furchterregendes Sirren, und das ganze Korn legte sich flach zu Boden.“ „Es war wie ein Alptraum“*, bestätigte die Zeugin Catalon P., *„ich sah seltsame Lichter, war zu verängstigt, um näher nachzusehen“*, ergänzte I. Ungar und seine Frau Muela bestätigte: *„Mein Mann ging nahe an das Feld heran, und plötzlich hörte er ein furchtbares Sirren, das das gesamte Feld erzittern ließ. Es war völlig windstill. Dann sah er ein aufblitzendes Licht und floh ins Haus.“* Weitere Details lieferte der 48-jährige Hirte Traian Crisan, dessen Herde nur 150 Meter vom fraglichen Weizenfeld entfernt graste: *„Ich weiß nicht, was das Ding war, denn es landete nicht. Es blieb nur in der Luft, drei Meter über dem Weizenfeld... Ich sah dieses Licht herbeigleiten, ein Licht wie der Mond, nur sehr viel größer. Ich floh in meine Hütte, als es über der Hütte zu stehen schien, wobei die Wände und das Dach erzitterten. Ich ging wieder nach draußen, als ein starker Wind meinen Hut und mein Regencape davonblies. Der Wind war so stark, dass ich mich nicht halten konnte und zu Boden fiel. Das Objekt war rund. Ich sah eine kleine Öffnung, in der zwei Individuen standen, die sich an einer Art Rohr festzuhalten schienen. Sie hatten Bärte, waren nicht größer als ich (ca. 1,60 m), einer schien um die 40 Jahre alt zu sein. Er hatte einen langen Bart wie ein orthodoxer Priester. Sein Gesicht war dünn, seine Augen geschlitzt wie die eines Chinesen. Die Männer trugen Dinger wie Kopfhörer und hatten Instrumente in ihren Händen. Einer sprach in etwas, ich konnte seine Stimme hören, verstand aber seine Sprache nicht. Auf seiner Schulter hatte er etwas wie ein weißes Dreieck. Als das Ding über mir flog, sirrte es laut,*

Der Kornkreis von Arad und seine Entstehung auf dem Cover des rumänischen Magazins RUFOR.

und der Wind war wie ein Sturm. Das Ding stand zwei Minuten lang etwa 3 Meter über dem Feld. Meine Schafe waren auf ein benachbartes Maisfeld geflohen, der Hund hatte sich versteckt, er winselte. Als das Ding davonflog, kam eine blaue Flamme aus der Unterseite und es schoss in die Höhe wie ein Pfeil, und sein Licht ging aus. Das Ding war etwas größer als der Ring in dem Kornfeld. Es hatte eine Kuppel aus Glas oder Plastik, darin ein starkes weißes Licht. Schließlich schoss es gerade in die Höhe. Es machte Lärm, wie wenn eine Kanonenkugel hochgeschossen wird und war schnell wie der Wind. Die Ringe entstanden erst, als es aufstieg, ich war der erste, der sie sah. Seit dieser Nacht betreten meine Schafe diese Weide nicht mehr.“

Britische Forscher identifizierten die beiden Männer natürlich sofort als das Rentnerpaar Doug & Dave, die sich, von ihrer jüngsten Fälschertour durch Osteuropa zurück, zur Tarnung falsche Bärte angeklebt hatten und jetzt das jüngste Produkt ihrer Circlemania begutachteten...

GUS: Am 9. Juli 1997 entdeckte ein Traktorfahrer, der für einen Bauern im Byelorechensky-Distrikt der Region Krasnador im Kaukasus arbeitet, Kreise und Linien auf einem Weizenfeld. Er war sich sicher: Der Sturm, der kurz zuvor hier getobt hatte, konnte diese geometrischen Muster nicht verursacht haben. Sofort fuhr er ins Dorf, um die Lokalzeitung „Ogni Kavkaza“ zu informieren, dass, wie er glaubte, ein UFO gelandet sei. Das einen halben Hektar große Piktogramm „sah so aus, als sei der Weizen mit dem Bügeleisen flachgelegt worden“. Der größte der Kreise hatte einen Durchmesser von 20 Metern, ein kleinerer war 14 Meter breit. Die Kreise bildeten zusammen ein Dreieck, an dessen Enden kleinere Kreise platziert waren. „Das war ein UFO“, waren auch die Dorfbewohner überzeugt. Tatsächlich waren im Raum Krasnador auch in den Jahren zuvor immer wieder Kornmuster gefunden worden.

Doch erst im Sommer 2000 sorgten die russischen Kornkreise wieder weltweit für Schlagzeilen. Mitte Juni informierte ein Bauer aus dem Dorf Yuzhnoye im Bezirk Stavropol die Behörden über einen „Akt des Vandalismus“: Jemand hätte sein Gerstenfeld zerstört. Als die Polizei vor Ort eintraf, fand sie vier große Kreise – einen Zentralkreis von 20 Metern Durchmesser und drei kleinere Kreise, 5-7 Meter breit. In ihnen allen war das Korn im Uhrzeigersinn flachgelegt. „Wir fanden keine Hinweise auf Strahlung, Chemikalien oder eine menschliche Einwirkung“, erklärte Vasily Belchenko von der Behörde für Innere Sicherheit zum Abschluss der Untersuchung. Einen Scherz schloss er aus: „Es ist definitiv ein unbekanntes Objekt in diesem Feld gelandet. Es hat offensichtlich ein uns unbekanntes Antriebsprinzip verwendet.“ Tatsächlich wollen Augenzeugen in der Nacht, in der das Kornmuster erschien, eine UFO-Landung beobachtet haben. „Sie sprachen alle von einer sehr schnellen Landung und einem ebensolchen Start“, erklärte Belchenko, „alles hat sich binnen weniger Sekunden abgespielt.“ Er ist davon überzeugt, dass das Raumschiff Bodenproben entnommen hat. Tatsächlich fanden die Behörden im Zentrum des Hauptkreises ein 20 cm tiefes, zylindrisches Loch.

Gleich fünf konzentrische Kreise in im Uhrzeigersinn flachgelegtem Weizen erschienen am 13. Juli 2001 bei Majkop im Bezirk Krasnodarsk. Kornkreisforscher, die die Muster inspizierten, betonten, dass die Ähren der Pflanzen völlig unbeschädigt waren.

KORNKREISE AUSSERHALB EUROPAS

Israel: Am 20. März 1993 wachte Ziporet Carmel, die Nichte des bekannten israelischen Dichters Avigdor Hameira, in Kadima, einem Dorf östlich des Badeortes Netanya, morgens um 6.20 Uhr auf, weil ein helles, orangenes Licht in ihre Wohnung schien. Ihre Hunde wurden unruhig, und Ziporet beschloss, aufzustehen und nach dem Rechten zu sehen. Sie ging hinaus und sah hinter dem Haus ein silbernes, „kistenförmiges" Objekt, das in 150-200 Metern Entfernung über der Erde schwebte. Es erleuchtete sein Umfeld mit fünf Scheinwerfern, die „wie Flutlicht" aus seiner Seite schienen. Neben dem „Kasten" stand ein Wesen, 2,50 Meter groß, bekleidet mit einem silbernen, overallartigen Anzug und „einem Hut, wie einem Sombrero, mit einem Schleier, der sein Gesicht verbarg". Aus seiner Bauchgegend kam ein seltsamer Lichtstrahl. Während ihre Hunde wie verrückt bellten, ging sie schutzsuchend ins Haus zurück. Doch dann siegte die Neugierde, so schaute sie noch einmal nach dem Objekt und dem seltsamen Besucher – nur um festzustellen, dass beide bereits verschwunden waren. Erst am nächsten Tag traute sie sich zusammen mit einer Freundin an die Stelle. Sie fand einen kreisrunden Abdruck im Hafer, 4,50 Meter im Durchmesser, umgeben von drei kleineren kreisförmigen Abdrücken, offensichtlich von einem Landegestell, sowie Fußabdrücke des Wesens. Die Pflanzen waren von einer roten, stark riechenden Substanz bedeckt und teilweise abgestorben. Eine Untersuchung ergab, dass die Wurzeln des Hafers verkohlt waren. Proben aus dem Kreisinneren schwammen in einem Wasserbehälter, während Proben von außerhalb (normal) zu Boden sanken. Zehn Tage später, in der Nacht vom 30. auf den 31. März, erschienen zwei weitere, 6,20 und 3,40 Meter breite Kreise flachgelegten Hafers, „wie durch eine zentrifugale Kraft", in Kadima. In einem von ihnen fanden UFO-Forscher übel riechende, ölige rote und schwarze Flüssigkeiten, in dem anderen kleinere und größere Metallsplitter, stark glänzend, hart und leichtgewichtig. Eine Untersuchung durch Dr. Henry Fohner vom Geologischen Institut von Israel ergab, dass sie aus reinstem Silizium bestehen, wie es natürlich auf der Erde nicht vorkommt. Eine Nachbarin von Ziporet, Shosh Yahud, hatte in der fraglichen Nacht gegen 2.30 Uhr früh eine Explosion gehört, die ihr Haus erschütterte. Dann sah sie neben ihrem Bett *„einen kahlen Riesen, 2,10 Meter groß, mit runden, gelben Augen. Er hatte eine kleine, nicht vorstehende Nase, schwarze Augenbrauen und trug einen graumetallischen Overall. Er starrte mich an und ich empfing telepathisch, ich solle mich nicht fürchten, er stelle keine Gefahr dar. Er glitt, als würde er schweben, durch mein Zimmer."* Weitere Kreise folgten, allein zehn im Mai.

Eines nebligen Abends im Mai 1993 beobachteten einige Zeugen „elektrische Entladungen", die Lichtblitze und Funken über einem Feld erzeugten. Das dauerte etwa 10 Minuten. Am nächsten Morgen fand man an der Stelle einen 10 Meter breiten Kreis, bedeckt mit abgebrochenen Zweigen. Nördlich von Kadima, in Bourgata, befand sich Hanna Somech in der Nacht des 30. Mai 1993 gegen 23 Uhr in der Küche, als ihr Hund anschlug. Sie schaute durch die Glastür, als sie sah, wie ihr Hund durch die Luft gegen die Wand geschleudert wurde. Entsetzt öffnete sie die Tür, als sie eine unsichtbare Mauer verspürte, die sie daran hinderte, weiterzugehen. Dann sah sie eine 2,50 Meter große Gestalt in heller Kleidung, die ihren Kleinlaster untersuchte. „Glaubst du, ich sei ein Dieb?", hörte sie die Antwort auf ihren ersten Verdacht telepathisch, in ihrem Kopf. „Was haben Sie mit meinem Hund gemacht?", schrie die beherzte Frau den Riesen an. „Er störte mich, ganz wie du jetzt", erwiderte das Wesen. „Ich könnte mit dir dasselbe machen wie mit deinem Hund, aber das will ich nicht. Lass mich nur allein. Ich bin beschäftigt." Die Frau ging zurück in die Küche und rief ihren Mann, doch als sie wieder zur Glastür schaute, war das Wesen verschwunden. Stattdessen fand das Ehepaar am nächsten Morgen einen Graskreis auf seinem Grundstück, 4,50 Meter breit. Das Gras war nach außen „gekämmt", im Inneren befand sich eine rote, stark riechende Substanz. Zudem entdeckten sie einen 40 cm großen Fußabdruck. Hannah litt an den folgenden Tagen unter Müdigkeit und Kopf- und Muskelschmerzen.

Die Außerirdischen und die Kornkreise kamen zurück. Am Morgen des 12. Januars 1995 befand sich Hannah gerade in ihrem Badezimmer, als der Raum in ein blaues Licht getaucht wurde. In diesem Moment musste sie intensiv an ihre Tochter denken, die 200 Meter entfernt lebte. Kurz darauf fand sie 18 kleine Kreise, die ihr Haus mit dem ihrer Tochter verbanden. Einige befanden sich im Gras, andere waren in Büsche und Bäume gedrückt, als sei eine unglaubliche Kraft am Werk gewesen. Zwei Tage später, am 14. Januar, tauchte ein 18 Meter breiter Kornkreis unweit von ihrem Haus auf, nachdem ein Vater und sein Sohn in der Nacht zuvor den Abstieg eines UFOs beobachtet hatten. Wieder wurden Metallsplitter gefunden, waren die Pflanzen mit einer roten Flüssigkeit auf Kadmium-Basis bedeckt. Die Metallsplitter, so das Israelische Institut für Atomforschung, bestanden zu 76 % aus Silizium, außerdem aus Rhodium, Titanium, Aluminium und Eisen. Der Ufologe Zvi Bighest hatte die Untersuchung des Kreises fotografiert und war nicht wenig erstaunt, als er auf einem der Bilder zwei Wesen mit runden, kahlen Köpfen entdeckte, die offenbar die Szenerie zu beobachten schienen.

Insgesamt beschrieben mehr als 15 Personen unabhängig voneinander Begegnungen mit demselben riesenhaften Humanoiden-Typus. In vielen Fällen hinterließen die Besucher physische Spuren, entweder Kornkreise oder Fußabdrücke, Pulver oder Metallfragmente. 42 simple Kreise wurden seit 1993 im Raum Kadima gezählt. Für eine Massenhysterie ist der Zeitabstand zwischen den einzelnen Begegnungen zu groß. Ein Schwindel in diesem Ausmaß, mit einer solchen Vielzahl involvierter Personen, ist ebenfalls auszuschließen. Hadassah Arbel, ein israelischer Ufologe, glaubt gar, dass die Sichtungswelle endzeitliche Ereignisse ankündigt. Kadima, so Arbel, ist ein biblisches Wort und bedeutet „ostwärts“ – im Osten soll der Messias erscheinen.

Ausgerechnet in der Ebene Jezreel, der Stätte der biblischen Endzeitschlacht Harmageddon, tauchten 1998 und 1999 drei Kornmuster auf. Am Abend des 12. April 1998 hörte ein Bewohner von Bet Zarzir, einem arabischen Dorf im Jezreel-Tal bei Megiddo in Galiläa, wie die Hunde anschlugen. Als das wilde Bellen nicht enden wollte, schaute der Mann aus dem Fenster und sah, wie kleine Lichter durch ein nahegelegenes Weizenfeld schossen. Am nächsten Tag erzählte er seinem Freund Golan Masrin (30) davon, der ins Feld ging, um nachzuschauen – und Galiläas erstes Kornkreis-Piktogramm fand.

Verglichen mit den Formationen in England war sein Design eher einfach. Es bestand aus einem Halbkreis von 26 Metern Durchmesser, zweigeteilt durch eine 26 Meter lange, schnurgerade Linie, wodurch zwei Viertelkreise im Weizen entstanden – ein Muster, das an einen Regenschirm erinnerte. Im Kornmuster wurden sieben runde Abdrücke gefunden. In ihnen war die gesamte Vegetation abgestorben, und der Boden wirkte stark durchwühlt. In vieren der Abdrücke war die Erde mit einem weißen Pulver durchmischt, in den anderen drei mit einer rötlichen, öligen Flüssigkeit. Wo diese Flüssigkeit Weizenhalme berührte, wurden die Pflanzen braun. Auch im umliegenden Feld fehlten die Ähren von Weizenhalmen. Gil Bar, ein israelischer Ufologe, nahm Proben vom Pulver und Öl. Der Chemiker Dr. Marvin Antleman stellte fest, dass das Öl Kobalt beinhaltet.

Ebenfalls in der Ebene Jezreel liegt Tel Adashim, wo Tsafir Meisel am 20. September 1998 ein unerklärliches Muster in einem Kornfeld entdeckte. Zuerst dachte er an Vandalismus, rief die lokale Polizei an, sprach mit seinem Schwager, Sergeant Gedalia Reiken. Als dieser hörte, dass Hunderte von Pflanzen niedergedrückt waren und keine Spur in das Feld führte, kam er auf die Idee, dass vielleicht ein UFO gelandet war. Davon bekam ein lokaler Radio-Sender Wind, und da es gerade das jüdische Neujahrsfest (Rosh Hashana) war, strömten die Schaulustigen herbei.

Mein israelischer Kollege Barry Chamish, der das Muster als einer der ersten inspizierte, beschrieb es als *„ehrfurchterregend. Das Korn war buchstäblich elefantenhoch, über 2,50 Meter, und geformt wie eine feste Mauer um die enorme Formation.“* Es bestand aus zwei Flügeln, von Spitze zu Spitze 40 Meter lang, deren Zentrum von zwei viertelkreisförmigen Abdrücken, einer oben, der andere unten, überragt wurde. *„Alles in allem bot sich uns das Bild eines ellipsoiden Objektes mit langen, dreieckigen Flügeln und zwei Düsen über den Flügeln"*, meinte Barry. Ähnliche Objekte wurden auf alten syrischen und babylonischen Rollsiegeln dargestellt. Als Chamish Proben entnahm, fand er vertrocknete Körner vor, die von einer rosafarbenen, gummiartigen Flüssigkeit umgeben waren und, wie er schrieb, „angeknabbert" aussahen. Auf der Rückfahrt wurde er von einer bleiernen Müdigkeit überfallen.

Am 20. März 1999 wurde ein neues Piktogramm aus dem Jezreel-Tal in Galiläa gemeldet. Das hantelförmige Muster tauchte nahe dem Dorf Betlekhem Hagalili auf. Seine beiden Kreise hatten einen Durchmesser von je 9 Metern und waren durch einen 9 Meter langen und 90 cm breiten Korridor miteinander verbunden. Wieder waren die Halme flachgelegt, aber nicht gebrochen. Zufall? Alle drei Harmageddon-Piktogramme

Der Kornkreis von Betlekhem Hagalili in der Ebene von Jezreel/Israel, 20.3.1999.

tauchten an religiösen Feiertagen auf: das erste in der ersten Nacht des Passahfestes, das zweite zum Neujahrsfest, das dritte eine Woche vor Beginn des Passah. Die Kadima-Kreise waren immer wieder an einem Sabbath aufgetaucht.

Die Reihe israelischer Kornkreise setzte sich auch im neuen Jahrtausend fort. Am 14. März 2001 erschienen ein großer Ring und zwei Kreise auf einem Kornfeld eines Kibbutzes bei Nir Eliyahu nördlich von Tel Aviv. Der Durchmesser des Ringes wurde mit 45 Metern, der der beiden an ihn grenzenden Kreise mit 28 und 20 Metern angegeben.

Indien: Über 200 Kornkreise wurden in Indien entdeckt, erklärte der Kornkreisexperte Colin Andrews. Auch renommierte Wissenschaftler befassen sich dort mit dem Phänomen. Andrews: *„Im Dezember 1996 erhielt ich einen Brief von Prof. Dr. Dr. Peshotan Mehta, einem bedeutenden indischen Biophysiker. Dr. Mehta erklärte, dass Kornkreise in Indien seit Tausenden von Jahren auftauchen. Er persönlich sah seinen ersten Kornkreis Weihnachten 1965. Laut Dr. Mehta erwähnen 12.000 Jahre alte religiöse Texte das Erscheinen von Zeichen in Kornfeldern. Es sei darauf verwiesen, dass andere bedeutende Gelehrte gezeigt haben, dass alte indische Texte auch UFOs erwähnen, die auf Sanskrit ‚Vimana' (Fluggerät) heißen. Dr. Mehtas Studien ließen ihn zu dem Schluss kommen, dass man aus der Geometrie dieser Zeichen gegenwärtige und zukünftige Ereignisse herauslesen kann."* Dr. Mehta wurde 1994 mit dem Albert-Schweitzer-Medizinpreis und dem Dag-Hammarskjold-Medizinpreis der Vereinten Nationen sowie dem Ritterkreuz des Malteserordens ausgezeichnet. Sein Ruf in der Fachwelt ist exzellent. Das „International Biographical Centre" der Universität Cambridge rechnet ihn zu den 2000 bedeutendsten Persönlichkeiten des 20. Jahrhunderts.

VR China: Schon vor 2500 Jahren gab es im alten China Kornkreise, behauptete Zhang Hui vom Xinjiang-Museum in Urumqui im Sommer 2001. Im Grenzland zur Mongolei, in der autonomen Region von Xinjiang Uyghur, fand er zwanzig Steinkreise, deren Anordnung auf erstaunliche Weise jener der britischen Piktogramme gleicht. *„Die Menschen unserer Frühzeit waren von Kornkreisen inspiriert und bauten sie nach"*, ist er überzeugt, *„für sie waren die Kreise ein Weg, um mit den Göttern zu kommunizieren."* Die Steinkreise, die sich noch immer unverändert in der Steppe erheben, sind von großer geometrischer Präzision. Ihre gute Erhaltung verdanken sie einem alten Aberglauben. Danach erregt jeder, der die heiligen Steine verrückt,

Das Piktogramm von Botswana 1994

den Zorn der Götter und wird von ihnen bestraft. Über die Seidenstraße, so ist der Chinese überzeugt, könnte eine direkte Verbindung zu den keltischen Kulturen Europas bestanden haben.

Auch in unserer Zeit, so Zhang Hui, gab es Kornkreise in China. Einen Augenzeugenbericht konnte er unlängst publizieren: *„Während der Kulturrevolution beobachtete eine Einheit der Roten Garde im Nordosten Chinas, wie in kürzester Zeit ein Kornkreis in einem Weizenfeld entstand. Die Männer waren erstaunt und überwältigt, doch sie schwiegen. Übernatürliche Phänomene galten als ‚Aberglaube' und der war politisch verpönt."*

Japan: Seit 1979 tauchen regelmäßig Kreise in japanischen Korn- und Reisfeldern auf. Eines der ersten Muster wurde am 4. Oktober 1990 im Norden von Kiushu entdeckt. Kurz darauf entstanden zwei weitere Kreise auf einem Nachbarfeld. Forscher wiesen darauf hin, dass die Kornmuster umringten Kreisen gleichen, die vor 2600 Jahren an die Innenwand eines Grabhügels im Norden von Kiushu gemalt wurden. Auch ein doppelter Steinkreis, den man in Ohyu in der Präfektur Akita fand, wurde mit ihnen verglichen. Nach Auskunft japanischer Kollegen setzte sich das Phänomen in den folgenden Jahren fort – bis zum heutigen Tag.

Australien: Seit 35 Jahren tauchen Kornkreise auf dem fünften Kontinent auf. Der erste Höhepunkt des Phänomens fand 1966 statt, eine zweite „Welle" folgte 1977, die dritte 1989. Auch im Winter 1894/95 erschienen wieder Kornmuster. Das spektakulärste wurde am 10. Dezember 1994 aus Northfield bei Adelaide gemeldet, ein präzise angelegter Kreis mit zwei Auswüchsen, 10 Meter im Durchmesser. Fünf Ringe wurden am 30. Juli 1999 in Karoonda nahe Adelaide entdeckt.

Malaysia: Am Morgen des 2. März 2000 entdeckten Bewohner des Dorfes Kapung Gobek in der malayischen Provinz Kelantan im nahegelegenen Sumpfland Abdrücke in Form eines „Y" (15 x 5 Meter groß) und einer Sichel (3 Meter lang) neben drei Löchern im Erdboden von je 1 Meter Durchmesser, je 1 Meter voneinander entfernt. Nur wenige Stunden zuvor, gegen 3 Uhr früh, hatten zahlreiche Dorfbewohner über der fraglichen Stelle ein „großes, leuchtendes Objekt" beobachtet, das „starke Lichtstrahlen" zur Erde sandte.

Botswana: Piktogramme auch in Afrika! Drei Ringe, zwei Kreuze und vier Kreise erschienen im Sommer 1994 auf dem Maisfeld eines Farmers in Botswana, berichtete Martin Chibanda der (im Jahre 2000 verstorbenen) UFO-Forscherin Cynthia Hind aus dem Nachbarland Zimbabwe. Anders als andere Piktogramme waren die Ringe und Kreuze in das Maisfeld gebrannt, während die Kreise wie „in den Boden gegraben" erschienen. Die sie umgebenden Pflanzen hätten flach am Boden gelegen. Das Piktogramm, so der Farmer, sei zur Erntezeit entstanden, als der Mais sehr trocken war. Ihn interessierte mehr der Verlust seiner Pflanzen als die Urheberschaft des Kornmusters.

Brasilien: Am 27. Februar 1997 beobachteten Zeugen eine UFO-Landung nahe dem Sepe Tiaraju-Regionalflughafen bei Santo Angelo im Bundesstaat Rio Grande do Sul. Gegen 21 Uhr saß die Bauersfrau Claudete Parazzi auf der Terrasse ihres Hauses, als sie ein „seltsames Geräusch" hörte, das von ihrer Weide kam. Als sie nachschaute, sah sie in einiger Entfernung ein rotes Licht schweben. Am nächsten Morgen entdeckte sie zusammen mit ihrem Mann und ihrer Tochter auf der Weide einen Kreis von 10 Metern Durchmesser. In der folgenden Nacht sah Arno Polanski, Wachmann einer benachbarten Farm, „eine orangene Leuchtkugel am Nachthimmel, die in Sekunden verschwand". Das UFO, so der Zeuge, „war so groß wie ein Lastwagen". Als er nachschaute, fand er ein großes Kornmuster aus zwei Halbkreisen und einem „Neteru"-Schlüssel. Die Halme waren von einem „seltsamen, weißen Staub" bedeckt.

Peru: Nahe Lindera, 440 km südlich von Arequipa an der chilenischen Grenze, wurden Anfang März 1999 mehrere Kreise in einem Kornfeld entdeckt. Die Kreise bildeten „Dreifüße": Drei Kreise waren jeweils durch gerade Linien miteinander verbunden. „Das Korn lag flach am Boden, ohne gebrochen zu sein", beschrieb ein Zeuge das Phänomen. Kurz darauf wurde ein einzelner Kornkreis nahe dem Andendorf Cinochero, 25 km nördlich von Cusco, entdeckt. In der Nacht zuvor wollen Einheimische ein „Lichtschiff" bei der Landung beobachtet haben.

Mexiko: Am 11. Juli 1991, am Tag der großen Sonnenfinsternis über Zentralamerika, schauten Millionen Bewohner von Mexico City zum Himmel und Tausende richteten ihre Camcorder auf das historische Naturschauspiel. Doch zu ihrer Überraschung hatten sie noch etwas anderes auf ihren Filmen: eine leuchtende, metallische Scheibe, die fast eine Stunde lang unterhalb der Wolkendecke hing. Selbst die Fernsehkameras von Mexikos größtem Privatsender TELEVISA nahmen das Phänomen auf, das, natürlich, landesweit für Schlagzeilen sorgte. Tatsächlich war es der Anfang der größten UFO-Sichtungswelle der Geschichte, die bis heute andauert. „Seitdem orten wir regelmäßig unbekannte Flugobjekte auf Radar, die seltsame Flugmanöver durchführen, und das im Durchschnitt zweimal, manchmal sogar sechs- bis achtmal in der Woche", erklärte mir ein ziviler Fluglotse des Flughafens Mexico City, als ich die Sichtungswelle vor Ort untersuchte.

Am 15. September 1994 ortete der Tower von 19 bis 23 Uhr immer wieder seltsame Flugobjekte im Gebiet von Metepec, westlich von Mexico City. Und tatsächlich war es in dieser Nacht, als sich der mysteriöseste Vorfall in der Geschichte des Kornkreisphänomens ereignete. Kurz nach 19 Uhr beobachtete die Hausfrau Sara Cuevas, im Beisein ihrer Schwester Erika, auf der Rückfahrt von Toluca zu ihrem Haus in Metepec ein leuchtendes Objekt. Zuerst hielt sie es für ein Flugzeug, doch als es herunterkam, erkannte sie, dass es sich um eine Scheibe von vielleicht 25 Metern Durchmesser handelte. Sie war rotorangefarben und schwebte direkt über Metepec. Die beiden Schwestern fuhren schnell heim, um das unheimliche UFO vom Dach ihres Hauses aus zu verfolgen. Als sie zu Hause ankamen, mussten sie feststellen, dass das Objekt in 200 Metern Höhe direkt über einem Maisfeld stand, das an ihr Grundstück grenzte. Sara alarmierte ihre Nachbarn, die ebenfalls das Objekt sahen. Dann holte sie ihre Videokamera und versuchte, es zu filmen, doch ohne Erfolg. Die Kamera funktionierte nicht. Während die große orangeleuchtende Scheibe über dem Feld schwebte, schossen zwei kleine, rote Rauten „wie blitzende Diamanten" aus dem Objekt und wirbelten durch das Maisfeld. Sie bewegten sich so schnell, dass es schien, als würden sie nur blinken. Dann kehrten sie zu dem Schiff zurück, flogen voran bis zum Metepec-Hügel, gefolgt von der großen Scheibe, um sich dort mit ihr zu vereinigen. Dort blieben sie zwei Stunden lang, bis sie unvermittelt verschwanden, um ebenso plötzlich wieder über dem Maisfeld aufzutauchen. Sara ging in das Zimmer ihres achtjährigen Sohnes, der aufgewacht war und das Spektakel so weit aus seinem Schlafzimmerfenster gelehnt verfolgte, dass Sara besorgt war, er könne aus dem Fenster fallen. Gemeinsam beobachteten sie, wie sieben rote, kleine Scheiben, jede vielleicht 50 Zentimeter im Durchmesser, aus dem großen Objekt kamen und mit großer Geschwindigkeit durch das Maisfeld schossen, während sie ein Piktogramm formten. Das Schauspiel dauerte zehn Minuten, und Dutzende Nachbarn verfolgten es in atemloser Faszination. Die kleinen Scheiben kamen bis auf zehn Meter an die Häuser heran. Aus den Scheiben schossen vielleicht 500 kleine Kugeln, Augen ähnlich, die sich kurzfristig zu Füßen der Maispflanzen niederließen, und sekundenlang das ganze Feld erhellten, bevor sie wieder verschwanden. Bei den Nachbarn war die Hölle los. Einige brachen in Tränen aus, andere schrien hysterisch, wieder andere beobachteten wie gelähmt das lautlose Spektakel. Schließlich, die Scheiben waren wieder verschwunden, nur das große Schiff stand noch in 200 Metern Höhe über dem Metepec-Hügel, entschloss man sich, eine Taschenlampe in einem nahegelegenen Geschäft zu besorgen und das Feld zu betreten. Fünf Personen sahen das Kornmuster,

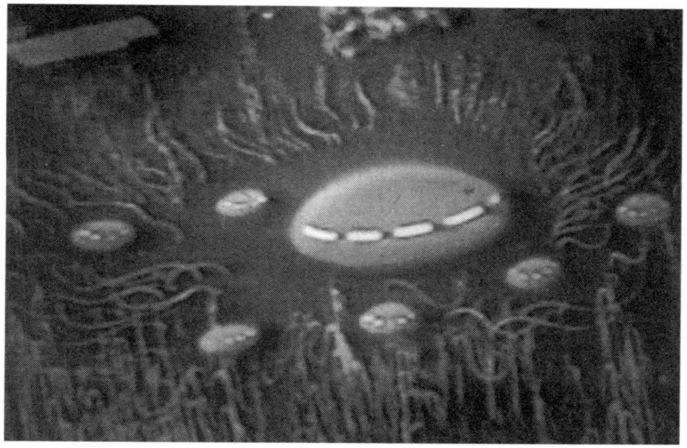

Augenzeugenrekonstruktion der Entstehung des Mais-Piktogrammes von Metepec.

Zeugin Sara Cuevas vor dem Feld, auf dem das Metepec-Piktogramm erschien und wo sie den Außerirdischen filmte

Kreise, rechteckige Formen und Pflanzen, die flach am Boden lagen, ohne gebrochen zu sein.

Am nächsten Tag hatte die Presse von den Vorfällen erfahren und belagerte die Siedlung. Die Nachbarn bestätigten, was sie gesehen hatten. So erklärte Filiberto Rosario Nicolas, der Wachmann des Wohnkomplexes: „Ich habe diese 'Fliegenden Untertassen' gesehen, die hier herumflogen. Sie waren in der Nacht hier, und ich habe sie gesehen. Sie waren gewissermaßen von weißer Farbe; eine von ihnen war größer als die anderen. Sie sind zweimal herbeigeflogen." Sara Cuevas aber ließ das, was sie erlebt hatte, nicht mehr los. Sie konnte in dieser Nacht nicht schlafen. Als die Sonne aufging, ging sie auf ihre Dachterrasse, um das Piktogramm klar sehen zu können. Es waren zwei Kreise, einer größer, der andere kleiner, ein „F" – die Neter-Hieroglyphe – und eine Zickzack-Formation. Es war also real gewesen, was sie erlebt hatte. Sie war sicher, dass die Schiffe zurückkehren würden, und sie legte sich die nächste Nacht mit ihrer Kamera auf die Lauer.

Kurz nach 21 Uhr bemerkten Sara und ihre Schwester Erika, die ihr Gesellschaft leistete, einen leuchtenden Zwerg, der, nur 30 Meter von ihr entfernt, aus dem Nichts auftauchte und offenbar das Maisfeld inspizierte. Sie richtete ihre Kamera auf ihn, zoomte heran, und diesmal funktionierte der Camcorder. „Was ist das?", hört man sie auf dem Video sagen, „das ist ja schrecklich! Gott, mein Gott, vergib mir! Erika, du wirst es auf dem Film sehen. Wie hässlich! Es ist ein Zwerg, Erika! Was für ein schreckliches Wesen! Erika, ich schwöre dir bei meiner Mutter... jetzt geht es, Erika." Er befand sich in dem größeren Kreis am anderen Ende des Feldes. Der Außerirdische – oder ein Roboter? – trug einen leuchtenden, faltigen Anzug und einen Helm, aus dem eine Antenne ragte. Er war nur im Profil zu sehen, bevor er sich langsam zu Sara drehte, dann in die andere Richtung schaute – und verschwand.

Saras Film wurde von Experten des mexikanischen Senders TELEVISA untersucht und für echt befunden. Untersuchungen des Piktogramms ergaben, dass nicht nur viele Maispflanzen verkohlt waren, sondern dass auch die Bodentemperatur im Zentrum des Kreises noch Tage später weit über der des restlichen Feldes lag. Zudem wurde eine um 350 % erhöhte Radioaktivität gemessen. Im Februar 1996 konnte ich Sara Cuevas und ihre

Schwester sowie eine weitere Zeugin persönlich interviewen. Zudem bestätigte mir der Fluglotse Enrique K. vom Internationalen Flughafen von Mexico City die UFO-Ortungen in der fraglichen Nacht, nicht nur über Metepec, sondern auch über Jocotitlan bei Toluca, wo etwas später ein weiteres Kornmuster auf einem Maisfeld erschien, 133,50 Meter lang und 70 Meter breit. In Gestalt eines großen Halbkreises und eines „H"-förmigen Musters waren die Pflanzen flachgedrückt, und zwar in einem äußerst komplexen Muster: Zwei Streifen waren in entgegengesetzter Richtung niedergelegt, während der Rand des Halbkreises entgegen dem Uhrzeigersinn lag. In der Figur, die ein „H" darstellte, war der Mittelstreifen von Norden nach Süden ausgerichtet, in den beiden Längsbalken von Süden nach Norden. In der Nacht, in der das Muster erschien, wollen Anwohner, die gerade vor dem Fernseher saßen, durch starke Bildstörungen auf das Phänomen aufmerksam geworden sein. Als sie merkten, wie ihre Satellitenantenne sich bewegte und schließlich der Strom komplett ausfiel, gingen sie nach draußen, um zu sehen, was los war. Dann bemerkten sie eine riesige Lichtkugel, die über dem fraglichen Feld schwebte. Nach kurzer Zeit schoss das Ufo davon, was blieb, war das Muster im Korn. Einige der vielen Besucher, die in den folgenden Tagen das Piktogramm besuchten, berichteten von Übelkeit und anderen Symptomen der Strahlenkrankheit, sodass das Millitär die Zone abriegelte und den Zutritt untersagte.

Nach diesen Vorfällen bat TELEVISA Moderator Jaime Maussan die Fluglotsen des Internationalen Flughafens von Mexico-City, ihn regelmäßig zu informieren, wenn sie wieder ein UFO für längere Zeit auf dem Radarschirm hätten. Am Morgen danach flog Maussan mit seinem Kamerateam im Helikopter an die Stelle, wo das Objekt geortet wurde – und fand in sechs Fällen neue Kornkreispiktogramme.

Tatsächlich sind viele Mexikaner überzeugt, dass die Häufung der UFO-Sichtungen in ihrem Land in den letzten Jahren die „Rückkehr der Götter" signalisiert, wie sie von den Kalendern der Mayas und Azteken für unsere Tage prophezeit wurde. So sagte der Dresdener Codex, ein astronomisch-astrologisches Manuskript der Maya aus dem 13. Jh., auf den Tag genau die Sonnenfinsternis vom 11. Juli 1991 voraus – und deutete sie als *„Ende der Fünften Sonne und Beginn der Sechsten Sonne, der Sonne des Kukulcan, der gefiederten Schlange"*. Der Prophezeiung zufolge sind mit dem Wechsel der „Sonnen" oder Zeitalter „Erdveränderungen" verbunden. TELEVISA-Moderator Jaime Maussan, der Mexikos führende Experten für die präkolumbianische Kultur des Landes für eine UFO-Sondersendung seines Magazins „Sechzig Minuten" – das sich normalerweise mit politischen und ökologischen Themen befasst – dazu befragte, fasste diese Prophezeiung so zusammen: *„Die neuen Herren kommen, die alten Herren werden sterben oder gehen. Eine neue Ordnung wird geboren. Die Sonnenfinsternis zeigt eine Rückkehr zu den Wurzeln, dem Wissen der Alten, der eingeborenen Völker und die Wiederkehr der Götter an. In der Sechsten Sonne werden wir den Herren der Sterne begegnen."*

So ist es nicht erstaunlich, dass ausgerechnet in Mexiko die ersten „Himmels-Piktogramme" beobachtet wurden: Eine Anzahl kleiner, offenbar unbemannter Kugeln, die in einem Muster am Himmel schwebten. Seit Beginn der mexikanischen UFO-Welle wurden 18 solcher Formationen, die aus bis zu 100 Objekten bestanden, gefilmt: Im Oktober 1992, im Februar 1993, im Oktober und Dezember 1994, Juli 1995, März 1996, Juni 1997, je zweimal im Februar und März sowie einmal im Juni 1998 und schließlich im Januar 1999, ausgerechnet während des Besuches von Papst Johannes Paul II. *„Sie bewegen sich gegen den Wind. Sie bilden geometrische Formen. Manchmal bleiben sie minutenlang stationär, dann jagen sie mit großer Geschwindigkeit davon"*, erklärte mir Jaime Maussan. Er ist davon überzeugt, dass eine Verbindung zu den Kornkreis-Piktogrammen besteht: „Was auf den Weizenfeldern Englands geschieht, ereignet sich auch am Himmel über Mexiko." Tatsächlich wurden dieselben kleinen Leuchtkugeln auch immer wieder in und in der Nähe von Kornmustern beobachtet (siehe 13. Kapitel). Eine Verbindung ist also unbestreitbar.

Kanada: Regelmäßig erscheinen oft beeindruckend große Kornmuster in den riesigen

Feldern Kanadas – immerhin 56 zwischen 1996 und 2000. Dabei waren 1996 und 1997 eher ruhige Jahre. Erst 1998 ging es mit 14 Piktogrammen wieder richtig los. Zwei große Kreise von 11 Metern Durchmesser und ein kleinerer Ring machten am 9. August in Conquest in der Provinz Saskatchewan den Anfang. Einen Tag später folgten sechs Kreise, der größte 44 Meter im Durchmesser, und eine Hantel in Outlook auf einer Farm der Hutterer. Gleich drei Piktogramme – eine Schlangenlinie, ein „keltisches Kreuz" und ein Kreis-Dreieck – wurden am 26. August aus Winnipeg gemeldet. Das größte Muster, ein Halbmond von 70 Metern Breite, beendete am 17. Oktober die Saison. Mit ganzen 25 Piktogrammen war 1999 der ergiebigste kanadische Zirkelsommer. Er begann mit zwei Piktogrammen, die beide aus einem Indianerreservat bei Hagerville/Ontario gemeldet wurden: Das erste erschien am 22. Juli 1999, war 100 Meter lang und bestand aus Kreisen, Rechtecken und Halbringen entlang einer Hauptachse, das zweite war ein umringter Kreis von „nur" 27 Metern Durchmesser, der am 25. Juli erschien. Dann verlagerte sich das Phänomen nach Saskatchewan. Eine Formation von neun Kreisen, die einen „keltischen Dreifuß" bildeten, wurde am 4. September bei Neilburg gefunden, ein „Medizinrad" und drei Kreise am 14.9. bei Midale, vier Tage später ein weiteres Muster von drei Kreisen, am 24.9. von einer Formation aus vier Kreisen, einem 20-Meter-Kreis am 26.9. und drei Kreisen am 13. Oktober gefolgt. Kornkreisforscher fanden in den

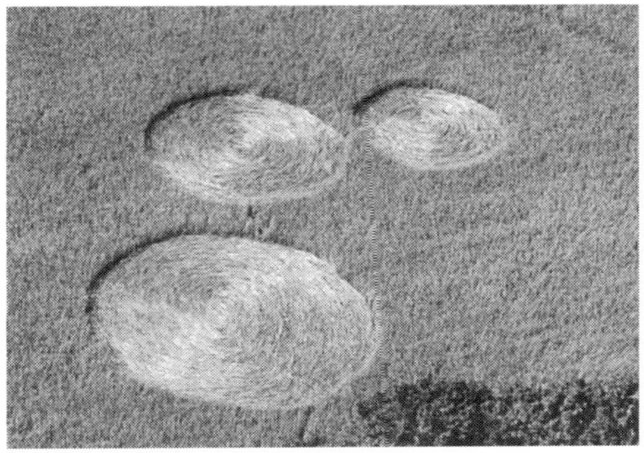

Oro-Medonte, Ontario/Kanada, 10.8.2000.

Neilberg-Mustern geschwollene Zellknoten, die auf eine kurzfristige Erhitzung hindeuteten. Zudem waren die Pflanzen an den Zellknoten gebogen. Die Kornkreisforscherin Linda Moulton Howe, die vor Ort recherchierte, beschrieb Neilburg als ein *„sehr kleines, entlegenes Dorf. Es hat nur 400 Einwohner. Keiner von ihnen, weder Teenager noch Erwachsene, glaubt an einen Schwindel."* Der Bauer Robertson erklärte ihr, dass er absolut sicher sei, dass niemand das Feld hätte betreten können, ohne Spuren zu hinterlassen. Zwei Eiskreise beendeten die Saison Ende November.

Mit elf Kreisen ruhiger, insgesamt aber beeindruckender erwies sich dann das Jahr 2000. Die Saison begann mit einer beachtenswerten Dreiergruppe, die am 10. August nahe Orillia in der Provinz Ontario entdeckt wurde: 23, 17 und 10 Meter waren die Kreise breit, keine Spur wies auf einen Fälscher hin. Doch das Zentrum der Aktivitäten war

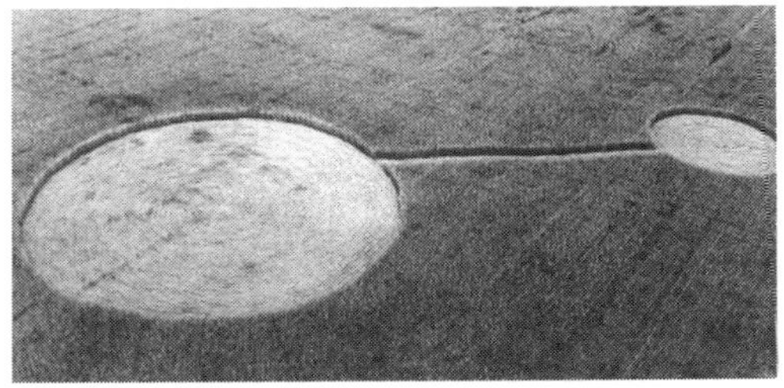

Moosomin, Saskatchewan/Kanada, 20.8.2000.

wieder die Provinz Saskatchewan. Das wichtigste Kornmuster des Jahres wurde am 20. August aus Moosomin gemeldet: eine Hantel, 83 Meter lang. „Als wir es fanden, führten keine Fußspuren zu dem Muster", erklärte Kornkreisforscher Dennis Eklund. „Wir entdeckten einige auffällige Deformierungen bei einer Anzahl Pflanzen. Hier hat eine starke Hitze eingewirkt." Als die Presse berichtete, kamen über tausend Besucher – und erlebten seltsame Dinge. Die Batterien von Videokameras waren urplötzlich leer, Hunde sträubten sich, dem Muster auch nur nahe zu kommen. Immerhin 17 Piktogramme, einige davon ziemlich beeindruckend, bestimmten die Saison des Jahres 2001. Sie begann mit zwei einzelnen Kreisen, je 7,50 Meter breit, die am 25. März am Dawson Creek in der Provinz British Columbia gefunden wurden. Einen Monat später, am 19. April, fand ein Bauer bei Etzikom/Alberta einen 3,60 Meter breiten „Krater" auf einer Weide, über der zwei Wochen zuvor ein Nachbar ein trichterförmiges, feuriges Leuchtobjekt beobachten konnte, das eine Stunde lang über der Stelle schwebte. In seinem Innern befanden sich drei Löcher in Dreiecksformation. Anfang Juni erschien bei Biggar/Saskatchewan eine Gruppe von mindestens vierzig Ringen, deren Durchmesser zwischen 1,20 Meter und 10,50 Meter lag. Sie waren von einem weißen Pulver bedeckt. Am 22. Juli tauchten vier Kreise bei Dauphin/Manitoba auf, nachdem ein Nachbar in der Nacht zuvor seltsame Lichter über dem Feld gesehen hatte. Gleich sieben Piktogramme – umringte Kreise, Blüten und Linien – wurden zwischen dem 27. August und dem 1. September bei Midale/Saskatchewan entdeckt, sechs Kreise am 6. September bei Vanderhoof/British Columbia auf einem Feld, auf dem bereits 1998 Kornkreise erschienen waren. Doch das war alles nur ein Vorspiel. Wirklich interessant wurde das Kornkreisjahr 2001 erst, als am 16. September ein riesiger Davidstern in einem Weizenfeld bei Red Deer in der kanadischen Provinz Alberta entdeckt wurde. Es war das größte Kornkreismuster, das je von jenseits des Atlantiks gemeldet wurde. Es bestand aus sieben Kreisen von 12 bis 32 Metern Breite und hatte einen Gesamtdurchmesser von 128,60 Metern. Der Bauer Ken Bickford inspizierte es gründlich, bevor er es – es war Erntezeit – abmähen musste. Ein Pilot erklärte später, er hätte es bereits am 2. September gesehen, aber (leider) nicht gemeldet. Sicher ist, dass es nach dem 1. September erschien, als das Feld das letzte Mal gedüngt wurde. Ein paar Nächte später beobachteten im benachbarten Lacombe zwei Krankenschwestern, die gegen 3.15 Uhr früh eine Zigarettenpause

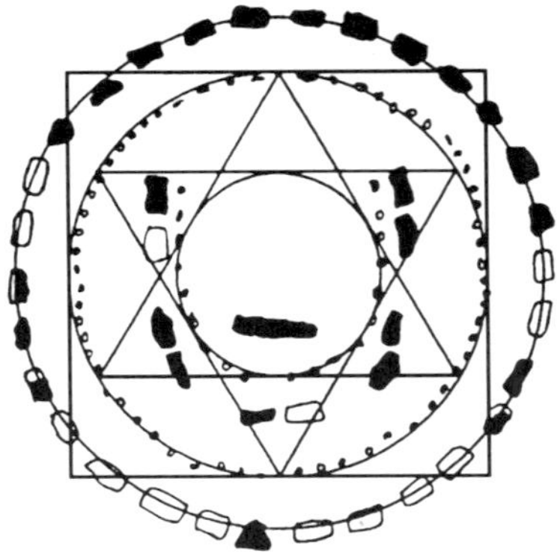

Stonehenge im Hexagramm (nach John Michell)

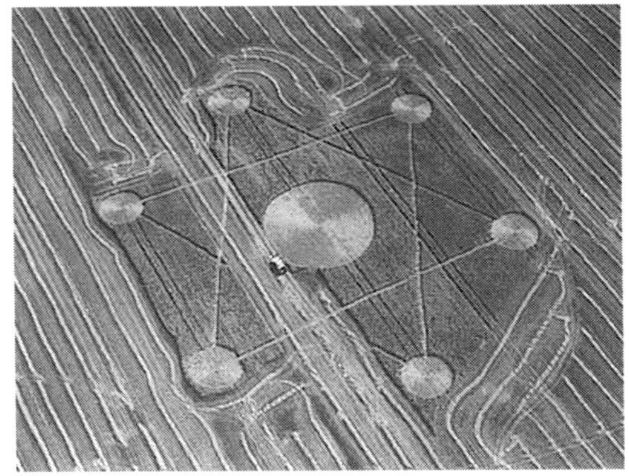

Der Davidstern von Red Deer

einlegten, drei große, dreieckige Flugobjekte, die mit großer Geschwindigkeit den Himmel überquerten. Jedes der Dreiecke schien zu glühen und flog völlig lautlos. Als sie zwei Stunden später wieder pausierten, sahen die Krankenschwestern sechs dreieckige Objekte, die zwei Dreiecksformationen bildeten. Später wurden sogar sieben Dreiecks-UFOs gesichtet. Bestand eine Verbindung zu dem „doppelten Dreieck", dem Davidstern von Red Deer? Das Hexagramm, auch „Siegel Salomos" genannt, ist eines der ältesten heiligen Symbole der Menschheit. Es steht für das Gleichgewicht zwischen Feuer und Wasser, aber auch für das Streben zum Himmel und die Herabkunft des Göttlichen. In einer Reihe antiker Heiligtümer – auch im Grundriss von Stonehenge – finden wir das Muster des Davidsternes als Ausdruck für eine kosmische Harmonie. Auch bei den britischen und internationalen Kornkreisen wurde es immer wieder beobachtet.

USA: Der Trend der Vorjahre setzte sich 1994 fort, als über 20 Piktogramme im ganzen Land erschienen. Den Anfang machte ein 52-Meter-Piktogramm, ein „keltisches Kreuz" im jungen, grünen Weizen, das am 14. Juni bei Aloha im Staate Oregon erschien. Die Mehrzahl der Zellknoten in den Halmen war regelrecht aufgesprengt, was auf eine Entstehung des Piktogramms bei kurzfristiger, starker Hitze hindeutete. Ebenfalls im Juni wurden zwei Muster in South Carolina am anderen Ende des Landes entdeckt. Chehalis/Washington folgte am 8. Juli, danach Oregon, wo vier Piktogramme erschienen, das letzte im Sand am Strand von Hug Point. Drei Kreise in einer Linie tauchten in einem Maisfeld bei Milaca/Minnesota auf. Anfang September wurde ein herzförmiges Piktogramm in einem Senffeld bei Lompoc/Kalifornien gemeldet. Die Pflanzen, einige davon bis zu 4 Zentimeter stark, waren perfekt im Winkel von 90° gebogen. Ein doppeltes „keltisches

Kreuz“ wurde Anfang Oktober in Adria/Washington entdeckt.

1995 tauchten rund 20 Piktogramme in den USA auf. Am 30. April erschien in einer verregneten Nacht ein Ring in einem Weizenfeld bei Lebanon im Staate Oregon. Der Farmer, dem das Feld gehört, filmte ihn am nächsten Morgen mit seiner Videokamera. Er betonte, dass er keine Fußabdrücke gefunden hatte, obwohl der Boden völlig aufgeweicht war. Sein Kompass spielte im Innern der Formation verrückt. Weizenhalme waren spiralförmig verdreht, Blätter in Spiralform deformiert. Ein großes Muster aus „Rechtecken und Kästen“ wurde aus Maryland gemeldet. Ein Piktogramm in Nebraska entstand, nachdem eine Farmersfrau ein dreieckiges Objekt beobachtete, aus dem eine „Bleistiftlinie aus Energie“ zur Erde gerichtet wurde.

Auch im Sommer 1996 gab es wieder Kornkreise in den USA. Der erste erschien in der Nacht zum 4. Juli 1996 – Independence Day! – bei Paulding, Ohio, mitten im prärieartigen Farmland: Ein perfekter 31 Meter breiter Kreis, von einem Ring umgeben. Der Weizen war nicht gebrochen, sondern sauber ineinander verwoben und entgegen dem Uhrzeigersinn flachgelegt. Zudem befand sich der Kreis zwischen zwei Entwässerungsgräben, von jedem genau 58,30 Meter entfernt. Als er von ein paar Hobbypiloten entdeckt wurde, führten keine Spuren durch das Korn. Amerikanische Felder weisen keine Traktorenspuren auf, durch die sich Fälscher einschleichen könnten, denn sie werden aus der Luft gedüngt. Zwei Tage nach der Entdeckung des Kreises, am 6. Juli um 4.10 Uhr, sichtete Dawn Sprunger (19) ein dreieckiges UFO mit roten und blauen Lichtern, das zunächst in der Luft stehen blieb, um sie daraufhin auf ihrer Heimfahrt kilometerweit zu begleiten. Als sie zu Hause ankam, weckte sie ihre Eltern auf, die es ebenfalls beobachteten und die Polizei informierten. Auch Polizeichef Merlin Bixler sah es, als er zu den Sprungers fuhr, ebenso drei weitere Polizeioffiziere. Bürgermeister Blaine Fulton gelang sogar eine minutenlange Filmaufnahme des Objektes. Trotzdem wurde es vom Flughafen Fort Wayne nicht auf Radar geortet.

Ein weiterer Kreis, 12 Meter im Durchmesser, erschien am 22. Juli in einem Gerstenfeld in Butte Country, Nebraska – ganz in der Nähe einer geplanten Atommüll-Lagerstätte. In der Nacht, in der das Kornmuster auftauchte, meldeten zwei Frauen dem Sheriff seltsame Summgeräusche und je zwei helle und zwei schwächere Lichter am Nachthimmel, die sich kurz darauf auf das fragliche Feld heruntersenkten und verschwanden. Weitere Piktogramme wurden in Nord- und Süddakota entdeckt. Ein Farmer war überzeugt, dass sich die Kornkreise an den Stellen bilden, „an denen Gott die Erde küsst“.

Nach einem nicht ganz so spektakulären Kornkreissommer 1997 tauchten 1998 in den USA so viele Piktogramme wie nie zuvor auf. Am 19. Juni erschien ein Kornkreis von 55 Metern Durchmesser in einem Weizenfeld bei Eltopia im US-Staat Washington. Wie die Kornkreisforscherin Ilyes mitteilte, kam es „innerhalb des Kreises zu interessanten Farbvariationen. In der Hälfte des Kreises war der Weizen noch grün, in der anderen Hälfte reif und goldfarben.“ Ebenfalls im Juni wurde ein hantelförmiges Piktogramm bei Waverly, Nebraska, gefunden. Ein 100 Meter breites Hakenkreuz erschien am 10. Juli in einem Kornfeld in Washington Township, New Jersey. Der Staatsanwalt wurde eingeschaltet, um die Urheber des „rassistischen Symbols“ (tatsächlich ist die Swastika ein uraltes heiliges Symbol der Inder und der nordamerikanischen Indianer, das von den Nazis nur missbraucht wurde) zu identifizieren. Am 9. Juli fand der Farmer Brian Roble auf seinem Weizenfeld in Latty, Ohio, einen Kornkreis und informierte die Polizei, weil er an einen Schwindel glaubte. Am 22. Juli wurde ein 30 Meter langes Piktogramm in einem Weizenfeld in College Ward nahe Providence, Utah, entdeckt. Die Formation bestand aus einem Kreis, Ringen und Pfaden. Am 24. Juli 1998 tauchte ein Kornkreis nahe Cove, Idaho, auf: ein Ring von 34 Metern Durchmesser, ein kleinerer Ring und zwei Halbkreise.

1999 erschienen am 31. Mai gleich zwei Piktogramme in Annapolis, Maryland, unweit der berühmten Marineakademie; Ende Juni ein fast 101 Meter langes „Hantel“-Muster aus drei Kreisen und einem „T“-förmigen Auswuchs in Tennessee; Ende Juli ein umringter

Kreis in Minnesota; und schließlich am 30. Juli sechs Kreise mit vier „Armen" in Walla Walla, Washington State.

Acht amerikanische Piktogramme wurden im Jahr 2000 gezählt. Am 12. Juni tauchte ein beeindruckend großer, umringter Kreis, gekreuzt von einer Linie, in einem Weizenfeld nahe Virginia Beach auf. Bereits im Mai wurden in Tennessee (1.5.) und in Virginia (22.5.) Kornmuster gefunden. Eine Formation aus drei Kreisen, je 20 Meter im Durchmesser, wurde am 5. August aus Oregon gemeldet. Gleich drei Piktogramme tauchten im August nahe Whitefish, Montana, auf. Eines davon, vom 15. August, erwies sich als „keltischer Dreifuß", von einem Kreis umgeben. Als ein lokaler Geschäftsmann es filmen wollte, war sein zuvor geladenes Akku plötzlich leer. Piloten, die das Muster überflogen, bemerkten Kompassabweichungen von 10-15°. Ein weiterer Besucher entdeckte eine Leuchtkugel, die er nicht bemerkt hatte, auf einem Foto des Piktogrammes. Nur 200 Meter davon entfernt entstand am 28. August ein Langpiktogramm. Wieder lag es mitten auf dem Feld, fand man im dichten Weizen (ohne Traktorenspuren!) keine Spuren, die auf einen nächtlichen Fälscher hindeuten könnten. Auch hier wurden magnetische Anomalien festgestellt. Eine Untersuchung der Pflanzen durch die Biologin Nancy Talbott ergab, dass die Zellknoten stark erweitert waren – als seien sie kurzfristig starker Hitze ausgesetzt worden!

Zusammen mit **Irland** (1972, 1982), **Ungarn** (1992), **Bulgarien** (1990), **Neuseeland** (1972, 1992-93), **Japan**, **Afghanistan** (1990), der **Türkei** (1975), **Ägypten** (1992), **Puerto Rico** (1991), **England** (1972-2001) und **Deutschland** (1991-2001) sind es jetzt 41 Länder aller fünf Kontinente, in denen Kornkreise aufgetaucht sind.

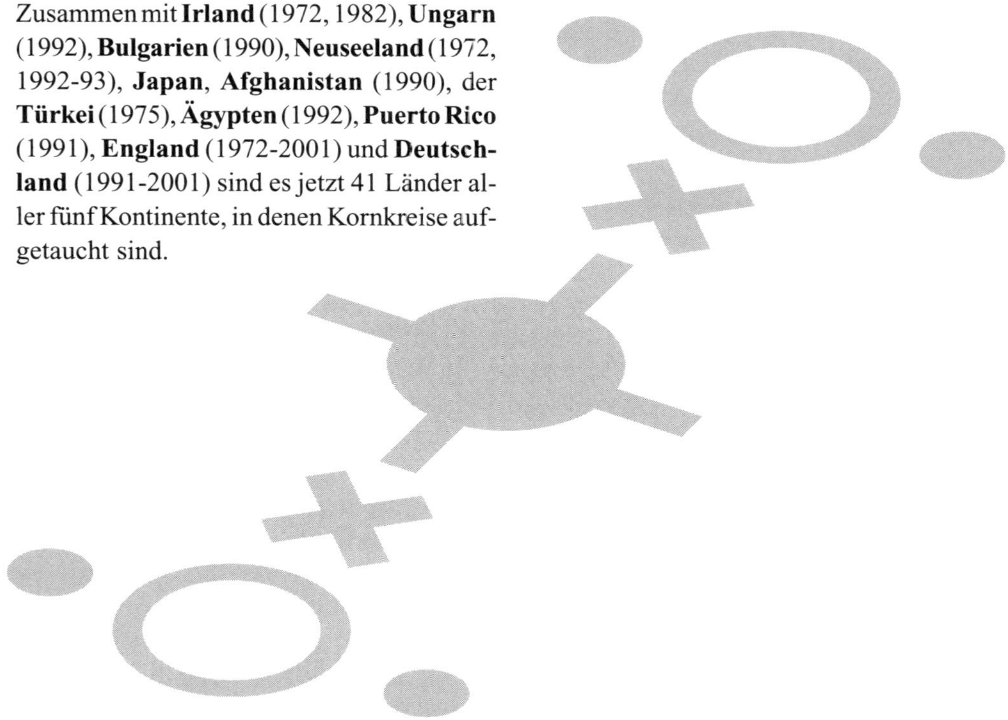

12. Kapitel

AUS DER SICHT DER WISSENSCHAFTLER

Es war kurz nach Mitternacht am 7. Juni 1999, als Robbert van der Broeke, ein 19-jähriger Schüler aus Hoeven in Holland, den unbändigen Drang verspürte, aufzustehen. Irgendetwas, das stärker war als seine Müdigkeit, zog ihn zum Fenster. Langsam, fast zögernd, zog er die Vorhänge zurück und wie hypnotisiert starrte er hinaus auf die Felder, die sich vor dem Haus seiner Eltern erstreckten. In diesem Augenblick verschlug es ihm den Atem. Über dem Kornfeld, das an das Grundstück grenzte, schwebte ein rosarotes Licht. Bei genauerem Hinsehen erwies es sich als längliches Flugobjekt, geformt wie ein amerikanischer Fußball, nur etwas kleiner, das langsam und in nur 3 oder 4 Metern Höhe auf ihn zuzufliegen schien. In 50 Metern Entfernung vor dem Haus blieb es stehen, schwebte sekundenlang auf der Stelle, bevor es immer größer und zugleich dünner wurde. Aus dem Mini-UFO wurde eine flache, rosafarbene Lichtscheibe von 10 Metern Durchmesser. Sekundenlang knisterte es, schienen elektrische Entladungen aus ihrer Unterseite zu schießen, sprühten Funken zur Erde. Dann war das Objekt urplötzlich verschwunden.

Doch es hatte seine Spuren hinterlassen. An der Stelle, über der das Lichtobjekt geschwebt hatte, war jetzt in der Dunkelheit undeutlich ein kreisförmiges Gebilde auszumachen. Sofort zog Robert sich an, lief aus dem Haus, stürmte in das Feld, um inmitten eines 10 Meter breiten Kornkreises zu stehen. In seiner unmittelbaren Nähe befand sich ein zweiter Kreis von 3 Metern Durchmesser. Wie seine Eltern später bestätigten, hatten sich die Kornmuster um 22 Uhr noch nicht dort befunden. „Der Boden und die Pflanzen fühlten sich noch richtig warm an“, erklärte er später, „ein elektrostatisches Knistern war im ganzen Kreis zu hören.“

Sechs Tage später, am 12. Juni gegen 1 Uhr früh, nahm Robbert ein Aufblitzen über demselben Feld wahr, „als würde ein Foto geschossen werden“. Wieder ging er hinaus auf das Feld, wo er, 24,50 Meter von dem ersten entfernt, einen zweiten, 9 Meter breiten Kornkreis vorfand. Wieder war das Korn noch warm. Bereits zwei Jahre zuvor, 1997, hatte Robbert, damals 17, die Entstehung eines Kornkreises durch „Hunderte von glühenden Kugeln“ beobachten können (siehe 11. Kapitel).

Der Fall verdiente es, näher untersucht zu werden. Glücklicherweise nahm sich Nancy Talbott seiner an, ihres Zeichens Mitarbeiterin des Pflanzenbiologen Prof. Dr. W.C. Levengood, der als der führende wissenschaftliche Erforscher der Kornkreise gilt. Schon am 13. Juni traf Nancy Talbott in Hoeven ein, um mit dem Zeugen zu sprechen und Proben zu entnehmen. Sie beschrieb Robberts Familie als durchschnittlich, mittelständisch und nicht an Publicity interessiert. Auch Robbert traute sie keinen Schwindel zu. Er erwies sich als stiller, sensibler und nachdenklicher Junge, der sich viele Gedanken über die echten Zirkelmacher gemacht hatte. *„Robbert hält die Kornformationen für sehr wichtig und glaubt, dass sie von Engeln oder übernatürlichen Wesen stammen“*, erklärte sie später. *„Menschen sollten ihnen Beachtung schenken. Er hat das Gefühl, dass sie etwas mit Umweltproblemen und einer ‚großen Täuschung‘ zu tun haben. Die Kornkreise, so glaubt er, seien eine Art ‚Gegengift‘. Aber er hat keine Idee, was das genau zu bedeuten hat und weshalb er darin involviert ist.“*

Was ihr blieb, war das Phänomen selbst, das es zu untersuchen galt. So entnahm sie Dutzende Proben aus den Kreisen selbst und vom umliegenden Feld, die sie in den folgenden

Monaten in den USA untersuchte. Dabei ging es ihr darum, die Länge der Wachstumsknoten („Pulvinus-Länge“) zu bestimmen. Während diese bei den Proben von außerhalb des Kreises im Durchschnitt bei 2 mm lag, betrug sie im Kreiszentrum im Durchschnitt 4,3 mm. Alle anderen Proben wiesen Werte auf, die zwischen diesen Zahlen lagen – die Pulvinus-Länge nahm in perfekter Symmetrie proportional zur Entfernung vom Zentrum ab.

Talbott: *„Da die Außenbedingungen (Licht, Temperatur, Luftfeuchtigkeit) überall gleich waren, gibt es keine ‚natürliche' Erklärung für diese Symmetrie... Die Vergrößerung der Wachstumsknoten kann nur ein thermomechanischer Effekt sein, der auf eine elektromagnetische Einwirkung in unmittelbarer Nähe der Pflanzen zurückgeht. Die Daten deuten darauf hin, auch wenn es spekulativ ist, dass die Energie, die die Verlängerung verursachte, symmetrische Eigenschaften hat, die denen eines rotierenden, zweidimensionalen Strahls entsprechen... die Pulvinus-Länge scheint proportional zur Intensität der elektromagnetischen Bestrahlung zuzunehmen, eine Hypothese, die durch die Messdaten bestätigt wird... Das entspricht der Aussage des Zeugen, dass ein kleines, sich ausdehnendes Licht an der Entstehung beteiligt war.“*

Der pflanzenbiologische Befund bestätigte also die Beschreibung, die Robbert van der Broeke zu Protokoll gegeben hat. Es gibt keinen Hinweis auf einen Schwindel, stattdessen aber physikalische Beweise, dass sich alles tatsächlich so zugetragen hat, wie er behauptete. Damit wird Hoeven zum Schlüsselfall. Tatsächlich wurden immer wieder UFOs und glühende Kugeln in Verbindung mit neuen Kornkreismustern beobachtet. Tatsächlich haben Naturwissenschaftler bei vielen Piktogrammen eindeutige Hinweise darauf gefunden, dass eine elektromagnetische bzw. Mikrowellen-Strahlung an der Entstehung echter Piktogramme beteiligt war. Im Fall Hoeven kommen beide Faktoren, eine detaillierte Beobachtung und eine schnelle, gründliche Untersuchung, zusammen. Das macht ihn bislang einzigartig. Denn alles deutet darauf hin, dass er uns endgültig enthüllte, wie echte Kornkreismuster entstehen. Er lieferte uns das Grundmuster, in das alle bisherigen Forschungs- und Messergebnisse perfekt passen, sodass sie wie Puzzlesteine ein Gesamtbild ergeben.

DAS MATHEMATISCHE MODELL

In meinen Büchern „Botschaft aus dem Kosmos“ und „Kornkreise“ zitierte ich die Arbeit von Thomas Roy Dutton, einem pensionierten Forschungsingenieur der British Aerospace. Dutton hatte Dutzende Luftaufnahmen von Kornkreispiktogrammen studiert und festgestellt, dass ihnen allen das gleiche mathematische Modell zugrunde liegt. Dieses Grundmuster entsprach nicht dem Verhalten eines natürlichen Wirbelwindes und hätte unmöglich vom Boden aus von Fälschern hergestellt werden können. Stattdessen stand für ihn fest, dass ein Strahl aus großer Höhe die Kreise und Piktogramme in das Korn gezeichnet hatte. *„Aber von wem? Und welche Art von Strahlung könnte solche Effekte produzieren?“*, fragte Dutton weiter, *„könnte es, wie ich persönlich vermute, Mikrowellen-Gravitationsstrahlung sein* (Microwave Gravitational Radiation), *von der* (der italienische Physiker) *Palazzi annimmt, dass sie mit Hilfe eines Synchrotrons erzeugt werden kann?“*

DER BIOPHYSIKALISCHE BEFUND

Tatsächlich gibt es eindeutige Hinweise darauf, dass Mikrowellen-Strahlung zum Einsatz kam. Ende 1989 bat Kornkreisforscher Pat Delgado den Biophysiker Prof. Dr. William C. Levengood, einige Proben aus Weizen- und Gerstenkreisen zu untersuchen. Prof. Levengood ist ein Wissenschaftler von Weltrang, spezialisiert auf die Analyse der bioelektrochemischen Energetik von Pflanzen und Samen. Zehn Jahre lang hatte er eine Professur an der Michigan State University inne, bevor er sich selbstständig machte. Für seinen „automatischen Samenanalysator“ bekam er ein Patent, das Gerät kommt weltweit zum Einsatz. Neben fünf weiteren Patenten kann Dr. Levengood über 50 Publikationen in angesehenen internationalen Fachzeitschriften aufweisen. Durch das Buch „Kreisrunde Zeichen“ von Andrews und Delgado war er auf das Kornkreisphänomen aufmerksam geworden. Sollte es eine wissenschaftliche Erklärung für die Entstehung der Kreise geben, so war er überzeugt, müsste sie mit den ihm zur Verfügung stehenden Mitteln zu finden sein.

Gab es Unterschiede zwischen den Pflanzen aus den Kreisen und Piktogrammen und den Proben aus dem umliegenden Feld? Ja, es gab sie, stellte Dr. Levengood fest. Die ersten Proben, die er Anfang 1990 untersuchte, wiesen keinerlei Samenkörner auf. Das war höchst ungewöhnlich, zumal die Kontrollpflanzen aus demselben Feld völlig normal waren. Dann schienen die Wachstumsknoten an den Halmen in Form und Länge auch größer zu sein als bei den Vergleichsproben. Unter dem Mikroskop zeigte sich, dass das Zellgewebe der Wachstumsknoten abnorm vergrößerte Zellwand-Tüpfel aufwies. Zellwand-Tüpfel sind winzige Durchlässe in den semipermeablen (halbdurchlässigen) Zellmembranen, die den Stoffwechsel und Flüssigkeitsaustausch zwischen den Zellen ermöglichen. Bei Halmen aus dem umliegenden Feld fehlten diese Charakteristiken. Für den Biologen stand fest: Diese Häufung von Anomalien konnte nicht zufällig sein. Es gab einen Faktor, der gleichzeitig zur Ausdehnung der Zellknoten und zur Schrumpfung oder Zerstörung der Körner führte. Derselbe Faktor musste zur Entstehung der Kornkreise geführt haben. Alles deutete auf die Einwirkung einer Energie hin. Durch das Niedertrampeln oder -rollen von Kornhalmen durch menschliche Fälscher waren solche Veränderungen jedenfalls nicht zu erklären.

Bis 1991 hatte Dr. Levengood Hunderte von Proben untersucht. An dem Befund konnte schon zu diesem Zeitpunkt kein Zweifel mehr bestehen. Immer wieder war es zu Deformationen des Samens, zu genetischen Veränderungen, zu „Polyembryonie“, d.h. der Bildung multipler Samen in den Ähren aus dem Kornkreisinneren gekommen. Genauso häufig war die Vergrößerung der Wachstumsknoten und der Zellwand-Tüpfel der Halme festzustellen. Für Dr. Levengood gab es nur eine Erklärung: Es musste zu einer blitzartigen Erhitzung der Flüssigkeit in den Zellen gekommen sein. Bei einem rapiden Temperaturanstieg wird die Feuchtigkeit kurzfristig zum Verdampfen gebracht. In jungen Halmen sind die Zellknoten weich genug, um sich unter dem plötzlichen Druck auszuweiten. Doch in reiferen Halmen sind die Zellknoten brüchig, und der Dampf „bohrt“ sich regelrecht hindurch. Als der Biophysiker eine Kontrollprobe für 30 Sekunden in einen Mikrowellenherd legte, erzielte er dieselbe Wirkung. War das des Rätsels Lösung? Erhitzt eine Art Mikrowellen-Energie die Pflanzen kurzfristig, während sie die Kornmuster bildet?

Für Dr. Levengood stand fest, dass nur eine gründliche wissenschaftliche Studie eine Antwort erbringen konnte. So organisierte er 1992 das BLT-Team. BLT steht für „Burke, Levengood, Talbott“ – für ihn und seine Mitarbeiter John Burke und Nancy Talbott, die fortan Proben aus Kornmustern in der ganzen Welt besorgen und nach allen Maßstäben der Wissenschaft untersuchen sollten. Besonderer Wert wurde dabei auf ein sauberes Protokoll bei der Sammlung von Proben, eine systematische Untersuchung und eine Überprüfung der Hypothese eines elektromagnetischen Ursprungs der Kreise gelegt. Nach einem gleich bleibenden Schema wurden an verschiedenen Punkten in einer Kornkreisformation Gruppen von 15 bis 20 Pflanzen in gleichmäßigen Abständen vom Zentrum des Musters gesammelt, etikettiert und auf einem Diagramm eingetragen. Die gleiche Zahl von Proben wurde im umliegenden Feld in unterschiedlichen Abständen zur Formation gepflückt. Bis zum Jahr 2000 lagen von fast 300 Formationen aus den USA, Kanada, England, Australien, Israel, Holland und Deutschland Proben vor. Nach Tausenden von Arbeitsstunden vor Ort und im Labor konnte Talbott 1997 die wichtigsten Anomalien wie folgt auflisten, auf die man bei über 90 % der untersuchten Formationen stieß:

„Die bislang festgestellten Veränderungen umfassen:

- *Auf mikroskopischer Ebene eine abnorme Vergrößerung der Zellwand-Tüpfel.*
- *Sowohl in der Länge wie in der Dicke stark veränderte Wachstumsknoten (pulvini) der Halme.*
- *Deutliche Biegung der Wachstumsknoten um 10° bis 90° (manchmal sogar mehr),*

vor allem am letzten und vorletzten, manchmal auch an allen Knoten auftretend.

- *Von innen nach außen aufgeplatzte Wachstumsknoten.*
- *Verkümmerte, deformierte Ähren, deren Körner oft fehlen oder unförmig und viel kleiner sowie von geringerem Gewicht sind.*
- *Deutliche Veränderungen im Wachstumsverhalten bei Körnern, die nach der Entnahme aus Kornkreisen unter Laborbedingungen zum Keimen gebracht werden. In einem Zeitraum von 14 Tagen wurden dabei ihre Wachstumsraten gemessen und weitere Eigenschaften beobachtet. Abhängig von der Reife der Pflanzen bei der Entstehung eines Kornkreises sowie weiteren Faktoren reagieren die Samen auf folgende Weise:*

  a) Sie keimen gar nicht.
  b) Sie keimen, zeigen aber deutlich vermindertes Wachstum sowohl des Triebes wie der Wurzeln.
  c) Sie keimen, zeigen aber eine Entwicklung, die für ihre Spezies atypisch ist.
  d) Sie keimen und wachsen deutlich schneller und kräftiger.“

Diese Veränderungen wurden nicht bei Proben aus gefälschten Piktogrammen beobachtet.

Inzwischen sind die Ergebnisse der BLT-Studie unabhängig bestätigt worden. Der Holländer Eltjo Haselhoff entnahm nach den Levengood-Protokollen Pflanzenproben in zwei niederländischen Piktogrammen und kam zu dem gleichen Ergebnis: *„Wachstumsknoten von Halmen aus den Formationen waren teils um mehr als den doppelten Faktor verlängert.“*

Was verursachte diesen Effekt? Talbott: *„Die Proben zeigen Spuren einer Einwirkung sehr starker Luftströmungen, außergewöhnlicher elektrischer Felder, sehr kurzer Einwirkung extremer Hitze und der Ionisierung in einem thermodynamisch-instabilen System.“* 1994 veröffentlichte Dr. Levengood den Beitrag „Anatomische Anomalien in Kornkreis-Pflanzen“ in der Fachzeitschrift „Physiologia Plantarum“ (S. 356-363). Darin formuliert er eine Hypothese, die die beobachteten Charakteristiken auf natürliche Weise erklärt: durch eine „natürlich vorkommende atmosphärische Kraft, welche all diese Merkmale aufweist“ – einen „Ionen-Plasma-Wirbel“.

Plasma entsteht in den unstabilen Regionen der höheren Atmosphäre als Ergebnis eines Energieaustausches zwischen der Ionosphäre und elektrischen Stürmen. Aufgeladenes Plasma könnte Wirbel bilden – rotierende, wirbelwindartige Systeme –, die durch das Magnetfeld der Erde angezogen werden. Am Boden, so ist Levengood überzeugt, könnte es *„eine Vielfalt komplexer geometrischer Muster produzieren... Mikrowellenstrahlung entsteht durch ionisiertes Plasma, und Mikrowellen erzeugen eine sehr intensive Hitzeausstrahlung; viele der dokumentierten physischen Veränderungen der Pflanzen in den Formationen passen in dieses Bild, ebenso weitere elektromagnetische Effekte.“*

Wie schnell diese Kräfte arbeiten, zeigte sich 1998 in einem Kornkreispiktogramm, das in der Nähe von Cherhill in Wiltshire entstanden war. Kornkreisforscher fanden die bereits erwähnten toten Fliegen, die mit ihren Fühlern an den Weizenähren klebten. Ihnen war keine Zeit mehr geblieben, um fortzufliegen, als das Feld von der Kreisemacher-Energie erfasst wurde, die das Paraffin der Pflanzen aufweichte. Sie blieben darin buchstäblich stecken, als die Hitzewelle einen Sekundenbruchteil später wieder der feuchtkühlen Nachtluft wich...

DAS RÄTSEL VON CHERHILL

Ausgerechnet in Cherhill waren wir fünf Jahre zuvor auf weitere interessante Spuren der Kreisemacher gestoßen.

Am Morgen des 8. August 1993 fuhr ich schon früh von Marlborough nach Bath, um an einer Kornkreiskonferenz teilzunehmen. Ich war nicht allein, hatte eine Gruppe von etwa zwei Dutzend meiner Leser dabei, denen ich in diesem Sommer das Kornkreisland zeigte. Ich saß in unserem englischen Kleinbus vorne links, neben dem Fahrer, und blinzelte noch leicht verschlafen in den wolkenverhangenen, grauen Morgenhimmel. Doch plötzlich war ich hellwach. Auf einem Feld zu meiner Linken sah ich Menschen mit Messruten, die sich langsam der Straße näherten. Ich wusste sofort, was das zu bedeuten hatte. Am Vortag, da war ich mir sicher, war auf diesem Feld zu Füßen des „Weißen Pferdes" von Cherhill – das im 19. Jh. in den Kreidefels geschnitten worden war – noch kein Kornmuster gewesen. Es musste also über Nacht aufgetaucht sein. Mir und meiner Gruppe bot sich die seltene Chance, eine neue, quasi noch jungfräuliche, Formation zu inspizieren.

Sofort wies ich meinen Fahrer an, den Bus zu stoppen. Als ich ausstieg, erkannte ich bekannte Gesichter: meine Kollegin Linda Moulton Howe, Colette Dowell aus den USA und Chad Deetken aus Kanada. „It's amazing", schwärmte Linda, nachdem ich sie begrüßt hatte, „it's brand new!" Das Kornmuster war tatsächlich in der letzten Nacht entstanden. Später erfuhr ich, dass zwei Mitglieder der „London UFO Study Group" in der fraglichen Nacht vom „Adams Grave"-Hügel aus eine Leuchtkugel gefilmt hatten, die für einige Sekunden in Richtung Cherhill vom Himmel herunterstieg. Auch ein Farmarbeiter in Cherhill will im selben Zeitraum gegen 1.20 Uhr morgens ein Leuchtobjekt über dem Feld schweben gesehen haben.

Zum Glück hatte ich meinen Geigerzähler dabei. Immer wieder hatte ich festgestellt, dass die Radioaktivität in Kornkreisen um bis zu 180 % über den Durchschnittswerten lag. Offenbar nahm sie bald nach dem Entstehen der Formationen ab, denn sie war bei neueren Kornmustern deutlich höher als bei älteren. Hier aber hatte ich die Möglichkeit, Messungen in einem gerade einmal acht Stunden alten Piktogramm durchzuführen. Meine Erwartung wurde bestätigt: Im Innern des Hauptkreises konnte ich bis zu 00.38 Mikrosievert/h messen, während sämtliche Vergleichswerte auf dem umliegenden Feld zwischen 00.08 und 00.13 mSv/h lagen. Das aber bedeutete eine um rund 300 % über dem Normalwert liegende „radioaktive Anomalie".

Ich war beeindruckt. Für mich stand fest, dass dieses 150 Meter lange Piktogramm authentisch war. Linda pflichtete mir bei. Es wies alle Charakteristiken des „echten Phänomens" auf. Daran ändert nichts, dass heute der notorische Kornkreisfälscher Robert Irving behauptet, es getürkt zu haben. Als Linda ihn zwei Tage nach dem Entstehen des Piktogramms auf Cherhill ansprach, wusste er nicht einmal, dass es dort überhaupt ein Kornmuster gab. Behaupten lässt sich viel, ohne Beweise, ohne Zeugen. So skrupellos Irving auch erscheint, ich bezweifle, dass er radioaktives Material auf Kornfeldern ausstreut. Als Dr. Levengood Proben aus dem Cherhill-Muster untersuchte, stellte er fest: *„Die Mikrofibril-Strukturen der Pflanzen wurden verändert. Solche Zellveränderungen können nicht gefälscht werden."*

METEOREISEN

In unmittelbarer Nähe des Musters machte Kornkreisforscher Peter Sorensen einen Fund, der für Levengood zur letztendlichen Bestätigung für einen „himmlischen" Ursprung der Kreise wurde. Denn dort entdeckte er mit Hilfe eines Magneten Eisenoxid-Partikel. Das brachte den Wissenschaftler auf die Spur. Fortan ließ er neue Kornkreise auch auf staubfeine Metallpartikel absuchen. Mit Erfolg: Immer wieder wurden sie entdeckt, entweder in der Kreismitte oder nach den Gesetzen der Zentrifugalkraft im ganzen Muster sauber verteilt. Analysen ergaben, dass es sich in jedem Fall um halbgeschmolzenes Meteoreisen handelte. In Einzelfällen betrug ihre Konzentration ein 700faches der natürlichen 0,4 Milligramm Magnetit, die man im Durchschnitt in einem Gramm Ackerboden findet. Ihre Verteilung bestätigte ihm, dass eine rotierende Kraft die Kreise erzeugte, „ein rotierender Plasmawirbel", wie Levengood glaubt, „der Meteoritenfragmente aus der Erdatmosphäre zur Erdoberfläche trug". Das klingt plausibel. Im August 1993, als das Cherhill-Piktogramm entstand, passierte die Erde den Meteorschauer der Perseiden, verglühten Tausende Meteoriten in der Erdatmosphäre.

MAGNETISMUS

Besucher von neuen Piktogrammen berichteten oft von körperlichen Auswirkungen der

„Kornkreisenergie", von Übelkeit und Schwindel, während sie sich darin aufhielten. Ebenso häufig wurde berichtet, dass Kameras und andere elektronische Geräte in Kornkreisen versagten. Nach der Theorie von Dr. Levengood könnten Veränderungen im elektromagnetischen Bereich durch rotierende Ionen, Überbleibsel des Plasmawirbels, verursacht worden sein.

In den Jahren 1990 und 1991 untersuchte der niederländische Geophysiker Kobus Nieuwmeijer eine Reihe von Kornkreisen mit einem Fluxgate-Magnetometer auf magnetische Anomalien. Magnetismus entsteht durch eine Bewegung der elektrischen Aufladung. Materialien werden magnetisiert durch die Rotation negativ aufgeladener Partikel, die um einen Atomkern kreisen. Je nach der kristallinen Struktur des beeinflussten Materials, ob es den Magnetfeldern der Elektronen erlaubt, sich gegenseitig zu verstärken oder entgegenzuwirken, wirkt Materie magnetisch. So sind ferromagnetische Substanzen wie Eisenoxid, Magnetit oder Haematit aufgrund ihrer Empfänglichkeit für Magnetismus in der Lage, permanent oder remanent magnetisch zu wirken, wenn sie in ein Magnetfeld oder in dessen unmittelbare Nähe geraten. Das irdische Magnetfeld ist immer präsent, doch macht es die unterschiedliche „magnetische Empfänglichkeit" von Bodenschichten oder Gemäuer, die es stören, möglich, durch empfindliche Magnetometer z.B. archäologische Strukturen aufzuspüren.

Der Magnetometer, den Nieuwmeijer zur Untersuchung der Kornkreise verwendete – ein Bartington MAGO2MC Achsen-Fluxgate-Magnetometer – hat eine Messempfindlichkeit von bis zu 0,5 Nanotesla (nT). Magnetische Anomalien werden gemessen, indem man Variationen vom Fluss einer Kontrollmessung berechnet. In der kurzen Zeit, die er für sein Projekt zur Verfügung hatte, führte Nieuwmeijer bei sechs Piktogrammen gründliche Messungen durch. Die Ergebnisse:

- Fulbrook/Burford: Breitgestreute Anomalien deuten darauf hin, dass sich das Piktogramm – ein keltisches Kreuz – direkt über einer prähistorischen Anlage befand.
- Draycot: Starke Anomalien am Rand des Kreises (mit Auswüchsen) und in deutlicher Beziehung zu diesem.
- Devils Punchbowl, Wantage: Starke Anomalien in beiden Kreisen – einem großen und einem kleinen Kreis, durch einen gekrümmten Kanal miteinander verbunden. Der deutlichste Hinweis auf eine Veränderung des Magnetfeldes in Kornkreispiktogrammen!
- Froxfield: Starke Anomalien innerhalb der Formation (Schlüssel).
- Alton Priors: Verschiedene Zonen innerhalb des Kreises magnetisch.

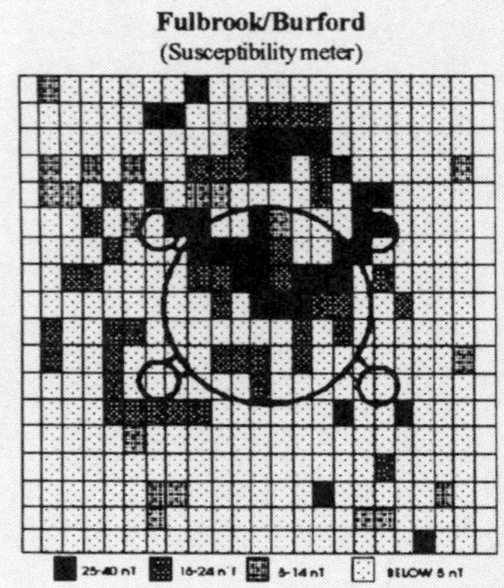

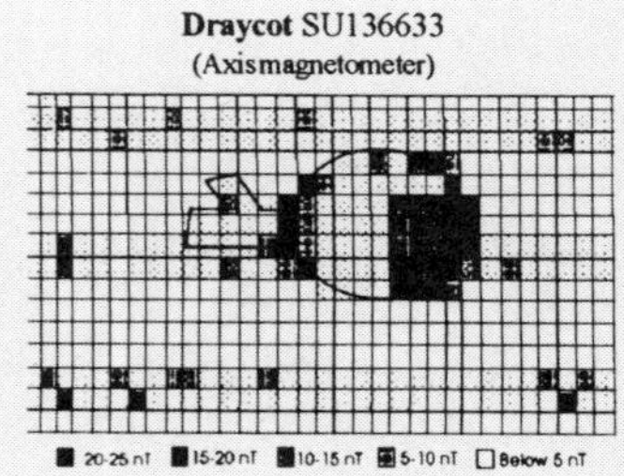

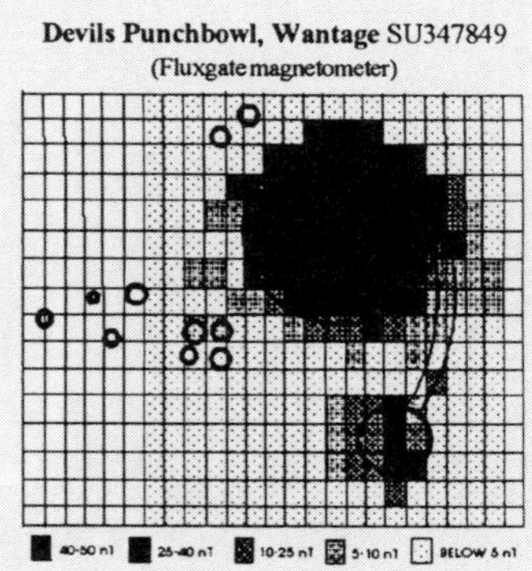

Froxfield SU273683
(Axismagnetometer)

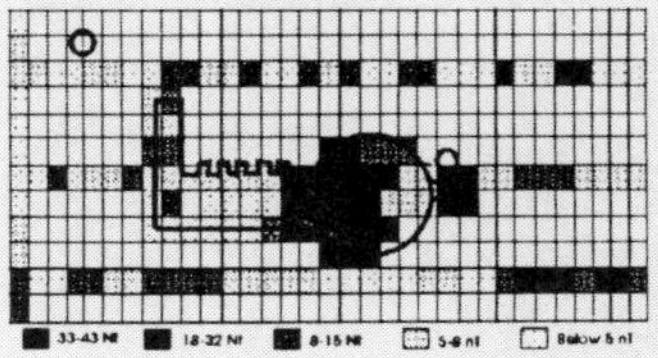

(Manmade) Alton Priors SU119608.

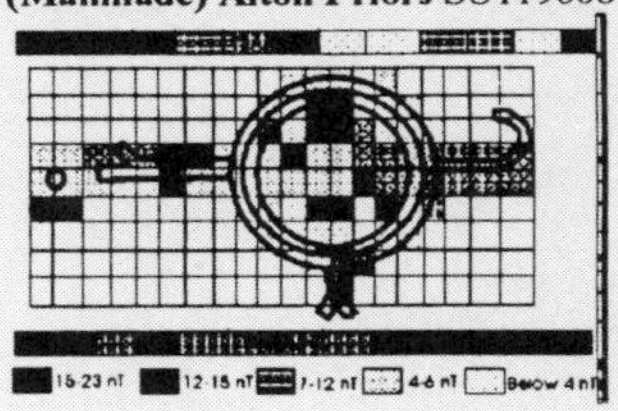

Tawsmead Copse SU621132
(Susceptibility meter)

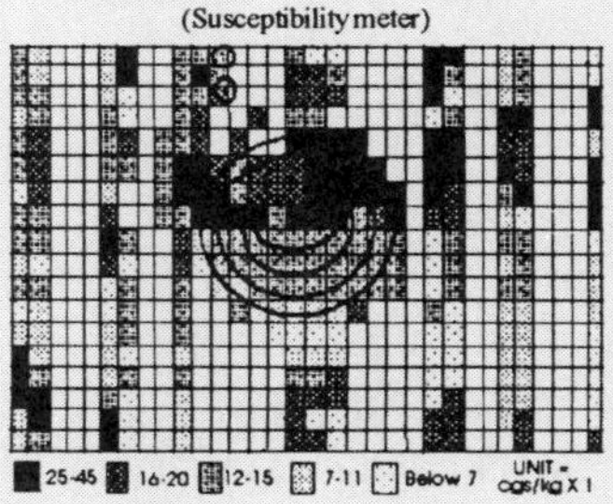

- Tawsmead Copse: Starke Anomalien auf dem ganzen Feld deuten auf eine Verteilung von eisenhaltigem Material (vielleicht Meteoreisen) hin.

ELEKTROSTATIK

Immer wieder beschrieben Zeugen – auch Robbert aus Hoeven – ein elektrostatisches „Knistern“ in neuen Piktogrammen. In den Sommern 1992 und 1993 untersuchte der britische Kornkreisforscher Omar Fowler verschiedene Formationen auf /H/F-Strahlung und lokale Veränderungen der Elektrostatik.

Dazu wurde ein „Microdet“-Messgerät eingesetzt, das in der Lage ist, Felder zwischen 20 Hz und 12 GHz zu messen. Tatsächlich konnten bei der Untersuchung in einer Reihe von Kornkreisen Hochfrequenzfelder festgestellt werden. Weiter wurde entdeckt, dass die Halme mancher Formationen statisch aufgeladen sind.

1999 führten der Physiker Dr. Simeon Hein und der Kornkreisforscher Ron Russel Messungen elektrostatischer Energie in Kornkreisen durch. Das Projekt war das Ergebnis einer Diskussion am Rande einer Kornkreis-Konferenz in Denver/Colorado im April 1996. Damals berichtete BLT-Forscher John Burke von seinen Tests mit sensitiven Elektrostatik-Messgeräten in Kornkreisen, die zu ersten, vielversprechenden Ergebnissen führten. Dr. Hein beschloss, so bald wie möglich eine eigene Untersuchung dieser Anomalien durchzuführen. Mit Hilfe eines professionellen TREK-520-Gerätes führte er, unterstützt durch Russel, im Juni und Juli 1999 umfangreiche Messungen durch. Dabei erlebten der Wissenschaftler und der Forscher ein Phänomen, von dem auch vor ihnen Kornkreisforscher und Kameracrews berichteten: In einigen Formationen leerten sich auf mysteriöse Weise vorschnell die Batterien. Derselbe Effekt wurde bisher bei Handys, Kameras, Tonbandgeräten und Magnetometern beobachtet. Als Russel im Oktahedron von Overton vom 24. Juni 1999 messen wollte, waren die Batterien plötzlich leer. Sofort ersetzte er sie, nahm das Gerät mit ins nächste Piktogramm, den „Saros-Zyklus“ von Hackpen-Hill, der am 4. Juli erschienen war. Doch als er dort gerade mit den Messungen beginnen wollte, waren die Batterien schon wieder leer. Gemeinsam mit Dr. Hein wurde eine weitere Messung, wieder mit neuen Batterien, in der Devils Den-Formation durchgeführt – sowohl am ersten wie am zweiten Tag nach ihrer Entstehung wiederholte sich der Effekt. Erst in den folgenden Tagen nahm die Geschwindigkeit ab, mit der sich die Batterien vorschnell „leerten“. Jetzt konnten die Messungen wiederholt werden. Die stärkste elektrostatische Energie maßen Russel und Dr. Hein in den kleinen Satellitenkreisen rund um den Zentral-Kreis. Weiter stellten sie fest:

- Nur innerhalb der Kornkreise konnte ein starkes Feld elektrostatischer Energie gemessen werden.

- Diese Energie nimmt allmählich ab, je länger ein Piktogramm besteht.

- Manchmal ist die Energie in neuentstandenen Formationen so stark, dass das Messgerät versagt, z.B. durch plötzliches Batterieversagen, obwohl sich die Batterien nach einiger Zeit „regenerieren".

- Gefälschte Kornkreise weisen keine dieser Anomalien auf, auch kein durch Windschäden flachgelegtes Korn.

- Am Rande einer Kornformation ist die gemessene Energie erst sehr gering, weiter nach innen beträchtlich höher konzentriert.

- Innerhalb der Piktogramme variiert die Energiestärke beträchtlich, speziell in der Kreismitte, am Rand und in Details der Formation.

- Selbst wenn ein Piktogramm „abgeerntet" wurde, zeigt das Gerät noch die Energie der Formation und deren Details an, obwohl von ihr nur noch Kornstoppel stehen.

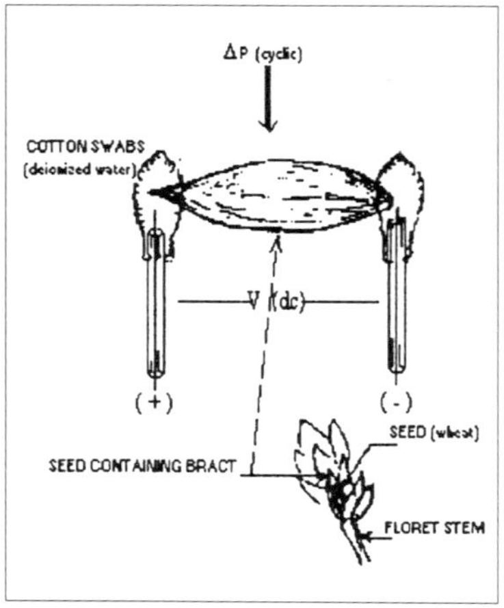

Prof. Levengoods Versuchsanordnung

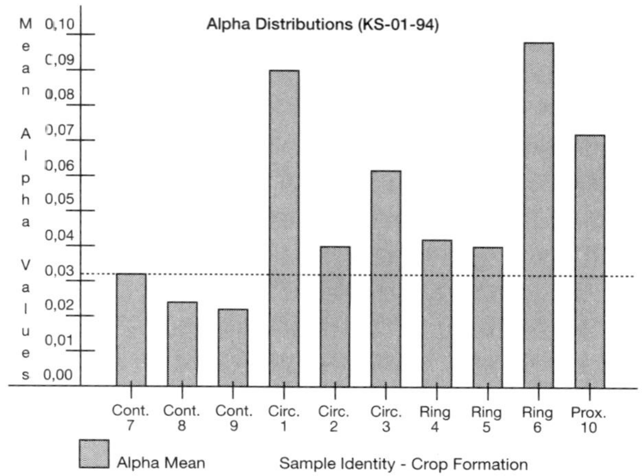

Die Ergebnisse von Prof. Levengoods Versuch: Deutliche Unterschiede zwischen betroffenen (circ.) und nichtbetroffenen (cont.) Samen bei der Alpha-Verteilung wie bei der Samenentwicklung.

MEMBRANVERÄNDERUNGEN

Einen ganz anderen Aspekt untersuchte Prof. Levengood. 1993 widmete er sich konzentriert der Untersuchung der Samenköpfe von Pflanzen aus Kornkreisen. Die Körner von Weizen, Gerste und Hafer sind von einem dünnen Häutchen oder einer Membran umgeben, die „Deckblatt" genannt wird. Die Energie, die die Kornkreise entstehen lässt, verändert die Struktur dieser „Deckblätter". Im Vergleich zu Kontrollproben aus dem umliegenden Feld verändern sie die Geschwindigkeit, in der Ionen (elektrisch aufgeladene Partikel) sie durchdringen, stellte der Biophysiker fest. Diese Beobachtung ist das Ergebnis eines Experiments, in dessen Verlauf er die Deckblätter von betroffenen und nichtbetroffenen Samen auf beiden Seiten an eine positive und negative Elektrode anschloss. Ein schwacher Stromstoß wurde durch sie geleitet. Dabei wurde das Deckblatt unter besonderen Bedingungen einer internen mechanischen Spannung unterzogen. Das Ergebnis: Deckblätter aus Kornkreisen lassen mehr Ionen durchgehen. Ein stärkerer Stromfluss kann die Membran durchkreuzen. Wie eine Reihe von Versuchen ergab, deutet eine proportionale Spannungsveränderung auf eine Veränderung der Membrane hin. Parallel zu dieser „Amplitudenkoeffizienz" (oder Alpha-Faktor, wie ihn Dr. Levengood auch nennt), die errechnet wurde, indem der minimale Stromfluss einer Membran durch ihren maximalen Stromfluss in verschiedenen Stadien des Experiments dividiert wurde, konnte Dr. Levengood auch Unterschiede in der Entwicklung der Setzlinge feststellen. Das heißt: Betroffene Setzlinge entwickeln sich schneller und sind durchlässiger für Stromfluss. Auch diese Durchlässigkeit kann eine Folge der Einwirkung einer mikrowellenartigen Energie sein. Sein Fazit: *„Pflanzen aus*

Kornkreispiktogrammen weisen anatomische Veränderungen auf, die nicht durch die Annahme, die Formationen seien ein Schwindel, erklärt werden können." Stattdessen gäbe es „*zuverlässige, qualitative Unterschiede zwischen mechanisch produzierten (Kreisen) und den Veränderungen durch externe Energetik*".

Doch so plausibel Dr. Levengoods Theorie einer Erzeugung der echten Kornkreismuster durch die Einwirkung von Mikrowellenstrahlung auch ist, sein Modell eines natürlichen Plasmawirbels überzeugt nicht. Es weist denselben Schwachpunkt auf wie Dr. Meadens „Plasma-Vortex-Theorie" aus den 80er Jahren: Die Kornkreismuster sind einfach zu kompliziert und zu kunstvoll, um das Ergebnis eines natürlichen Prozesses zu sein. Weshalb sollen Plasmawirbel bestimmte Regionen und Jahreszeiten vorziehen, weshalb bilden sie Formationen, die der Symbolik irdischer Kulturen entstammen?

Es scheint sicher, dass eine formende Intelligenz hinter den Kornmustern steht. Doch welcher Natur diese Intelligenz ist, die sich offenbar gesteuerter Plasmakugeln bedient, darüber mag sich Dr. Levengood nicht auslassen. Er führt seine Studien ohnehin schon in aller Zurückgezogenheit durch, meidet die Öffentlichkeit ebenso wie jede „unnötige" Spekulation, die nur dazu missbraucht werden könnte, seine Arbeit ins Lächerliche zu ziehen.

So muss auch Nancy Talbott eingestehen: „*Weshalb und wie diese turbulenten, energetischen Plasmasysteme entstehen – durch welche möglichen Modifikationen oder Veränderungen in der Atmosphäre oder vielleicht einen Mechanismus – bleibt unbekannt. Alles ist möglich.*" Und sie resümiert: „*Mit statistischen Methoden haben wir bewiesen, dass hier etwas für uns noch nicht Erklärbares vor sich geht. Das ist schon viel. Mit Spekulationen sind wir vorsichtig. Aus zweierlei Gründen: Zum einen wissen wir selbst einfach noch zu wenig. Zum anderen sind wir durch schlechte Erfahrungen damit gebrannt.*" Sicher ist nur: Die „Kreismacher" sind, wie es Dr. Levengood formulierte, „*externe Energiekräfte, die unabhängig von einem menschlichen Einfluss agieren.*"

WISSENSCHAFTLERIN BEOBACHTET KORNKREIS-ENTSTEHUNG

Gerade diese Frage aber – stammen die Kornkreise von einer „intelligenten Kraft" oder sind sie bloß ein Naturphänomen? – ließ Nancy Talbott nicht mehr los. Sie beschloss, weiter nach einer Antwort zu suchen. Irgendwie spürte sie, dass sie diese dort finden würde, wo sich die Zirkelmacher schon einmal auf solch beeindruckende Weise offenbart hatten – in Hoeven in Holland, auf den Feldern vor dem Haus des Robbert van der Broeke. Doch dass sie selbst Zeugin der Entstehung eines Kornmusters werden sollte, hätte sie nie zu hoffen gewagt.

Am 8. August 2001 traf Nancy Talbott in Hoeven ein. Sie hatte eine kleine, zweiwöchige Expedition vorbereitet und war in Begleitung des renommierten US-Parapsychologen Dr. William Roll vom Parapsychological Services Institute Inc.. Roll interessierte sich für Fälle spontaner Psychokinese und führte auch Poltergeist-Fälle auf die psychischen Kräfte eines Individuums – nicht auf das Wirken von Geistern – zurück. Er hatte Details zum Hoeven-Fall studiert und war der Überzeugung, dass van der Broeke selbst, wenn auch unbewusst, durch seine eigenen psychokinetischen Kräfte Kornkreise produzierte. Diese Hypothese galt es vor Ort zu überprüfen. Doch obwohl es keinen Zweifel gab, dass Robbert irgendwie mit den Kreismachern kommunizierte und mit dem Phänomen eng verbunden war, gab es keine Beweise, die Dr. Rolls Hypothese zu bestätigen schienen. Jede Nacht verbrachte das Team auf den Feldern, hoffend, die Entstehung eines Kornkreises oder zumindest das Erscheinen einer der mysteriösen Lichtkugeln beobachten zu können. Doch nichts geschah.

In der Nacht vom 20. auf den 21. August beschlossen Talbott und van der Broeke, auf die Nachtwache auf den Feldern zu verzichten und im Haus zu bleiben. Robberts Eltern und seine Schwester waren längst zu Bett gegangen, als die beiden noch die jüngsten Kornkreise und ihre Entstehung diskutierten. Nancy war frustriert, dass die jetzt fast zweiwöchige Suche bislang zu keinem Ergebnis geführt hatte und klagte: „Warum kann dieses Phänomen nicht offensichtlicher, direkter sein?" Doch auch Robbert wusste auf diese Frage keine Antwort. Gegen 3 Uhr früh waren beide müde und beschlossen, ins Bett zu gehen. Talbott ging hinauf in ihr Gästezimmer im ersten Stock, während van der Broeke noch in der Küche blieb, um dort aufzuräumen. Talbott zog die Vorhänge zu, streifte sich ihr Nachthemd über und beschloss, im Bett noch ein wenig zu lesen. Nur wenige Minuten später hörte sie, wie das Vieh auf einem benachbarten Hof unruhig wurde. Lautes Brüllen störte die Ruhe der Nacht. Sie wusste, dass Rinder oft genug nervös reagierten, wenn Kornkreise entstanden. Trotzdem war sie zu müde, um nachzusehen. Als es fünf Minuten später noch einmal unruhig im Stall wurde, stand sie noch immer nicht auf, teils aus Müdigkeit, teils aus Angst.

Dann, es war mittlerweile 3.15 Uhr, drang ein helles, weißes Licht in ihr Zimmer ein. Es war, als sei ein Scheinwerfer direkt auf die Vorhänge gerichtet, hell genug, um durch sie hindurch zu leuchten. Sie erkannte, dass der leicht bläuliche Lichtstrahl „Röhrenform" hatte, mit klar definierten Rändern. Dann, von einem Moment auf den anderen, erlosch er und ließ das Zimmer und das Feld in völliger Dunkelheit zurück. Sekunden später folgte ein zweiter, diesmal gleißend weißer Lichtstrahl und erleuchtete auf spektakuläre Weise Zimmer und Feld. Wieder nach Sekunden der Finsternis schien ein dritter grellweißer Lichtstrahl fünf oder sechs Sekunden lang vertikal vom Himmel auf das Feld. Das Vieh aus dem Nachbarstall war jetzt völlig ruhig.

In diesem Augenblick schrie Nancy nach Robbert, der offenbar dasselbe Phänomen beobachtet hatte, und gerade die Treppen hochlief, um Nancy zu wecken. Durch das Küchenfenster hatte er gesehen, wie die Lichtröhren das Bohnenfeld jenseits des Gartenzaunes seines Hauses trafen, während sie auch den Himmel taghell erleuchteten. Sie hätten dabei Spiralbewegungen gemacht, sagte Robbert, ein Eindruck, den Talbott bestätigte. Den Ursprung der Lichtröhren hatte er nicht ausmachen können; er muss jenseits der dichten Wolkendecke dieser Nacht gelegen haben.

Der Tumult hatte jetzt auch Robberts Familie geweckt. Gemeinsam ging man auf das Feld. Alles schien ruhig, eine tiefe Finsternis lag über der Landschaft. Die Nacht war still, als sei nichts geschehen. Doch dann entdeckten sie auf dem Bohnenfeld einen neuen Kornkreis. Ein leichter Dunst stieg von ihm auf, offenbar hervorgerufen durch die kurzfristige Erhitzung und Verdunstung des Taus, der in der Nacht auf den Pflanzen lag. Es war eine Ellipse, 12 Meter lang und 7 Meter breit, bekrönt von einem 7 Meter langen „T"-förmigen Auswuchs. Die drei Richtungen der Pflanzenlagen – die Spirale gegen den Uhrzeigersinn, die zwei Flussrichtungen im „T" – entsprachen dem dreifachen Erscheinen des Strahls. Nach Talbotts Beobachtung muss die Formation in maximal 10 Minuten, wahrscheinlich aber in 5-6 Sekunden, entstanden sein. Weder die Pflanzen noch die Bohnen selbst waren beschädigt, lagen stattdessen sauber gebogen rund um ein „Epizentrum" am Boden. Nicht ein einziges Mal war ein Stiel gebrochen oder geknickt, eine Bohne, ein Blatt oder eine Schote zerstört. Leider erlaubten die US-Zollbestimmungen aufgrund der Maul- und Klauenseuche in Europa es Talbott nicht, Pflanzenproben zu Laboruntersuchungen in die USA zu bringen.

Was blieb, waren Fragen. War es ein Zufall, dass sich das Phänomen gerade so eindrucksvoll offenbarte, als Talbott an ihm zu verzweifeln schien? Oder war es eine direkte Antwort auf ihre Frage, ein Kommunikationsversuch und ein klarer Beweis für die Steuerung durch eine Intelligenz, die offenbar einzelne Personen und ihre Versuche, der Wahrheit auf den Grund zu gehen, genau beobachtet? In diesem Fall würde Nancys Beobachtung die Hypothese Dr. Levengoods von natürlichen Plasmawirbeln als Ursprung der Kornkreise ganz klar widerlegen...

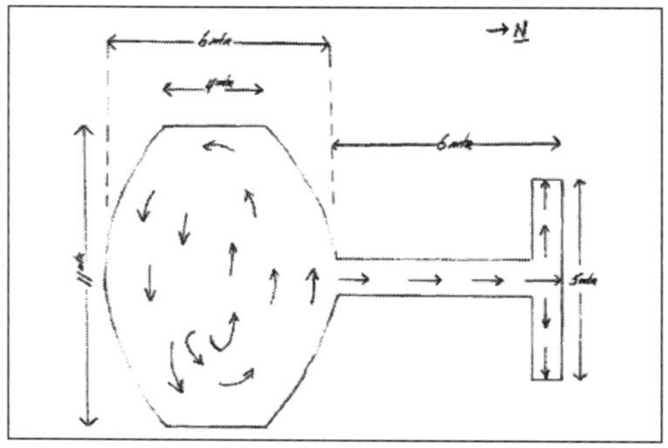

Nancy Talbotts Skizze der Formation, die am 21. August 2001 auf einem Bohnenfeld in Hoeven, Holland erschien. Die Wissenschaftlerin wurde Zeugin ihrer Entstehung.

WUNDER MILK-HILL –

Wissenschaftler nehmen das Jahrhundert-Piktogramm unter die Lupe

Es war die Sensation des Kornkreisjahres 2001: Das „Sonnenrad“ vom Milk Hill. 409 Kreise auf einer Fläche von 90.000 Quadratmetern erschienen in einer Regennacht auf dem Hochplateau des Milk-Hill, der höchsten Erhebung in der Grafschaft Wiltshire. Das Weizenfeld, auf dem das atemberaubende Kornmuster erschien, kann von keiner Straße aus eingesehen werden und liegt 15 Minuten von der nächsten Parkmöglichkeit entfernt. „Ein Schwindel ist völlig ausgeschlossen“, stellten die Kornkreisforscher bald fest, und selbst Skeptiker waren beeindruckt. Doch hält es auch einer wissenschaftlichen Überprüfung stand? Zwei britische „Croppies“, Charles und Francis Mallett, entnahmen Pflanzen- und Bodenproben und schickten sie an den US-Biophysiker Prof. Dr. W. C. Levengood.

Zwei Monate später, am 28. Oktober 2001, lagen die Ergebnisse gründlicher Laborstudien vor, von Linda M. Howe sofort auf ihrer website (www.earthfiles.com) publiziert:

- **Zellknoten verlängert und gesprengt**

Die Zellknoten der Pflanzen aus dem Piktogramm-Inneren waren verlängert und wiesen Risse und „Sprenglöcher“ auf – sie sind von innen nach außen aufgeplatzt, was auf eine kurzfristige, starke Erhitzung hindeutet. Dieses Phänomen ist immer wieder bei echten Kornmustern beobachtet worden.

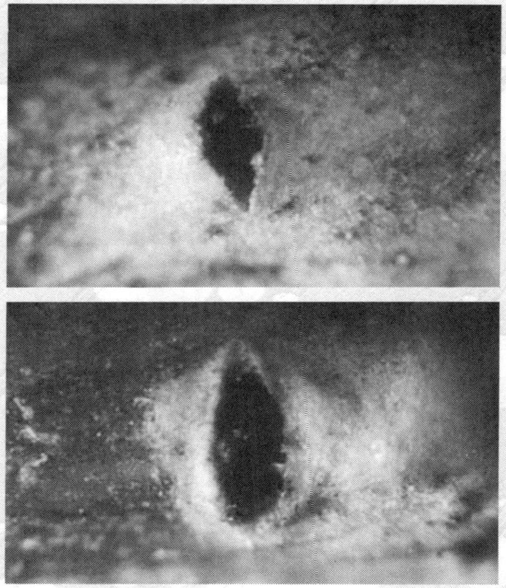

»Sprenglöcher« in den Zellknoten von Halmen aus dem Milk Hill-Piktogramm (Mikroskopaufnahme von Prof. W.C. Levengood)

- **Geschrumpfte Körner, beschleunigtes Wachstum**

Körner aus den Pflanzen der Milk-Hill-Formation waren kleiner und wogen bedeutend weniger als die von Kontrollpflanzen aus demselben Feld. Doch als beide unter kontrollierten Laborbedingungen angebaut wurden, wiesen ihre Sprösslinge ein im Durchschnitt um 111 % beschleunigtes Wachstum auf – sie keimten und wuchsen schneller als das Korn aus den nicht betroffenen Pflanzen. Prof. Levengood: „Ein so stark beschleunigtes Wachstum wurde noch nie unter normalen Bedingungen beobachtet.“ In seinem Labor wiederholte er, was, wie er glaubt, die Erklärung für das Phänomen ist. Er setzte Getreidepflanzen einer kurzen, kontrollierten Bestrahlung mit Mikrowellen aus – und erzielte denselben Effekt: „Die Mikrowellen-Bestrahlung beendet die Entwicklung der Körner. Daher sind sie kleiner und leichter, aber auch reifer. Sie keimen und wachsen schneller.“ Wieder ein deutlicher Hinweis darauf, dass echte Piktogramme durch Mikrowellenbestrahlung entstehen!

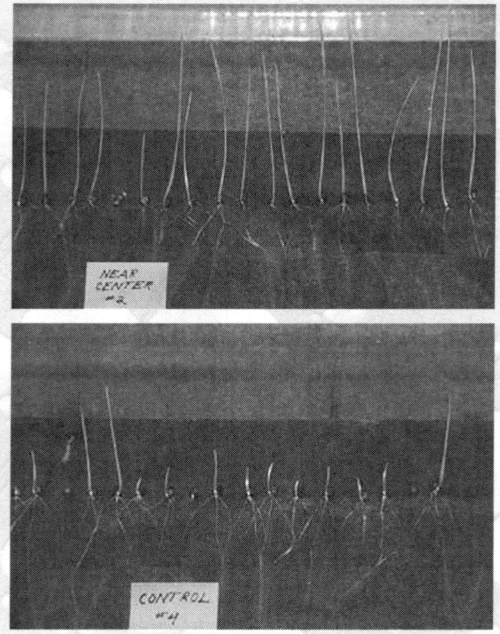

Ein deutlicher Unterschied: Keimen und Wachstum von Körnern aus dem Kornkreisinnern sind um 111 % beschleunigt gegenüber Proben aus dem umliegenden Feld. (Foto: Prof. W.C. Levengood)

- **Erhöhte Konzentration von Magnetiteisen**

In den Bodenproben aus dem Piktogramm-Innern fand Levengood, wie schon 1993 im Cherhill-Muster, einen erhöhten Anteil an Magnetiteisen. Die Tatsache, dass man gleich in mehreren Fällen in England, Kontinentaleuropa, Israel und den USA eine erhöhte Konzentration von Magnetiteisen in der Erde unter Kornkreisen feststellen konnte, schließt einen Zufall aus. Die Verteilung magnetischer Partikel, so Prof. Levengood, „ist oft konsistent mit der Physik der Wirkkräfte auf magnetische Partikel, die in ein rotierendes Vortex-System gerieten".

Der Pfeil zeigt auf Magnetiteisenpartikel in einer Bodenprobe aus dem Milk-Hill-Piktogramm. (Foto: Prof.W.C. Levengood)

FAZIT: Ein rotierendes Energiesystem, das Mikrowellen ausstrahlte, wirkte auf die Weizenpflanzen ein und erzeugte das Milk-Hill-Piktogramm. Dabei kam es zu biochemischen und biophysikalischen Veränderungen in den Pflanzen und zu einer erhöhten Konzentration magnetischer Eisenpartikel im Boden.

Seltsam: Keines dieser Phänomene konnte der Biophysiker bei Proben aus den beiden Chilbolton-Kornmustern vom August 2001 (der „Botschaft und dem „Gesicht") feststellen. Daher, so schlussfolgerte er, müssen sie auf eine andere Art und Weise entstanden sein.

1.7.2000, Milk Hill, Wiltshire: Eine schöne Mandala-Blüte zu Füßen des »Weißen Pferdes«. (Foto: Steve Alexander)

2.7.2000, East Kennet, Wiltshire: Das »fraktale Wunder« – ein Quadrat, 47 Meter breit, bestand aus 1600 Feldern. (Foto: Steve Alexander)

19.7.2000, Everleigh Ashes, Wiltshire: Vier Kornkreise erscheinen rund um einen prähistorischen Grabhügel. Die Formation hat einen Durchmesser von 93 Metern. (Foto: Steve Alexander)

22.7.2000, Avebury Trusloe, Wiltshire: »Ein Arrangement aus stehenden Diamanten und Quadraten und Kurven«, das einem elektromagnetischen Feld gleicht. (Foto: Steve Alexander)

3.8.2000, Giants Grave, Wiltshire. (Foto: Steve Alexander)

8.8.2000, Stanton St. Bernard, Wiltshire. Ein präzise gezeichneter Stern mit zehn sauber ausgeführten Wirbeln von 48 Metern Durchmesser. (Foto: Steve Alexander)

10.8.2000, Martinsen Hill, Wiltshire, Detailaufnahme: Eine Lotosblume von 60 Metern Durchmesser. (Foto: Steve Alexander)

11.7.2001, Gog and Magog-Hill, Cambridgeshire: Zuerst erschien der große Ring, 666 Fuß im Durchmesser, eine Woche später das Labyrinth, nach ein paar Tagen die Stufenpyramide. Eine apokalyptische Botschaft im Korn? (Foto: Steve Alexander)

13.8.2001, Woodborough Hill, Alton Barnes, Wiltshire: Das Piktogramm, 85 Meter im Durchmesser, bestand aus über 600 Sektionen und je 22 Spiralen im und gegen den Uhrzeigersinn. 44 Pfade kreuzen 14 konzentrische Kreise. 44 durch 14 oder 22 durch 7 ist die einfache Formel für die mysteriöse Zahl Pi (3,142), die Konstante der Kreisgeometrie, die wir auch im Konstruktionsplan der Großen Pyramide von Gizeh wiederfinden. In der Nacht, in der das Kornmuster erschien, wurden Leuchtkugeln über dem fraglichen Gebiet gesichtet. (Foto: Steve Alexander)

25.7.2001, Gog and Magog-Hill, Cambridgeshire: Am Ende stieg ein Engel vom Himmel... (Foto: Steve Alexander)

28.7.2001, Old Shaw Village, Wiltshire. Der schönste Stern des Jahres! (Foto: Steve Alexander)

10.8.2001, Woodborough Hill, Wiltshire: Ein wirbelndes Sonnenrad! (Foto: Steve Alexander)

Huish (Draycott Fitzpayne), Wiltshire, 14.8.2001: Soll das komplizierte Muster Radiosignale anzeigen, die, von der Erde ausgesandt, von fünf Welten empfangen wurden? In derselben Nacht erschien das mysteriöse Gesicht von Chilbolton. (Foto: Steve Alexander)

Die Kornkreissensation vom Milk Hill. 409 Zirkel erschienen in der Nacht vom 11. auf den 12. August auf einer Fläche von 90.000 Quadratmetern. Das Mega-Piktogramm verblüffte die Experten und brachte das Phänomen weltweit zurück in die Schlagzeilen. (Foto: Steve Alexander)

Eine Botschaft aus dem All? In unmittelbarer Nähe des Radioteleskopes von Chilbolton erschienen am 14. und 19.8.2001 zwei erstaunliche Kornmuster. Die Überwachungskameras, die rund um die Uhr das Hochsicherheitsgelände überwachen, nahmen zur fraglichen Zeit nichts Verdächtiges auf. (Foto: Steve Alexander)

14.8.2001: Das Gesicht von Chilbolton, Hampshire, eines der erstaunlichsten Kornmuster des Jahres. Stehende Gruppen Korns erzeugen den Eindruck eines Rasters, ähnlich einem Zeitungsfoto. (Foto: Steve Alexander)

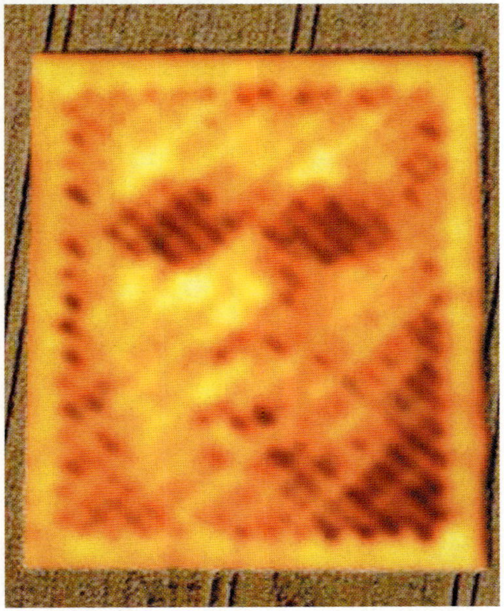

Ein Antlitz aus einer anderen Welt? So rekonstruierte der Kornkreisforscher Peter Sorensen das »Photogramm« von Chilbolton.

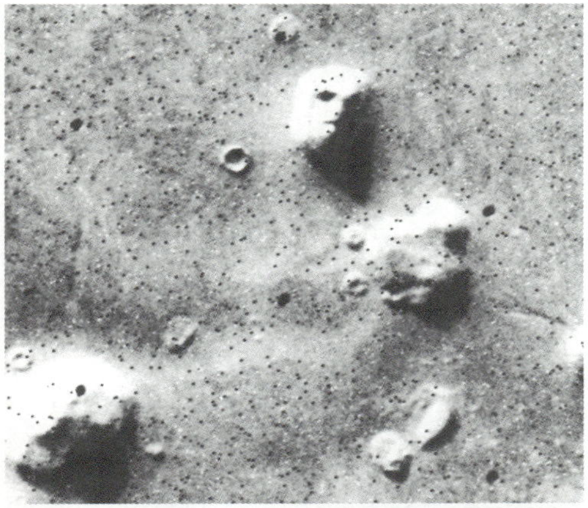

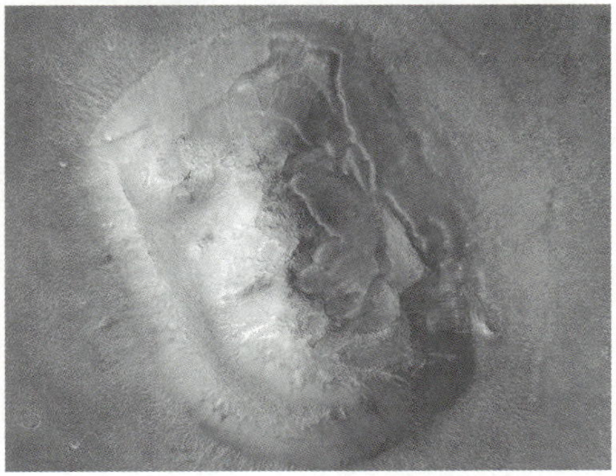

Erstaunliche Parallelen: Das mysteriöse Marsgesicht in der Cydonia-Region des Roten Planeten auf dem ersten Foto von 1976 und auf der jüngsten Mars Global Surveyor-Aufnahme vom 8. April 2001.

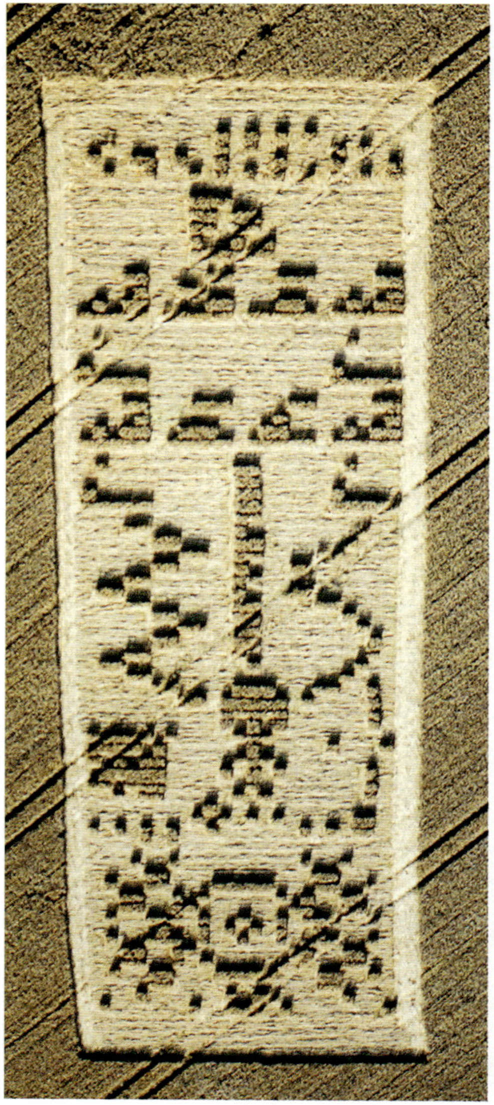

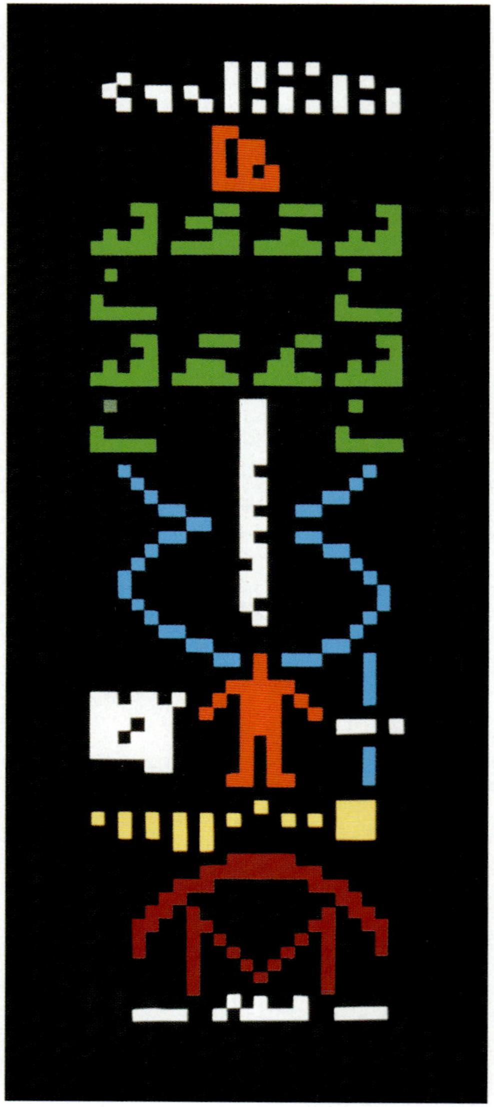

19.8.2001: »The Message« – Die Botschaft von Chilbolton, Hampshire, erwies sich als komplizierter binärer Code. Traf mit ihm die Antwort auf die Radiobotschaft ein, die 1974 vom Radioteleskop von Arecibo ausgesandt wurde (kleines Foto)?

14.8.2000, Chilbolton, Hampshire. Exakt ein Jahr vor dem Erscheinen des Gesichtes tauchte dieses Kornkreispiktogramm auf demselben Feld vor dem regierungseigenen Radioteleskop auf. Laut der binären Botschaft vom 19.8.2001 handelt es sich dabei um ein riesiges Raumschiff von 850 Metern Durchmesser.

Hier wurden drei Metallplatten aus Gold, Silber und Bronze gefunden. Die Goldplatte ist später eingeschmolzen worden.

Das berühmteste deutsche Piktogramm erschien am 22. Juli 1991 bei Grasdorf in Niedersachsen.

Ein unerklärliches Lichtphänomen im Grasdorf-Piktogramm, von Dieter Senger am 26.7.1992 fotografiert.

Das Piktogramm von Netze bei Waldeck, das am 24.7.1991 erschien, war 88,40 Meter lang.

26.6.1999, Ehlen, Nordhessen (Foto: Frank Laumen)

26.6.1999, Burghasungen, Hessen (Foto: Frank Laumen)

1.5.2000, Burghasungen, Hessen: In der Nacht, in der dieses Kornmuster erschien, hatten 20 Zeugen ein mysteriöses Erlebnis. (Foto: Frank Laumen)

13.5.2001, Zierenberg bei Kassel (Foto: Frank Laumen)

1.6.2001, Donarquelle bei Geismar, Nordhessen (Foto: Frank Laumen)

24.6.2000, Burghasungen, Hessen (Foto: Frank Laumen)

11.8.2001, Desenberg, NRW (Foto: Frank Laumen)

Am 19. Juni 1999 fotografierte Frank Laumen diese Lichtkugel über dem Langpiktogramm von Alton Barnes

Eine Lichtkugel manöveriert nahe einem deutschen Kornkreismuster - dieses Foto schoss Frank Laumen Anfang August 2001 in Gudensberg/Nordhessen am Fuße des Odinsberges.

Am 24. Juli 2001 erschien bei Frisenborg in Dänemark dieses beeindruckende Muster mit einem Durchmesser von 101 Metern.

Kornmuster bei Wylatowo in Westpommern, Polen, vom 27.6.2001.

Das erste serbische Kornkreispiktogramm, eine riesige Schnecke, erschien am 30. 5. 2001.

Drei Wochen später, am 19.6.2001, folgte ein »Windrad« bei Backi-Gracac, Serbien.

Der »Skorpion«, der am 1.8.2001 am »Stadskanaal« von Groningen in Holland erschien. Im Beisein von Kornkreisforschern bildete sich ein weiterer Zirkel.

Der erste italienische Kornkreis wurde im August 1985 in einem Maisfeld bei Modena entdeckt.

Dr. Roberto Pinotto untersucht den zweiten italienischen Kornkreis, am 13.3.1993 nahe dem Flughafen von Lucca entdeckt.

Der »Lienzer Schlüssel«, das schönste Kornkreispiktogramm Österreichs, erschien Anfang August 1997.

Kreise im Gras, meist in Dreiergruppen, erschienen 1975/76 im Kanton Zürich, Schweiz. Eduard »Billy« Meier erklärte, es seien »Landespuren« von UFOs, mit deren Insassen er in Kontakt stünde. (Fotos: FIGU, Hinterschmidrüti)

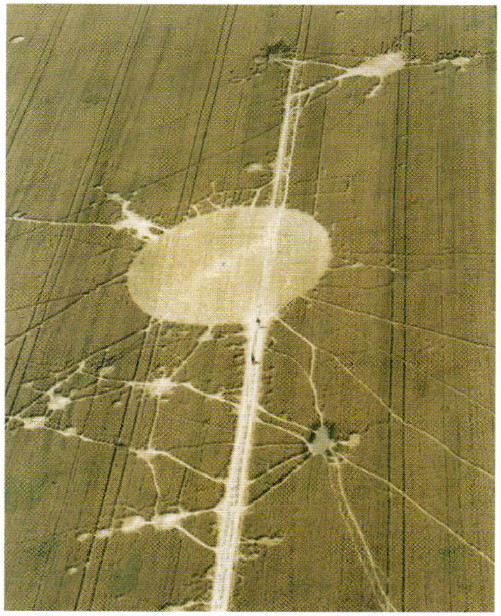

Der 70 Meter breite Kornkreis von Szekesfehervar am Plattensee in Ungarn, erschienen am 26. Juni 1992

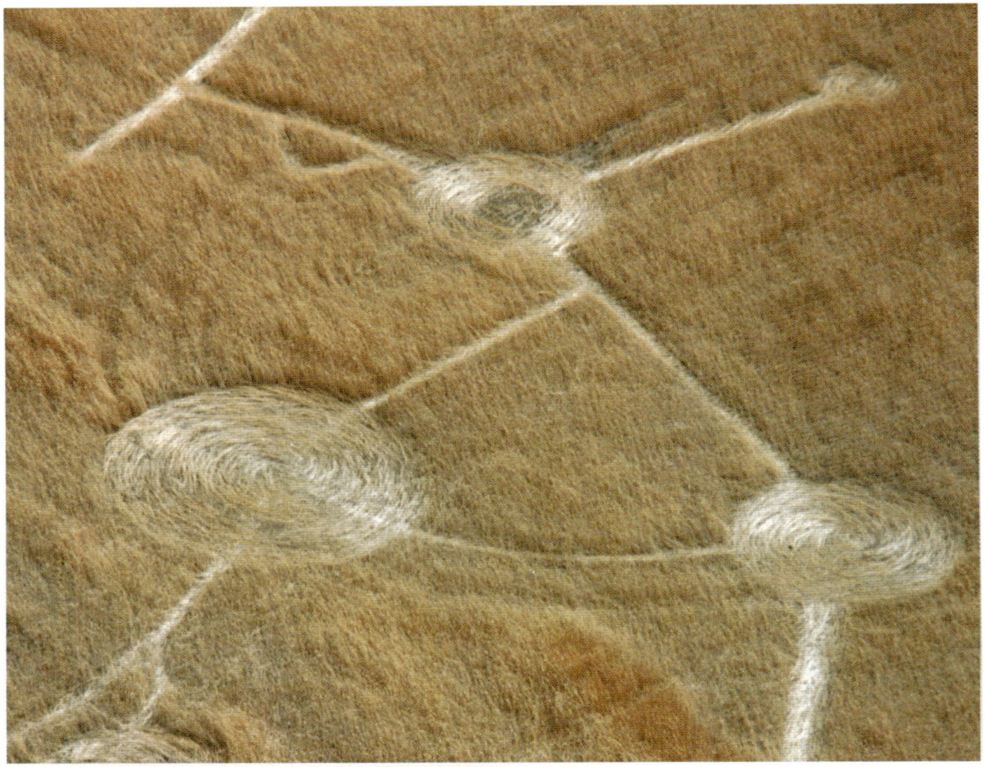

Die »Warner Brothers« vom 1. Sept. 1991, das schönste der kanadischen Kornmuster bei Warner, Alberta, vom Volksmund nach der gleichnamigen Filmfirma benannt, lag majestätisch auf dem Rücken eines flachen Hügels inmitten eines goldgelben Weizenfeldes. (Foto: G. Kijek, Alberta UFO Study Group)

Das Piktogramm von Codhurst bei Lethridge, Alberta/Kanada, das am 31. August 1991 erschien. Die Detailaufnahme zeigt die sauberen Wirbel. Die ungeraden Linien sind Trampelspuren von Besuchern. (Fotos: Gordon Kijek, Alberta UFO Study Group)

Eine Detailaufnahme aus dem Warner-Piktogramm zeigt, dass das extrem trockene Getreide nicht gebrochen war. Zudem erkennt man deutlich die drei Lagen des Getreides, ein Effekt, der nicht zu duplizieren ist. (Foto: G. Kijek, Alberta UFO Study Group)

Das erste »UFO-Nest« von Tully, Queensland, 19. Januar 1966.

Nach einer Nacht mit ungewöhnlichen elektrischen Störungen wurde in einem Sumpf bei Nishikawacho in Nordjapan bereits 1986 ein Schilfrohr-Kreis entdeckt.

Ein »keltisches Kreuz« im Klee, am 4. September 1994 zwischen Rotjni und Jaromiri/CR entdeckt.

Mitte August 1991 erschienen mehrere konzentrische Ringe und Kreise auf einem Felsplateau bei Ajuntas, Puerto Rico. (Foto: Jorge Martin)

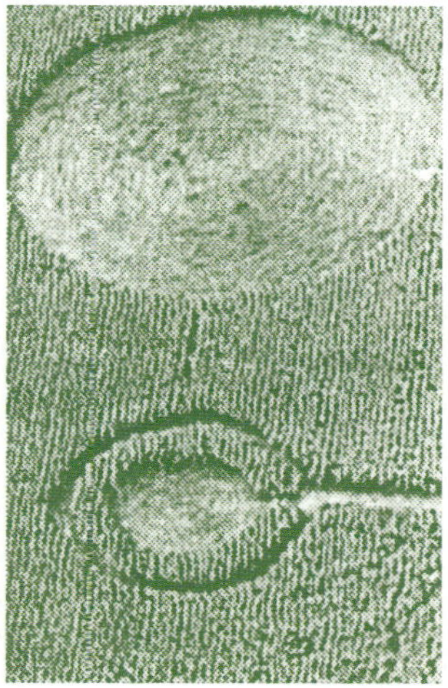

Kreise im Reisfeld, die am 17. Sept. 1990 bei Fukuoka auftauchten, sorgten weltweit für Schlagzeilen.

Eines der »keltischen Kreuze«, die 1993 bei Roermond in der Provinz Limburg/Holland erschienen (Foto: H. Hegge/CNI).

Keltisches Kreuz in einem Maisfeld, im Juli 1994 in Holland erschienen (Foto: H. Hegge, CNI).

Lichterscheinung in dem Piktogramm von Heerlen, Holland, im Sommer 1993 (Foto: Saskia Bosman).

Verkohlte Halme im Kornkreis von Zierikzee, Holland, am 22. Juli 1994 erschienen.

Einer der Kornkreise, die 1993 in Kadima, Israel entdeckt wurden. In seinem Innern fand man rötliches Kadmium und Silizium-Fragmente.

Am 14.1.1995 erschien ein 18 Meter breiter Graskreis bei Kadima, Israel. Der UFO-Forscher Zvi Bighest dokumentierte seine Vermessung fotografisch. Als er die Aufnahme später gründlicher betrachtete, entdeckte er an ihrem oberen Rand zwei metallische Gestalten mit runden, kahlen Köpfen. Ihre Größe wurde auf 3 Meter berechnet.

Am 27.2.1997 erschien der erste Kornkreis in Brasilien, nahe Santo Angelo im Bundesstaat Rio Grande do Sul. In der Nacht zuvor war ein UFO beobachtet worden.

Zwei japanische Kornkreise aus der Region Kyushu aus dem Jahre 1990.

Forscher verglichen sie mit der Bemalung einer prähistorischen Grabkammer.

Japanischer Kornkreis aus dem Jahre 1991.

Mexikanisches Kornkreispiktogramm, am 15.9.1994 bei Jocotitlan/Toluca, Mexiko. In der Nacht, in der es entstand, wurde ein UFO über der Region auf Radar geortet.

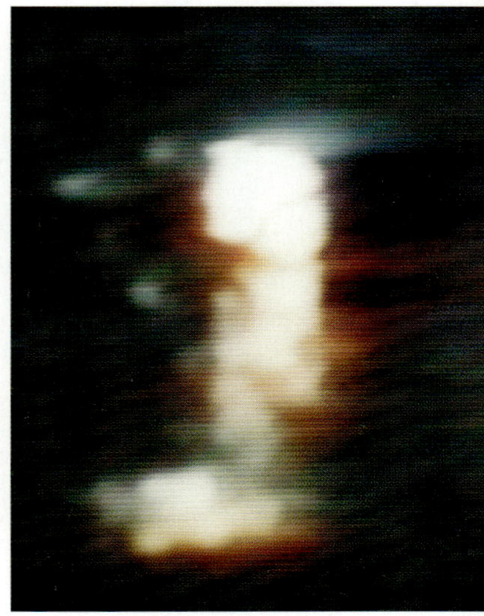

Der »Zwerg« von Metepec, Mexiko 16.9.1994

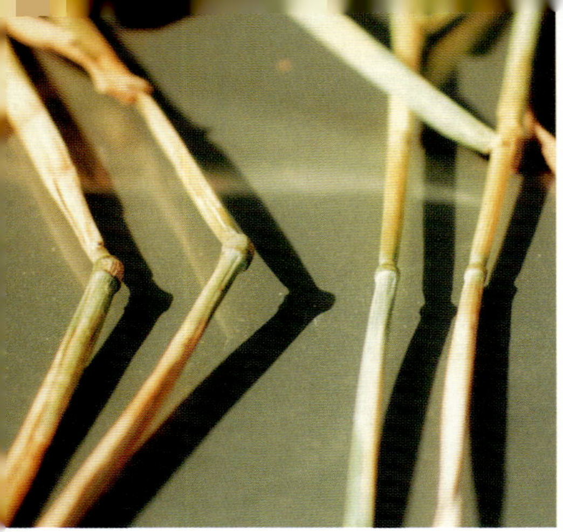

Die Halme sind deformiert, die Zellknoten erweitert und »gesprengt«.

Die Samen sind ausgetrocknet und deformiert.

Der Halm ist gebogen, nicht gebrochen.

Die Halme sind zum Teil unnatürlich verbogen.

Radioaktive und magnetische Anomalien: Der Autor und Colin Andrews untersuchen ein Kornkreispiktogramm mit dem Geigerzähler und Magnetometer.

Dieses Piktogramm hat - wie die meisten echten Kornmuster - verschiedene Lagen.

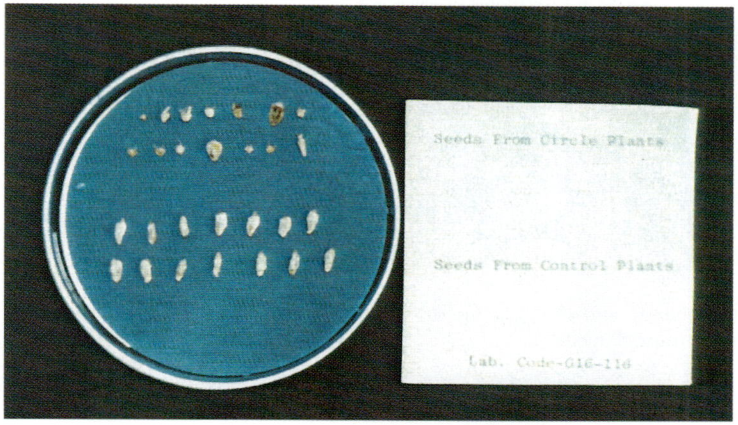

Die erste Entdeckung des Biochemikers Dr. Levengood: Die Samen aus dem Weizen in den Zirkeln - hier Proben aus dem Piktogramm von Newton St. Loe - waren deformiert. Zum Vergleich unten der Samen aus verschiedenen Kontrollproben aus dem gleichen Feld. (Foto: Dr. W. C. Levengood)

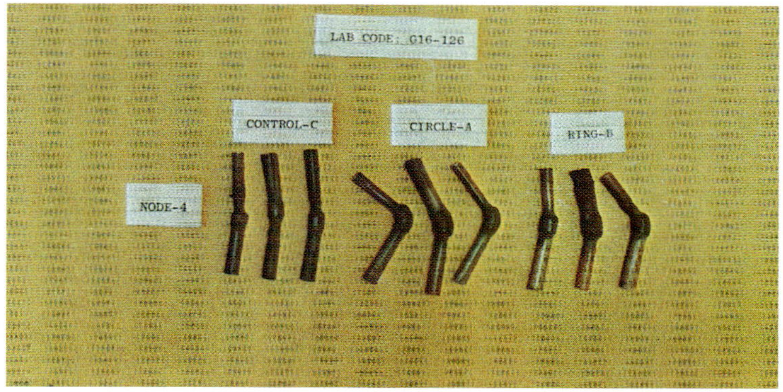

Die zweite Folge des »Zirkel-Effektes«: Die Knoten an den Halmen der »betroffenen« Pflanzen sind abnorm vergrößert, wie hier bei den Proben aus der »Dreifach-Hantel« von Lockeridge (Siehe Foto Nr. 51). Zum Vergleich links die Knoten von drei Kontrollhalmen. Dr. Levengood führt diesen Effekt auf eine kurzfristige Erhitzung der Pflanzen während der Zirkelformung zurück. (Fotos: Dr. W. C. Levengood)

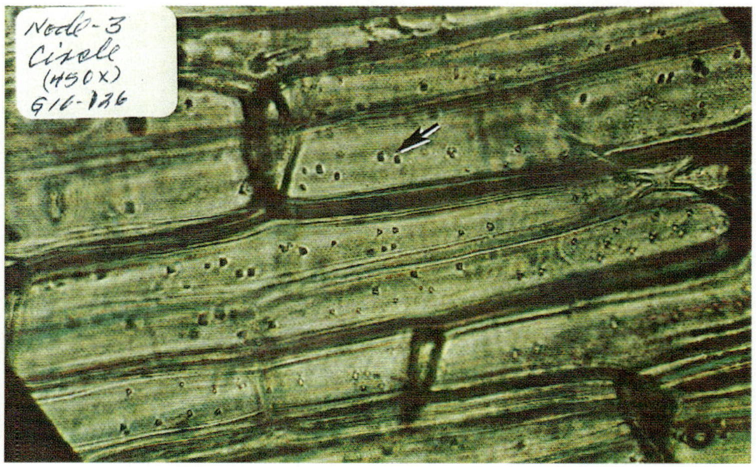

Mikroskopaufnahmen (450-fache Vergößerung) von Pflanzenzellen, rechts aus einem Kornkreis, links von einer Kontrollprobe. Deutlich erkennt man die von den Tüpfeln ausgehenden »Dehnungsnarben«, Folge einer Ausdehnung der Zellwände. Zellwandtüpfel sind die »Poren« in der Zellwand, die der Pflanze die Aufnahme von Nährstoffen ermöglichen. Einen ähnlichen Effekt erzielte Dr. Levengood, als er Kornhalme für ein paar Stunden in einen Mikrowellenherd legte. (Fotos: Dr. W.C. Levengood)

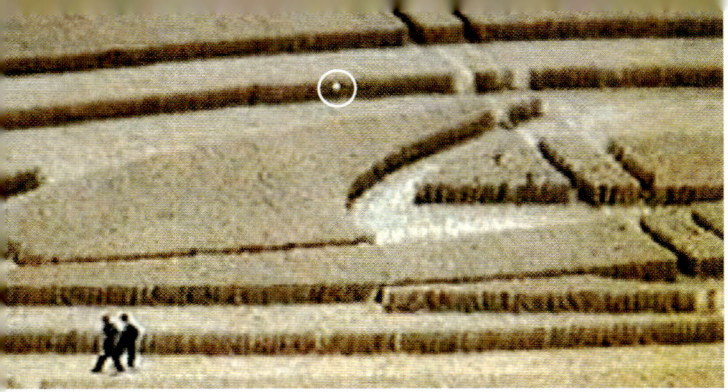

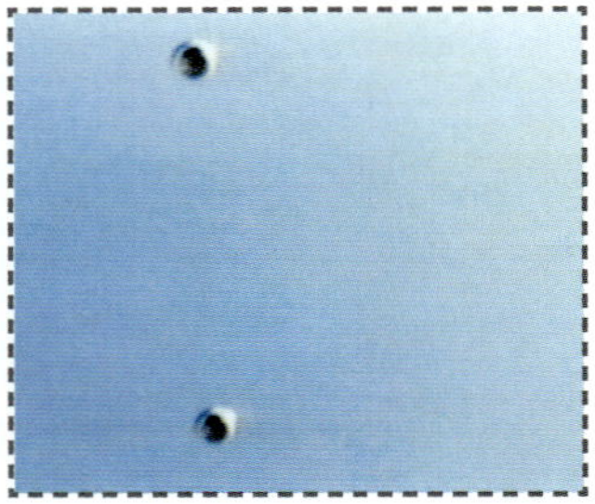

Einzelbild aus dem Film von Donald Fletcher, aufgenommen am 7.8.1999 in einem Piktogramm bei Barbury Castle. Eine kleine, leuchtende Kugel scheint das Piktogramm zu inspizieren.

Paul Villas Foto einer landenden Scheibe, begleitet von einer der blitzschnellen Leuchtkugeln.

Zwei Kugeln filmte Raul Dominguez am 2.3.1997 über Ocotlan, Mexiko

Die »Schneeflocke« von Oliver's Castle, unter mysteriösen Umständen entstanden in den frühen Morgenstunden des 11.8. 1996. (Foto St. Alexander)

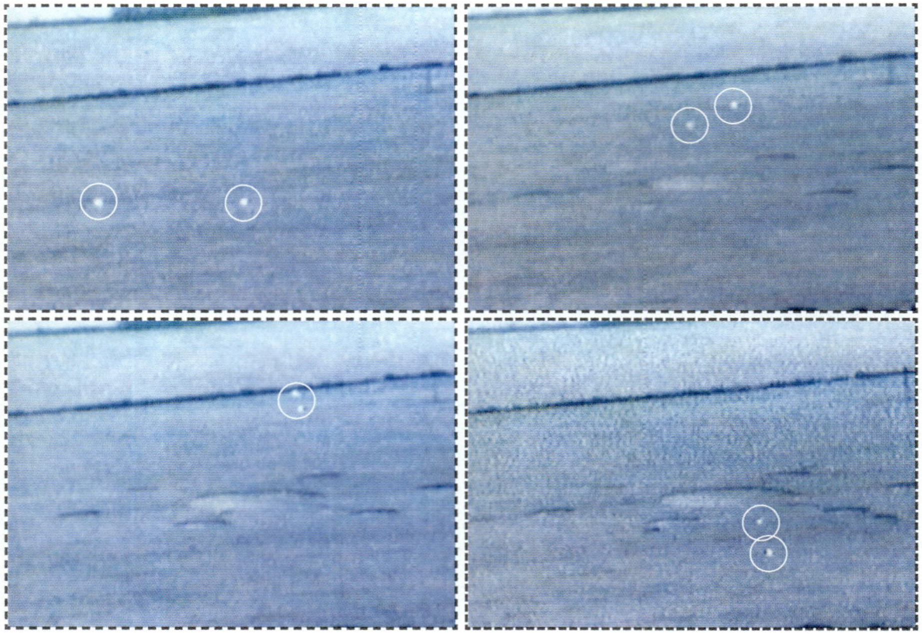

Echt oder gefälscht? Einzelbilder aus dem umstrittenen Film, der angeblich die Entstehung des Oliver's Castle-Piktogramms zeigt. Zwei Kugeln gleiten über das Kornfeld, während unter ihnen das »Schneeflocken«-Piktogramm entsteht. Bei einem zweiten Überflug fügen sich Details an, entstehen weitere Außenkreise.

»Himmelspiktogramme« – Kugel-Formation über Tampico, Mexiko, gefilmt am 9.12.1994.

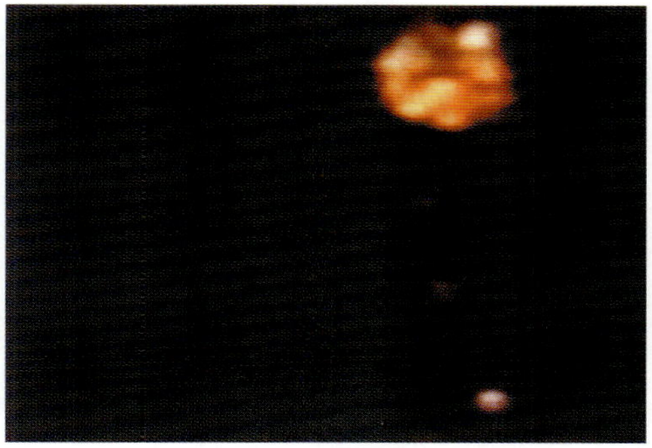

Eine orange leuchtende Scheibe lässt Leuchtkugeln frei; Einzelbild aus einem Film, den ein Kameramann des italienischen Senders TV Roma am 4.5.1994 über Ostia bei Rom aufnahm.

Einzelbild aus dem Concorde-Film von 1976, aufgenommen über Wiltshire: Eine leuchtende Kugel umkreist den Überschall-Flieger.

Eine Leuchtkugel begleitet ein Flugzeug – Foto von Arturo Robles Gil aufgenommen am 1.1.2000 über Mexico City.

Carlos Diaz, der Mexikaner, von dem die erstaunlichen Aufnahmen der »Schiffe aus Licht« stammen.

Ein »Schiff aus Licht« steigt aus einem Tal empor – das erste Foto, das Carlos Diaz am 23. März 1981 schoss, wurde von Experten gründlich geprüft.

Tepoztlan, das »Heilige Tal« der Azteken.

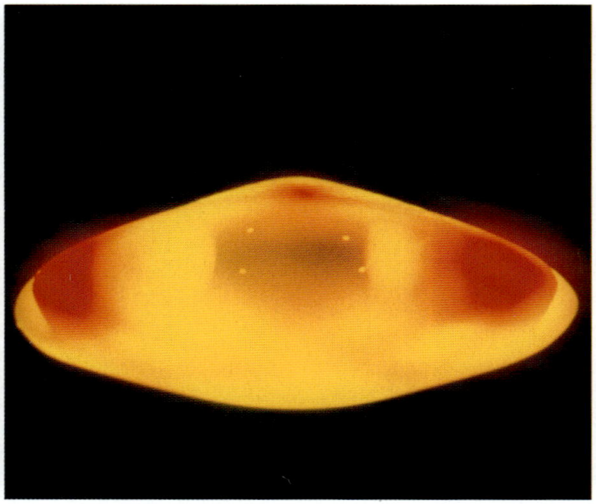

Zwei weitere Diaz-Fotos aus dem Jahre 1991. Das obere Bild zeigt ein UFO über einer der Felsformationen von Tepoztlan, dem »Felsen des Lebens«.

Gilgal Refaim, der »Steinkreis der Riesen« auf dem Golan in Israel.

13. Kapitel

SPHÄREN AUS LICHT

Auch wenn die Kornkreise ganz offensichtlich kein Produkt eines außer Kontrolle geratenen Naturphänomens sind, spricht alles dafür, dass Prof. Levengood mit seiner Plasma-Hypothese der Wahrheit schon ziemlich nahe gekommen ist. Jedenfalls deutet einiges darauf hin, dass die echten Piktogramme – also jene, die nicht von Zeitgenossen ins Korn getrampelt wurden – durch eine Mikrowellenstrahlung geformt werden, erzeugt durch ionisiertes Plasma, das „von oben" kommt und in Form von Kugeln auftritt. Allerdings scheinen, in Abweichung zu der Hypothese des Biophysikers, diese „Plasma-Kugeln" unter intelligenter Kontrolle zu stehen.

Ich habe schon in meinen Büchern „Botschaft aus dem Kosmos" und „Kornkreise" behauptet, dass eine Verbindung zwischen Kornkreisen und dem UFO-Phänomen besteht. Zu oft – und das gilt für die ganze Welt – wurden UFOs vor, nach oder während der Entstehung neuer Piktogramme beobachtet. Ich habe einige Dutzend Fälle in meinen „Kornkreis-Chroniken" zitiert, die ein eindeutiges Bild geben. Um die vielleicht wichtigsten davon aus diesem und meinen letzten beiden Büchern noch einmal zu rekapitulieren:

- 1974 bemerkte Farmer Edwin Fuhr in Langenburg, Saskatchewan in Kanada eine metallische Scheibe, die über seinem Feld schwebte. Sie und vier stählerne Halbkugeln erzeugten unter Rauch und Wind fünf Kornkreise.
- Am 13. Juli 1988 sah eine Zeugin, Mary Freeman aus Marlborough, nahe Avebury ein glühendes Leuchtobjekt, aus dem ein Strahl zur Erde schoss. Am übernächsten Morgen wurde an der Stelle, die er berührt hatte, ein Kornmuster vom Typ „keltisches Kreuz" entdeckt.
- Im Juni 1989 flog der Kornkreisforscher Colin Andrews zusammen mit einem Filmteam des kanadischen Fernsehsenders CBC in einem Hubschrauber über das Zirkelland. In den Tagen zuvor waren elf neue Kreise in der Gegend um den Silbury Hill entdeckt worden. In derselben Nacht sah ein Anwohner ein ungewöhnliches Leuchtobjekt am Himmel, das im Gebiet der elf Kreise herunterkam. Er beschrieb es als hell orange, etwa 10 Meter im Durchmesser. Er erkannte, wie es hinter einem Baum an der Feldgrenze niederging, direkt neben den Kornkreisen, die nur wenige Stunden zuvor von dem TV-Team gefilmt worden waren. Als die Sonne aufging, fand er an eben dieser Stelle einen zwölften Kreis.
- Am 29. Juni 1991 gegen 23.50 Uhr beobachteten Zeugen bei Bristol ein kreisrundes Objekt mit einem Ring aus zehn roten Lichtern, das, leise summend, für kurze Zeit über einem Feld schwebte. Als sich ein Helikopter näherte, schoss es mit hoher Geschwindigkeit davon. Am nächsten Morgen wurde auf dem fraglichen Feld ein hantelförmiges Piktogramm gefunden. Ähnliche Vorfälle wiederholten sich den ganzen Sommer über im Zirkelland.
- In der Nacht des 16. Juli 1991 beobachteten drei Zeugen aus Bristol nahe Beckhampton am Nachthimmel zuerst drei seltsame Lichter, dann eine ganze Gruppe farbiger Lichter. Kurz darauf wurde der Himmel von einem „pulsierenden Brummen" erschüttert. Am nächsten Morgen wurde das „Dreieck von Barbury Castle", eines der schönsten und geheimnisvollsten Kornmuster überhaupt, gefunden.
- Seit dem März 1994 tauchten im Gebiet von Netanja, Israel, 44 Kornkreise nach UFO-Sichtungen und Begegnungen mit riesenhaften Humanoiden auf.

- Am 28. Juli 1993 filmten zehn Kornkreisforscher bei Alton Barnes zwei parallele Lichter, die vom Himmel herabstiegen und über einem Feld schwebten. Am nächsten Morgen wurden an der Stelle zwei neugeformte Kornkreise entdeckt.
- Bei Arad in Rumänien beobachteten Zeugen am 27. Juni 1994 ein kuppelförmiges Flugobjekt, das 3 Meter über einem Kornfeld stand. Ein blauer Strahl schoss aus dem UFO, ein starker Wind wehte, als unter ihm ein Kornkreis entstand.
- Am 15. September 1994 beobachteten Hunderte Bewohner von Metepec eine orangene Scheibe, die am Nachthimmel stand. Aus ihr schossen kleine, rote Leuchtobjekte, die durch ein Maisfeld wirbelten und ein Muster anlegten. Das UFO wurde auf Radar geortet.
- 1995 und 1996 wurden mehrfach Leuchtkugeln vor der Entstehung holländischer Kornkreise beobachtet.
- Im Februar 1997 kam es in Brasilien zweimal zur Entstehung von Kornkreisen, nachdem rote und orangene Leuchtkugeln über den betroffenen Feldern beobachtet wurden.
- In der Nacht vom 7. auf den 8. August 1997 beobachteten verschiedene Zeugen aus Tschechien bei Alton Barnes, Wiltshire, ein auffallend helles Objekt am Nachthimmel, von dem in mehreren Abfolgen kleine Leuchtobjekte ausgingen. Diese Lichtkugeln flogen direkt in ein Kornfeld, um kurz darauf wieder aufzutauchen und zu ihrem Ausgangsobjekt zurückzukehren. Am nächsten Morgen fand man auf eben diesem Feld einen „fraktalen Stern" von 80 Metern Breite und aus 198 Kreisen bestehend.
- 1999 wurden in Peru Kornkreise nach der Landung eines „Lichtschiffes" gefunden.
- Am 12. August 2000 sichteten Linda Howe und ihre Begleiter eine Leuchtkugel, die über dem Golden Ball Hill manövrierte und Lichtblitze aussandte. Am nächsten Morgen fand man in ihrer unmittelbaren Nähe das bedeutendste Piktogramm des Jahres.

Ich war nicht der einzige Forscher, der diese Verbindung schon vor zehn Jahren postulierte. *„In unserer Datenbank haben wir über 200 Berichte von UFO-Beobachtungen in unmittelbarer Verbindung zu Kornkreisen"*, erklärte mir schon 1993 Colin Andrews, *„70 davon beschreiben die Entstehung eines Kornkreises durch eine leuchtende Kugel, einen Lichtstrahl, einen Zylinder, einen Nebel oder eine Kraft"*. Dann tauchte 1996 ein Film auf, der endgültig die Frage nach der Entstehung der Kornkreise zu beantworten schien – wenn er denn echt wäre...

DER ENDGÜLTIGE BEWEIS?

Am 10. August 1996 wurde Freddy Silva, ein Mitarbeiter des Kornkreisforschers Colin Andrews, beim Mittagessen von einem ihm unbekannten Mann angesprochen. Der Fremde, der sich als John Weyleigh vorstellte, hatte Silva einmal zusammen mit Andrews im Kornkreis-Pub „The Barge Inn" in Alton Barnes gesehen. „Ich habe mir das Wochenende frei genommen", erklärte er dem Forscher, „ich habe gehört, dass ihr Kornkreiswachen organisiert, dass immer wieder Leute etwas Ungewöhnliches beobachten. Ich habe eine gute Videokamera. Vielleicht gelingt es mir ja, etwas zu filmen..." Silva kannte ihn nicht, wimmelte ihn ab. „Momentan findet keine organisierte Kornkreiswache statt. Da kommen Sie etwas zu spät. Aber es gibt ein paar Hügel, wo immer ein paar Kornkreisforscher zu finden sind. Versuchen Sie mal Ihr Glück auf dem Adam's Grave, Milk Hill, auf dem Silbury Hill oder gegenüber auf dem West Kennet Long Barrow. Praktisch jede Erhebung, von der aus man einen guten Überblick hat, kommt in Frage." „Danke für den Tipp. Wenn ich etwas sehe, wo kann ich Sie finden?" „Fragen Sie einfach im Barge Inn nach mir. Da bin ich fast jeden Abend zu finden. Oder hinterlassen Sie dort einfach eine Nachricht für mich oder Colin." Silva nahm Weyleigh nicht sonderlich ernst. Enthusiasten wie ihn traf man zu Hunderten im Zirkelland.

Doch als er am nächsten Abend gegen 22.15 Uhr im Barge Inn einkehrte, kam ihm ein aufgeregter Kollege entgegen: „Endlich bist du da. Jemand versucht schon den ganzen Abend, dich zu erreichen. Ein Mann namens John. Ich habe seine Nummer aufgeschrieben." Ein Telefonat und gut 20 Minuten später traf John Weyleigh im Barge Inn ein. Er wirkte müde und aufgeregt zugleich. In der Nacht zuvor, so wussten die Forscher mittlerweile, war zu Füßen des Oliver's Castle, einer eisenzeitlichen Hügelfestung, ein neues Piktogramm in Form einer Schneeflocke aufgetaucht. „Ich habe die ganze Nacht auf dem Hügel verbracht", erklärte Weyleigh. „Gegen 2 Uhr früh legte ich mich schlafen. Irgendwann in den frühen Morgenstunden weckte mich ein sirrendes Geräusch auf. Unten auf dem Feld zu meinen Füßen sah ich eine weißleuchtende Kugel, die in geringer Höhe das Kornfeld überflog. Sofort griff ich nach meiner Kamera. Doch sie funktionierte nicht, ich denke, wegen der Luftfeuchtigkeit. Ich probierte und probierte, und schließlich gelang es mir, sie laufen zu lassen. In diesem Augenblick tauchten vier Kugeln auf..."

Etwas zögernd erlaubte er den Anwesenden, durch den Sucher der Kamera die Aufnahmen zu betrachten. Der Kontrast war gering, das Bild nur schwarzweiß. Doch deutlich erkannten sie vier Lichter, schließlich das neue Piktogramm. Entweder hatte John Weyleigh eine sehr gute Fälschung zustande gebracht – oder der Film war eine Sensation!

Erst am Dienstagmorgen bekam Colin Andrews den Film zu sehen. Er bat um eine Kopie, die er schließlich am 17. erhielt. Jetzt war er in der Lage, die Aufnahme in Farbe und auf einem richtigen Bildschirm zu studieren. Und was er sah, erwies sich als noch erstaunlicher, als er gedacht hatte. Auf dem Film schossen zwei weiße Kugeln von rechts in einem großen Bogen in das Feld, als sich die Halme, wie von Geisterhand berührt, zu Boden legten, ein komplexes Kornkreismuster entstand. Als ein zweites Paar weißer Kugeln am oberen Feldrand erschien, um in Spiralbahn ihren Gegenstücken zu folgen, formten sich kleinere Kreise und Gänge schließlich zu einem Schneeflocken-Muster. Es war eben jenes Piktogramm, das Stunden später von den Kornkreispiloten entdeckt wurde.

Colin Andrews stockte der Atem. Die Haare auf seinen Armen standen zu Berge, sein Herz raste. Hielt er jetzt endlich den Beweis, auf den er so lange gewartet hatte, in den Händen? So, genau so, hatten ihm Augenzeugen die Entstehung echter Kornmuster beschrieben. Doch im selben Augenblick kamen die Zweifel. War das nicht alles zu schön, um wahr zu sein? Hatten nicht Kollegen schon Zweifel an der Echtheit der „Schneeflocke" angemeldet? Konnte nicht alles ein groß angelegter Schwindel sein, mit dem Ziel, ihn hereinzulegen, wie man es so oft in den Jahren zuvor versucht hatte?

Colin begann, die Spuren John Weyleighs zu verfolgen. Er beauftragte einen Privatdetektiv, um herauszufinden, dass Weyleighs Mobiltelefon nicht ihm gehörte, sondern einem John Wabe aus Bristol. Dieser John Wabe besaß ein Filmstudio. Colin zählte eins und eins zusammen. Dutzende Alarmglocken läuteten in ihm.

Heute ist er überzeugt, dass der Film eine Fälschung ist. Angeblich soll John Wabe einem japanischen TV-Journalisten gegenüber seine Beteiligung an einem Schwindel gestanden haben. Das mag wahr sein. Doch einen Beweis gibt es auch dafür nicht. Der Japaner weigerte sich, Kopien des Interviews freizugeben. Erst wollte er es an einen Sender verkaufen. Also ist alles, was wir gegen Wabe – der heute einen Schwindel bestreitet – in der Hand haben, die unbestätigte Aussage eines ausländischen Journalisten, der ihn auch nur falsch verstanden haben könnte.

Tatsächlich hat eine Reihe von Experten den Film genauestens unter die Lupe genommen und hält ihn für echt. Zu ihnen zählten Computerexperten wie Daniel Drasin und der Ex-NASA-Mitarbeiter Jim Dilettoso sowie die Special Effects-Experten Laurel Click, Ralph McCarron und Jim Stevenson aus Hollywood, die von der US-Fernsehsendung „Strange Universe" konsultiert wurden. Auch die britischen Professoren Gurr und Head von der Video- und TV-Abteilung der Universität Exeter und Mitarbeiter der Video-Bearbeitungsfirma Victoria Real in Brighton fanden keinerlei Hinweis auf eine Manipulation. Im Gegenteil: Da das Kornfeld freihändig gefilmt wurde, so erklärten sie, sei ein computergenerierter Schwindel eher unwahrscheinlich. Die Wackel-Bewegungen entsprachen denen freihändiger Filmaufnahmen, sie sind schwer am Computer zu simulieren. Ein Fälscher hätte es so viel einfacher gehabt, wenn er einfach behauptet hätte, die Kamera sei auf einem Stativ befestigt gewesen. So aber wären ein großer finanzieller Aufwand, viel Zeit und ein Team von Profis notwendig gewesen, was eher unwahrscheinlich ist (auch John Wabes Firma ist nicht für Special Effects bekannt). Ist der Film also doch echt? Bislang gibt es nur eine ehrliche Antwort: Wir wissen es nicht.

DIE MYSTERIÖSEN LEUCHTKUGELN

Sicher aber ist: Leuchtkugeln, wie auf dem Oliver Castle-Film zu sehen, stehen in unbestreitbarer Verbindung zum Kornkreis-Phänomen. Sie sind oft genug im Umfeld echter Piktogramme beobachtet, fotografiert und gefilmt worden.

- Während der „Wandsdyke-Wache" im Juni 1990 beobachtete der Kornkreisforscher George Wingfield kleine, leuchtende Kugeln, „die langsam und bedachtsam dicht über die Weizenähren glitten, vielleicht 200-300 Meter von uns entfernt".

- Am 26. Juli 1990 wollte Steven Alexander aus Andover eines der ersten Piktogramme filmen, die bei Alton Barnes erschienen waren. Zu diesem Zweck bestieg er zusammen mit seiner Frau den Milk-Hill, einen Hügel, von dem aus man einen guten Überblick über die Felder hat. Plötzlich bemerkte er ein kleines, leuchtendes Objekt, das über dem Kreise-Feld zuerst in seine Richtung flog, um dann umzukehren und in das Feld ein- und wieder aufzutauchen. Sofort griff er zu seiner Kamera und begann zu filmen. Das Objekt setzte seinen Flug fort, glitt dicht über das Feld, glitzerte und blitzte, überquerte die Feldgrenze und ein paar anliegende Geräteschuppen und schließlich das Nachbarfeld. Dort passierte es einen Traktorfahrer, bevor es schließlich in der Ferne verschwand.

Als ich den Fall untersuchte, gelang es mir, den Traktorfahrer, einen jungen Farmarbeiter namens Leon Besant, ausfindig zu machen und zu interviewen. Er beschrieb das silbernglänzende Objekt als „so groß wie ein Strandball. Es glitzerte in der Sonne, als sei es aus Stanniol." Eine Analyse der Filmaufnahmen ergab, dass sein Durchmesser bei ca. 30-40 Zentimetern lag, und dass es aus einem stark reflektierenden Material, Edelstahl ähnlich, bestand.

- Ein Jahr später, am 19. August 1991, waren die deutschen Studenten Constantin und Dominik von Dürckheim auf dem Weg in ein neues Kornmuster bei Manton, Wiltshire, als sie ein ähnliches weiß leuchtendes Objekt beobachteten. Sie filmten 2 Minuten lang, wie das etwa 20 cm große Licht sechs Mal das Piktogramm überquerte, immer in Ährenhöhe, immer in geraden Flugbahnen. Einmal tauchte es in das Korn ein und wenig später wieder auf, bevor es schließlich im Feld verschwand. Es wirkte eher plasmoid als grobstofflich-materiell und schien kleiner zu werden, je näher es der Kamera kam.

Auch aus Deutschland wurde von Sphären in Verbindung mit Kornkreisen berichtet. Am 20. Juli 1992 beobachtete das Ehepaar Vogt „etwa fußballgroße, nicht ganz runde Lichtkugeln", die in 1 bis 5 Metern Höhe mit großer Geschwindigkeit eine Straße bei Marburg entlang flogen. In derselben Nacht erschien neben dieser Straße ein Kornkreis-Muster.

Am 25. Juli 1994 besuchten die beiden Holländer Foeke Kootje und Conny de Bruyn ein Kornkreispiktogramm, das neun Tage zuvor bei Wilsford in Wiltshire, dem südenglischen „Kornkreisland", aufgetaucht war. Ich hatte das Muster ebenfalls inspiziert, hatte deformierte Pflanzen, leichte Verkohlungsspuren an den Halmen und eine um 150 % erhöhte Radioaktivität festgestellt und war überzeugt, dass es echt ist. Als ich Foeke und Conny in der Nacht zuvor im Barge Inn traf und sie mich nach einem „richtig guten" Kornmuster fragten, empfahl ich ihnen, nach Wilsford zu fahren. Gegen Mittag trafen sie dort ein, inspizierten die vierzehn Kornkreise, die in einen riesigen Ring mündeten, filmten Details. Nach gut einer Stunde waren sie fertig und kehrten zur Straße zurück, um noch eine Gesamtaufnahme zu machen. Sie befestigten ihre Kamera auf dem Stativ, zoomten das Kornmuster an und drückten auf „recording". Nach einer halben Minute stoppten sie die Aufnahme und packten ihre Kamera wieder ein. Umso erstaunter waren sie, als sie die Filmaufnahmen zu Hause am Bildschirm betrachteten. Denn am Rand des Ringes leuchtete ihnen ein helles Objekt entgegen, das zunehmend an Leuchtkraft gewann. Eine Reflexion war auszuschließen. Es war ein bewölkter, grauer Tag, zudem war in dem Kornmuster nichts, was hell genug reflektieren konnte. Nein, das Objekt leuchtete aus eigener Kraft. Und es war identisch mit jenen Leuchtkugeln, die Steven Alexander und die Dürckheim-Brüder gefilmt hatten.

Nur zwei Tage später entstand ein weiterer Film unter sehr viel dramatischeren Umständen. Colin Andrews und seine Mitarbeiter hatten in diesem Sommer auf dem „Adams Grave“-Hügel oberhalb des berühmten Feldes von Alton Barnes eine Beobachtungsstation eingerichtet. Am 27. Juli gegen 17 Uhr wurde das Team durch ein lautes Knattern auf den Anflug zweier Armeehubschrauber aufmerksam, die direkt auf die Station zuzufliegen schienen. Jetzt wurde den Kornkreisforschern mulmig zumute. Einer der Helikopter flog so tief über das Camp hinweg, dass er mit einem prähistorischen Grabhügel zu kollidieren drohte, der zweite, vollgepackt mit Instrumenten, schwebte direkt vor ihnen. Einer der Insassen hatte eine Kamera in der Hand und schien die Kreiseforscher zu filmen. Offenbar wollte jemand ihnen einen gehörigen Schrecken einjagen und sie von ihrem Posten vertreiben. Dann kehrten sie, so schnell wie sie gekommen waren, plötzlich um. Der erste Helikopter knatterte im Tiefflug auf das Kornkreis-Feld zu, wo sich die Kornkreisforscher ängstlich duckten, der zweite auf das Nachbarfeld. Sie schienen etwas zu verfolgen. Was es war, erkannten Andrews und seine Mitarbeiter erst auf den zweiten Blick: eine leuchtende Kugel, vielleicht 30-40 cm im Durchmesser, die durch das Kornfeld glitt. Einer der Hubschrauber ging in Kippstellung, er schien jetzt das Mini-UFO zu filmen. Erst als dieses davon schoss, machten sich auch die Armeehelikopter auf den Rückflug. Und Andrews, dessen Mitarbeiter die ganze Szene gefilmt hatten, hatte einen weiteren Beweis für die Aktivität der UFO-Kugeln in den Händen.

In den folgenden Jahren wurden immer wieder leuchtende Kugeln, oft genug von schwarzen Armeehelikoptern verfolgt, im Kornkreisland gesichtet. Drei Forschern, Dr. Joachim Koch, Frank Laumen und Michael Yudowitz, gelangen Zufallsfotos. Sogar Kornkreisfälscher wurden während ihrer nächtlichen Streifzüge von ihnen in flagranti ertappt. 1998 filmte eine junge Frau drei silbrige Kugeln, die sich in dem Schneeflocken-Muster von Alton Barnes bewegten. Im selben Jahr wurde wieder ein schwarzer Helikopter gefilmt, der ein leuchtendes Mini-UFO verfolgte.

Noch beeindruckender sind die drei Filme, die 1999 entstanden. Der eine, am 7. August aufgenommen von Donald Fletcher aus London, zeigt ein weißes, glühendes Objekt, das in hoher Geschwindigkeit über das Kornkreispiktogramm von Barbury Castle rast, schließlich über den Feldgrenzen, Geräteschuppen und dem Nachbarfeld in der Ferne verschwindet. Der zweite stammt von Andy Buckley, der am 18. Juli vom Pickled Hill aus in dem Weizenfeld zu Füßen des Woodborough Hill sechs kleine, weiße Objekte filmte. Den dritten nahm die Crew des japanischen „Nippon TV“ vom Milk-Hill aus auf. Sie verfolgten die Leuchtkugel und erlebten, wie sie plötzlich, nur 50 Meter von ihnen entfernt, mit unglaublicher Geschwindigkeit in die Höhe schoss.

Ob der Oliver Castle-Film also echt ist oder doch nur eine gutgemachte Fälschung, spielt also im Grunde genommen keine Rolle. Auch ohne ihn ist gut genug dokumentiert, dass kleine, blitzschnelle Leuchtkugeln ein fester Bestandteil des Kornkreisphänomens sind. Sie scheinen aus Plasma zu bestehen und sind in der Lage, sich auszudehnen und zu verkleinern, weisen also all jene Eigenschaften auf, die Dr. Levengood den „Ionen-Plasma-Wirbeln“ zuschreibt, durch die, wie er glaubt, die echten Kreise erzeugt werden. Aber sie sind kein Naturphänomen. Sie scheinen unter intelligenter Kontrolle zu stehen, und sie zeigen sich auch tagsüber in oder bei bereits entstandenen Kornkreisen, offenbar, um zu inspizieren, wie wir auf sie reagieren. Sie erfüllen alle Charakteristiken künstlicher Sonden. Und sie sind fester Bestandteil des UFO-Phänomens.

Wie ich in „Botschaft aus dem Kosmos“ und „Kornkreise“ aufzeige, werden sie seit Jahrzehnten in Verbindung mit großen, scheibenförmigen Objekten – den so genannten „Fliegenden Untertassen“ – beobachtet. Kontaktler wie George Adamski und Paul Villa – und, in jüngster Zeit, Hugo Batallanos aus

Argentinien – haben sie fotografiert. NASA-Astronauten filmten sie auf dem Mond (Apollo 12) und im Erdorbit (Space Shuttle Mission STS 51a, November 1984 und STS 37, April 1991). Als die British Airways im Januar 1976 die Concorde auf einem Flug über Wiltshire filmte, erschien eine helle, fußballgroße Kugel, die den Überschall-Jet umkreiste und für Sekunden vor seinen Triebwerken verharrte, um dann vertikal in die Höhe zu schießen.

In den 90er-Jahren habe ich mich bemüht, die weltweit größte Sammlung von UFO-Originalfilmen aus aller Welt zusammenzustellen. Die über 500 besten, sie stammen aus 35 Ländern vierer Kontinente, veröffentlichte ich in der sechsteiligen Video-Reihe „UFOs: Das Filmarchiv“ (2000 Film Productions Düsseldorf, 1998-2001). Im Rahmen dieses Projektes war ich nicht nur in der Lage, die oben genannten Filme im Original zu besorgen, ich kam auch in Besitz von weiteren 50 Filmen, die allesamt leuchtende Kugeln zeigen. Sie wurden in der ganzen Welt aufgenommen, einzeln ebenso wie in beeindruckenden Formationen am Himmel, ein Phänomen, das der mexikanische TV-Journalist Jaime Maussan als „Himmelspiktogramme“ bezeichnete, weil ihm die Verbindung zu den Kornzeichen Mexikos als offensichtlich erschien. Weitere Formationen leuchtender Sphären wurden über Costa Rica, Schottland, Arizona und der Ostsee gefilmt – und im Mai 1997 im Weltraum, von den Space Shuttle-Astronauten im Anflug auf die russische Raumstation MIR. Doch der vielleicht beeindruckendste Film einer manövrierenden Leuchtkugel entstand am 2. Januar 1998 in Capao Redondo, einem Vorort von São Paulo in Brasilien – im Beisein von über 60 Zeugen.

DER CAPAO REDONDO-FILM

Es war eine heiße brasilianische Sommernacht. Der Himmel war klar, die Sterne blitzten hervor. Fernando Mariano de Oliveira, 24, saß im Wohnzimmer des Hauses seiner Eltern in der Luis Augusto Ferreira-Straße am Hang eines Hügels, der den Vorort überragt, und plauderte mit seiner Cousine, Luciene da Cunha Lopes, 22. Plötzlich wurden beide auf ein helles Licht am Nachthimmel aufmerksam, das sich mit hoher Geschwindigkeit auf und ab bewegte, beschleunigte und wieder verlangsamte. Für einige Augenblicke schien es ganz knapp die Dächer der benachbarten Häuser zu passieren, kam bis auf 50 Meter an sie heran und entfernte sich wieder auf bis zu 150 Meter Entfernung. Das Licht war weiß, mit einem leicht orangenen Schimmer. Die Hunde in der Nachbarschaft begannen zu bellen. Den beiden jungen Brasilianern war augenblicklich klar, dass sie etwas Ungewöhnliches beobachteten. Sogleich riefen sie ihre Familie herbei: Fernandos Mutter Maria Cristina de Oliveira, 46, seinen kleinen Bruder Alan Bruno de Oliveira, 10, Lucienes Schwester Katiusca da Cunha Lopes, 16, eine weitere Cousine, Grane Evas da Cunha. Aufgeregt diskutierten sie alle Möglichkeiten, was es denn sein könnte: Vielleicht ein ferngesteuertes Modellflugzeug? Ein Flugdrachen, von dem eine Lampe hing? Ein Ballon? Eine Erklärung nach der anderen wurde wieder verworfen.

Plötzlich klingelte das Telefon. Waldir Mariano, 21, Alans und Fernandos Bruder, rief an, um seiner Mutter zu sagen, dass er später kommen würde. Katiusca, die ans Telefon ging, erzählte ihm von der Sichtung. Waldir war erstaunt. „Habt ihr es gefilmt?“, fragte er. – Sie hatten nicht einmal daran gedacht! Sofort lief Alan hoch ins Obergeschoss, holte die Videokamera (JVC, Modell GR-AX808, VHS-C mit 12fachem Zoom) aus dem Schlafzimmer seiner Eltern, schloss sie, da die Batterie leer war, ans Stromnetz an, fand eine leere Kassette, ging hinaus auf den Balkon und begann zu filmen. Von hier aus, hoch über den Dächern der (tiefer am Hang gelegenen) Nachbarhäuser, war das Objekt noch besser zu sehen. Katiusca folgte ihm. Er hatte Probleme mit dem Autofokus, wusste nicht, wie man ihn abschaltet, und schließlich gab er die Kamera seiner Schwester, die besser damit umgehen konnte. Sie filmte noch weitere zweieinhalb Minuten lang, wie das Objekt über Hausdächer hinwegflog, in die Straßen der hügeligen Siedlung ab- und wieder auftauchte, vorbei an Hausfassaden und Straßenlaternen und Stromleitungen, als würde es die Gegend ausspionieren. Schließlich glitt es eine stark befahrene Straße entlang, als suche es etwas, bevor es, kurz vor 22 Uhr, hinter einem Haus verschwand, um nicht wieder aufzutauchen. Danach war alles vorbei.

Als der Ingenieur Claudeir Covo, der führende UFO-Forscher der Millionenstadt Saõ Paulo, von dem Fall erfuhr, begann er sofort, nach Augenzeugen zu suchen. Gemeinsam mit seinem Kollegen Dr. Ricardo Varela, einem Wissenschaftler der Brasilianischen Raumfahrtbehörde INPE, gelang es ihm, rund 60 Personen ausfindig zu machen und zu interviewen, die das Phänomen beobachtet hatten. Alle diese Zeugen bestätigten die Flugmanöver, wie sie Alan und Katiusca gefilmt hatten, und beschrieben das Objekt als lautlos, fußballgroß und weiß-rötlich leuchtend. Als ich im März 1999 nach Saõ Paulo flog, um mir mein eigenes Bild von dem vielversprechenden Fall zu machen, konnte ich selbst mit 13 Augenzeugen sprechen.

Der Zeuge, der mich am meisten beeindruckte, war Francisco Leao da Silva Neto, ein einfacher Arbeiter, der an der Bushaltestelle von Capao Redondo auf seine Frau Monica gewartet hatte, die von der Arbeit kam. Als sie aus dem Bus gestiegen war, machten sich beide auf den Heimweg. Da bemerkte Monica etwas, das aussah wie ein Ballon, der vom Himmel fiel. Einen Augenblick lang hielt das Objekt inne, es schwebte in nur 10 Metern Höhe über ihr. Monica bekam es mit der Angst zu tun und lief ins Haus, während Francisco draußen blieb und minutenlang seinen Bewegungen folgte, bis es aus seiner Sicht verschwunden war. Er beschrieb detailreich das runde, fußballgroße, orangeweiß leuchtende Objekt, das ein kleines, grünes, fluoreszierendes Licht auf seiner Oberseite hatte. Als wir daraufhin den Film noch einmal unter die Lupe nahmen, konnten wir tatsächlich Francisco Leao da Silva Neto auf der Straße erkennen. Zudem war das grüne Fluoreszieren auf der Oberseite des Objektes in jenen Sequenzen erkennbar, als es der Kamera am nächsten kam. Auch andere Zeugen bestätigten die von Francisco geschilderten Details.

Covo und Varela verwendeten viele Stunden darauf, auf der Grundlage der Filmaufnahmen und Augenzeugenberichte die Flugbahn des Objektes zu rekonstruieren. Da die Straßen und Häuser, die es passierte, sehr einfach zu identifizieren waren, konnten sie berechnen, dass es auf der ganzen Aufnahme nie weiter als 208 Meter von Alan und Katiusca entfernt war und bis auf 52 Meter an sie herankam. An einer Stelle ist Alan zu hören, wie er aufgeregt sagt: „Wenn das ein Raumschiff ist, dann ist es unglaublich. Es ist eine kleine Kugel, die in der Luft steht." Plötzlich schreit Katiusca: „Mein Gott, es kommt herunter... Ich kann das nicht glauben, mein Gott, es ist so nah!" Am Anfang der Aufnahmen betrug die Entfernung des Objektes etwa 150 Meter, am Ende 100 Meter. Seine geringste Flughöhe lag bei 10 Metern, seine größte bei 120 Metern. Sein Durchmesser betrug, wie aus den Augenzeugenberichten hervorgeht, 20-25 Zentimeter.

Es war weder ein beleuchteter Flugdrachen noch ein Modellflugzeug mit installierter Lampe, soviel steht fest. Es war dafür einfach zu schnell und zu hell, zudem kam es aus zu großer Höhe. Für einen Kugelblitz manövrierte es auch zu lange – die Sichtung dauerte 30-35 Minuten, immerhin viereinhalb Minuten wurden gefilmt. Es bleibt nur eine Erklärung: Es war ein unbekanntes Flugobjekt unter intelligenter Kontrolle. Dasselbe Phänomen, das auch in England, im Kornkreisgebiet gefilmt wurde. Doch diesmal in einem völlig anderen Kontext, mit so vielen Referenzpunkten und vor so vielen Augenzeugen wie nie zuvor.

Doch es blieb nicht bei diesem Film. In den folgenden Jahren wurden am Stadtrand von Mexiko City, wie Saõ Paulo eine der drei größten Städte der Welt, ähnliche Kugelsonden gefilmt, die regelmäßig den Hang der umliegenden Hügel emporflogen. Schon Monate vor dem erneuten Ausbruch des Vulkans Popocatepetl – des gefährlichsten Vulkans der Erde – manövrierten sie an dessen Kraterrand; Dutzende Fotos entstanden. Und in einem Tal südlich von Mexico City, so erzählten mir Dutzende Augenzeugen, werden sie seit Jahrhunderten beobachtet, wie sie aus Felsnischen hervorschießen und den Nachthimmel entlang gleiten. In diesem Tal, für die Ureinwohner eine heilige Landschaft wie Avebury und Stonehenge, überragt von einer Pyramide aus uralter Zeit, sollte ich vielleicht die Antwort auf die Frage nach den Zirkelmachern finden.

14. Kapitel

DAS TAL DER GÖTTER

Die Fahrt von Mexico City nach Tepoztlan dauert etwa anderthalb Stunden. Auf einer gewundenen Bergstraße führt mein Weg durch das vulkanische Hochland, vorbei an Dörfern, Taco-Ständen und Tankstellen. Dann, nach einer weiteren Kurve, liegt vor mir ein Tal voll funkelnder Lichter. Etwa 20.000 Menschen leben hier zwischen zwei Bergketten, im Schatten mysteriöser Felsformationen, die Tepoztlan schon früh den Ruf, ein „Tal der Götter" zu sein, eingebracht haben. Der Ort verdankt seinen Namen einem Halbgott, Tepoztecatl, dem Sohn des Quetzalcoatl, der „gefiederten Schlange", dem mythischen Kulturbringer der Azteken, der einst von den Sternen kam und schließlich in seine Heimat zurückkehrte. Ein mächtiger Felsen trägt seinen Namen, der „Felsen des Menschen", eine massive, bärtige Gestalt, in den Händen, wie Herkules, eine Keule. Er sieht so völlig unindianisch aus, dass ihn Forscher wie Daniel Ruzo für das Werk einer weltumspannenden, vorsintflutlichen Zivilisation hielten. Ihm gegenüber, auf einem Gebirgskamm, bauten die Azteken die einzige Pyramide Mexikos, die je auf einem Berg errichtet wurde. Sie wurde teo-calli, „Haus der Energie", genannt. Es heißt, dass der Azteken-Herrscher Motecuhzoma, den die Spanier Montezuma nannten, hierher kam, um nach seinen Feldzügen zu meditieren und Frieden zu finden. Neben dem Tempel befindet sich ein steinerner Diskus, geformt wie ein großes, versteinertes Raumschiff. Viele halten ihn für ein Symbol jener, die sich hier mit den Priestern und Schamanen der Vorzeit trafen. Zu seiner Rechten liegt der Cerro de la Luz, der Felsen der Lichter. Seit undenklichen Zeiten, so sagen die Einheimischen, tauchen aus seinen Schluchten geheimnisvolle Lichter auf, die das heilige Tal überfliegen, manchmal in Richtung des mächtigen Vulkans Popocatepetl, der sich im Osten erhebt.

WIEDER EINE HEILIGE LANDSCHAFT

Ihre Pfade wurden durch uralte Tempel markiert, die später von den Spaniern durch Kirchen ersetzt wurden. Noch heute erscheinen sie oft an einem der zahlreichen Festtage, die in Tepoztlan als Fixpunkte eines heiligen Kalenders gefeiert werden. Damit erfüllt das Tal alle Charakteristiken einer „heiligen Landschaft", vergleichbar mit Avebury und Kassel. Obwohl es hier keine Kornkreise gibt – es gibt auch keine Kornfelder in oder um Tepoztlan – treten hier dieselben Leuchtkugeln auf, die in den Kreisesommern in Südengland beobachtet und gefilmt wurden. Doch hier findet die Kommunikation nicht über eine Symbolsprache statt; Bewohner von Tepoztlan behaupten, in direktem Kontakt mit den Intelligenzen zu stehen, die die UFOs steuern.

Der bekannteste – wenn auch, wie ich in Tepoztlan erfuhr, nicht der einzige – davon ist Carlos Diaz, der als junger Fotograf seit 1981 Hunderte exzellente Aufnahmen schoss und, seit 1991, Dutzende Videos dieser „Schiffe aus Licht" aufnahm. Die Fotos und Filme faszinierten UFO-Experten in aller Welt, weil sie eben nicht die „herkömmlichen" metallischen „Untertassen" zeigen, sondern ein scheinbar ganz neues Phänomen: selbstleuchtende, diskusförmige Plasmafelder.

DER FALL CARLOS DIAZ

Diaz hatte seine erste Begegnung mit einem solchen Objekt in den frühen Morgenstunden des 23. März 1981. Damals war er 22 Jahre alt. Eine Jugendzeitschrift hatte ihn beauftragt, einen Sonnenaufgang in den Bergen zu fotografieren, und als Szenerie dazu wählte er einen bekannten Aussichtspunkt im Ajusco Nationalpark in der bergigen „Zona vulcanica“ südlich der Hauptstadt. Dort fuhr er hin, parkte seinen Wagen, schaltete das Radio ein und wartete auf die Dämmerung. Nach einiger Zeit bemerkte er ein orangenes Leuchten, das aus dem Abgrund vor ihm aufstieg. Zuerst dachte er an ein Feuer, dann sah er, dass es sich um eine große, orangerote Kuppel handelte. Es war ein UFO!

Sofort griff er sich seine Kamera, stützte sich auf, um eine möglichst ruhige Hand bei der Belichtung zu haben und schoss das erste Foto, als die Scheibe direkt vor ihm stand. In diesem Augenblick fiel sein Motor aus. Diaz machte das zweite Foto, bevor er ausstieg und gerade noch mitbekam, wie die Scheibe in hoher Geschwindigkeit über ihn hinwegschoss. Ein drittes Bild entstand. „Erst jetzt begriff ich, was ich gerade erlebt hatte, spürte, wie mein Herz raste. Mein ganzer Körper pulsierte, als sei ich ein einziges, großes Herz“, erklärte mir Diaz, als ich ihn im Juli 1994 das erste Mal interviewte. „Schweißgebadet vor Aufregung fuhr ich zurück. Immer mehr kamen mir Zweifel, ob das alles wahr sein konnte. Erst als ich die Aufnahmen am Nachmittag aus dem Labor abholte, hatte ich den Beweis, dass ich mir das alles nicht bloß eingebildet hatte. Das Objekt war real. Ich hatte es fotografiert.“

Das Erlebnis ließ ihn nicht mehr los. Immer wieder musste er an den Ort der Begegnung, nach Ajusco, zurückkehren, in der Hoffnung, Antworten auf die tausend Fragen zu finden, die ihm durch den Kopf schossen. Doch erst zweieinhalb Monate später, an einem stark verregneten Tag, sah er wieder das Glühen, das diesmal von einem Hügel hinabschien. Er parkte seinen Wagen, stieg den schlammigen Abhang hinauf, als er die riesige Scheibe wieder vor sich sah. Ganz in den Anblick versunken bemerkte er, wie ihn jemand an der Schulter berührte. Er verlor das Bewusstsein. Als er wieder zu sich kam, hatte es aufgehört zu regnen. Leicht benommen stieg er den Hügel hinunter. Neben seinem Wagen parkte ein anderes Auto. Ein junger Mann stieg aus, lächelte ihn an. „Wenn du wissen willst, was geschah, komm morgen wieder. Wir treffen uns um 12 Uhr an der Gabelung der Straße nach Ajusco. Sei pünktlich.“ Carlos kam. Er erfuhr von dem jungen Mann, der als Kindergärtner in Tepoztlan tätig war, dass die Außerirdischen seit Jahrtausenden die Erde besuchen und mit vereinzelten Erdenmenschen in Kontakt treten. Sie seien besorgt um den Zustand der Erde, die Zerstörung des Planeten durch ein unkontrolliertes technisches Wachstum. Unsere Kreativität, die so große Leistungen bewirke, könne konstruktiv wie destruktiv eingesetzt werden. Sie würden uns Zeichen geben, um uns zum Nachdenken anzuregen, unsere Evolution in die richtige Richtung zu lenken. Wir müssten wieder unsere Verantwortung für das Leben, für alles Leben auf der Erde, entdecken.

KONTAKT MIT AUSSERIRDISCHEN

Durch den jungen Mann kam auch Diaz mit den Außerirdischen in Kontakt. Um ihnen näher zu sein, zog er von Mexico City in das Tal von Tepoztlan, wo sie seit uralten Zeiten operieren. Der Grund sei, *„dass hier sieben Energiegürtel der Erde aufeinandertreffen und sie diese Energiegürtel für ihre Reisen benutzen wie wir eine Autobahn“*, erklärte er mir. „Leylines“, „Kraftlinien“, nennt man diese Energiegürtel in England. Auch in Avebury und Stonehenge sollen sich solche „Drachenwege“, wie sie in der Mythologie genannt werden, kreuzen. Die Kunst der Geomantie, die Steinsetzungen der Vorzeit, dienten dem Ziel, diese Erdkräfte zu kanalisieren.

Als 1991 das mexikanische Fernsehen über die UFO-Sichtungen während der Sonnenfinsternis am 11. Juli berichtete, sah Diaz den Zeitpunkt gekommen, an die Öffentlichkeit zu gehen. Er nahm mit dem prominenten TV-Moderator Jaime Maussan Kontakt auf, der beeindruckt von der Qualität der Fotos war. Kurz darauf gab er Diaz eine Videokamera, in der Hoffnung, dass dieser die Objekte auch filmen könnte; er wurde nicht enttäuscht. Es entstanden einige der spektakulärsten UFO-Filme in der Geschichte des Phänomens. Doch Maussan wollte es genau wissen. So legte er das Material einem Computerexperten, Prof. Victor Quesada vom Polytechnischen Institut der Universität von Mexiko, vor. Nach eingehenden Untersuchungen kam dieser zu dem Schluss, dass die Fotos und Filme zwei Arten von Objekten zeigten: die einen 12-15 Meter, die anderen 40 Meter im Durchmesser. Sie bestanden aus einem selbstleuchtenden Material, das in seiner Konsistenz noch am ehesten Plasma entsprach. Quesada verglich es mit einer menschlichen Zelle. Es waren keine metallischen Raumschiffe. Viel mehr deutete darauf hin, dass es sich um intelligent gesteuerte Plasmafelder handelte.

Fasziniert von den Ergebnissen seiner Analysen organisierte Prof. Quesada eine Feldstudie. Zusammen mit zehn Professoren und zwanzig Studenten seiner Universität richtete er für einige Wochen diverse Beobachtungsposten in den Bergen um Tepoztlan ein. Mehrere Male filmte das Team mysteriöse Leuchtobjekte. Dann tauchte eines so nahe bei einem der Camps auf, dass die Beobachter in Panik gerieten. Sie ließen alles stehen und liegen, rannten Hals über Kopf davon. Drei der Studenten stürzten und verletzten sich ernsthaft. Prof. Quesada musste das Projekt abbrechen. Einen besseren Beweis für die Echtheit der UFO-Sichtungen im Tal von Tepoztlan konnte es für ihn nicht geben.

ZAHLREICHE AUGENZEUGEN

Als ich 1994 das erste Mal nach Tepoztlan kam, machte ich eine andere Probe aufs Exempel. Ich fuhr zusammen mit einem Kameramann, der alles dokumentieren sollte, durch die Stadt. Jeden, den ich auf Straßen und Feldwegen sah, fragte ich, ob er selbst schon einmal ein „mysteriöses Licht" über dem Tal gesehen hätte. Es waren Menschen aus allen Schichten der Bevölkerung: Landarbeiter und Bankkaufleute, Bundesbeamte, Künstler, Mediziner und eine katholische Nonne. Über 60 % der Befragten bejahten, viele hatten sogar mehrere Sichtungen. Als ich tiefer bohrte, wurden immer wieder Details genannt, die auch auf den Diaz-Fotos erkennbar waren. Fast alle Zeugen sprachen von „orangenen, roten und gelben Lichtern", beschrieben die Objekte als „rund, tellerförmig, eine flache Kuppel auf der Oberseite", „Kerben an den Seiten, wie eingebissen", „von Lichtern umgeben", „im Zentrum pulsierend", erwähnten ein „plötzliches Auftauchen und Verschwinden" sowie „schwankende, schaukelnde Bewegungen". Zwei weitere Male, in den Jahren 1997 und 2000, wiederholte ich das Experiment, stets mit demselben Ergebnis. Schließlich versicherte mir selbst der damalige Bürgermeister von Tepoztlan, Don Lazaro Rodriguez: *„Ich bin zwar sonst ein ungläubiger Thomas, aber das ist glaubwürdig. Viele von uns haben diese Objekte an verschiedenen Stellen in Tepoztlan gesehen. Sie tauchen in Sekunden auf, schweben am Himmel und verschwinden wieder. Sie sehen aus wie auf den Fotos und Filmen von Diaz, was beweist, dass diese echt sind. Ich hatte selbst mehrere Sichtungen."* Kurz darauf bestätigten mir die Fluglotsen des Mexico City International Airports, dass sie regelmäßig UFOs im Raum Tepoztlan auf dem Radarschirm hätten.

Doch das genügte mir nicht. Ich lud diverse UFO-Forscher nach Tepoztlan ein, um den Fall zusammen mit mir zu untersuchen; sie alle waren anschließend beeindruckt, zwei Forscher und sogar drei Fernsehteams hatten eigene Sichtungen. Ich bat den Psychiater Prof. John E. Mack, der an der Harvard Medical School der renommierten Harvard-Universität lehrt und für eine seiner Arbeiten (über T.E. Lawrence) mit dem Pulitzer-Preis ausgezeichnet wurde, Carlos Diaz und die Zeugen der UFO-Aktivitäten in Tepoztlan zu untersuchen. Er bezeichnete ihn anschließend als *„glaubwürdigen Zeugen"* und erklärte, er hätte *„nichts gefunden, was mich denken ließe, er hätte die Geschichte erfunden oder Fotos und Videos manipuliert"*. In seinem Buch „Passport to the Cosmos" (New York 1999) bestätigte er: *„Wir waren beeindruckt, wie sehr Carlos von den Bewohnern von Tepoztlan wegen seiner Integrität und Wahrhaftigkeit respektiert wird. Sie akzeptierten die Authentizität seiner sensationellen Fotos, weil so viele von ihnen uns sagten, dass sie Objekte wie die, die er fotografierte, selber gesehen hatten."*

LEUCHTENDE PLASMAFELDER?

Schließlich legte ich Originalabzüge der Fotos sechs renommierten Foto-Experten vor – nämlich Dr. Robert Nathan vom Jet Propulsion

Lab der US-Raumfahrtbehörde NASA, Jim Dilettoso vom Village Lab in Tempe/Arizona, Bob Shell, Chefredakteur des Foto-Fachmagazins „Shutterbug" und fototechnischer Berater der US-Bundespolizei FBI, Prof. Dr. Corrado Malanga von der Universität Pisa/Italien, Prof. Manfred Kage vom „Institut für wissenschaftliche Fotografie", der an der Universität Mannheim lehrt und Prof. Dr. Auguste Meessen, Physiker an der Katholischen Universität Louvain in Belgien – von denen keiner einen Hinweis auf eine Fälschung oder Manipulation fand. Die Experten bestätigten Prof. Quesadas Ergebnisse in allen Details. So erklärte Prof. Kage: *„Unsere Analyse hat gezeigt, dass es sich hier nicht um ein einfaches, solides metallisches Objekt handelt. Sondern die gesamte Serie zeigt ein bisher in der Vergangenheit noch nicht so deutlich beobachtetes Phänomen von einem leuchtenden Plasma-Feld. Das heißt, wir haben es mit einem Objekt aus Licht zu tun, das aber auf eine ganz bestimmte Weise konzentriert einen festen Umriss hat."* Auf einem der Filme kam das Objekt hinter einem großen Baum herunter. Bei einer Feldstudie gelang es mir, den Baum zu identifizieren und zu vermessen; sein Durchmesser betrug 21,70 Meter. Das UFO muss einen Durchmesser von mindestens 20 Metern gehabt haben!

EINE PHYSIK DES LICHTS

Die gründlichste Analyse des Befundes aber stammte von Prof. James E. Hurtak von der Akademie für Zukunftswissenschaften in Los Gatos, Kalifornien. Er erklärte mir im Interview für die Filmdokumentation „Schiffe aus Licht": *„Die Carlos Diaz-Dokumente sind sehr wichtig, denn sie zeigen uns eine andere Kategorie von Intelligenz. Ich nenne diese die bioplasmische Form der Intelligenz. Sie befindet sich sogar jenseits der Außerirdischen, die metallische oder physische Raumschiffe benutzen. Hier sahen wir durch Computeranalysen seiner Filme Tatsachen, die uns anzeigen, dass dies ein Vehikel ist, das seine Form, Geometrie und Größe auf verschiedene Weisen verändern kann. Das erinnert uns an etwas, das in den alten Texten der Propheten der westlichen Zivilisation das Merkabah genannt wurde, das Vehikel aus Licht. Um es kurz zu sagen: Wir sehen in dem Carlos Diaz-Material eine völlig neue Kategorie der UFO-Erfahrung. Wir gehen jenseits des Extraterrestrischen in den Bereich der so genannten Ultraterrestrischen Intelligenz, die in einem Zustand reiner Energie existiert. Wir haben es hier mit einem Vehikel zu tun, das keine physische Tür hat, sondern mit morphologischen Energien arbeitet, die einen paraphysikalischen Eingang schaffen, durch den der Kontaktler – in diesem Fall Carlos Diaz – in das Vehikel eintritt. Seine physische Hand greift durch dieses Energiefeld hindurch. Er sieht darin keine physische Besatzung, sondern fühlt die Omnidirektionalität ihrer Energie. Dieser Fall verdient mehr Beachtung, denn er signalisiert den Übergang der Ufologie in eine neue Kategorie, die der ultraterrestrischen Wesen und Intelligenzen. Er öffnet das Tor zu einer völlig neuen Physik, die die Möglichkeit akzeptiert, dass es eine Lebensform gibt, die so weit fortgeschritten ist, dass sie als reine Energieform existiert, aber in der Lage ist, sich jederzeit als superluminares Licht ohne physische Form zu manifestieren."*

Haben wir es hier mit der für uns nur theoretisch erfassbaren Technologie einer hochentwickelten, nichtirdischen Zivilisation zu tun? Was auch immer es ist, es scheint dieselbe Technologie zu sein, die mit intelligent gesteuerten Plasma-Kugeln die Kornkreise erzeugt. Wie die von Prof. Hurtak aufgezeigte Parallele zu den Merkabahs der jüdischen Mystik belegt, war diese „Physik des Lichtes" schon den alten Kulturen bekannt, die sie mit den „Vehikeln der Götter" in Verbindung brachten.

KONTAKT MIT DEN MAYA

Auch Diaz ist überzeugt, dass schon die großen Indianerkulturen Mesoamerikas, die Maya und Azteken, mit „seinen" Außerirdischen in Kontakt standen. Verschiedene Male führten sie ihn in große Höhlen nahe den Ruinen von Mayastädten im Dschungel von Chiapas, in denen er Bildwerke der Maya sah. Dort, so Diaz, befinden sich große Plasmakugeln, „Eier aus Licht", wie er sie nennt, in denen die Erinnerungen und Gefühle aller Arten und Spezies des Planeten gespeichert seien. Als man ihm erlaubte, in diese

Sphären einzutreten, fühlte er sich plötzlich wie ein Adler, ein Fisch, eine Ameise. Eine ähnliche Identifikation mit den Lebensformen der Erde war ein fester Bestandteil der Religion der Maya. Ihre Religion erforschte die Zyklen des Lebens, die Gesetze der Natur und lehrte die Harmonie mit der Schöpfung. Sie zelebrierte die Fruchtbarkeit des Dschungels in eindrucksvollen Zeremonien. Ihre Priester und Schamanen wurden in ihren Ritualen eins mit Tieren und Pflanzen, mit dem heiligen Quetzal-Vogel, dem freifliegenden Adler, der geschäftigen Ameise, dem wilden Jaguar oder der klugen Schlange. Ist es ein Zufall, dass Diaz in den uralten Maya-Höhlen ähnliche Erfahrungen machte? Bei anderen Gelegenheiten sah er solche Plasmakugeln bei der „Arbeit": Sie glitten lautlos über Städte und Landschaften und sammelten Informationen. Diaz: *„Sie bestehen aus derselben Art Energie wie die großen Schiffe, aus Lichtenergie oder Plasma. Meist sind sie unbemannt. Meist sind sie weiß, aber auch blau und rot. Es sind Sonden oder Monitore, die die Aufgabe haben, die Umwelt zu erforschen und zu überwachen. Sie untersuchen die verschiedenen Lebensformen und Bedingungen auf der Erde. Manchmal sammeln sie nur Daten und Emotionen, ohne sie direkt auszuwerten. Da sie aus reiner Energie bestehen, kann nichts sie aufhalten. Sie können durch alles hindurchgehen, sie durchdringen sogar Felsen."*

DIE KORNKREIS-VERBINDUNG

Viele Male beobachtete Diaz, wie sie sich von den großen Schiffen lösten, ihre Erkundungsflüge durchführten und wieder zum „Mutterschiff" zurückkehrten. Leider gelang es ihm nie, eine solche Szene zu filmen. Umso erstaunlicher ist, dass wir trotzdem einen Film besitzen, der ein typisches „Carlos Diaz-Plasmaschiff" zeigt, aus dem Dutzende dieser kleinen Kugeln hervorquellen. Sie lösen sich von ihrem Mutterschiff, gleiten langsam zur Erde herab. Doch der Film stammt nicht aus Mexiko, sondern aus Italien. Er entstand in Ostia, dem antiken Hafen von Rom, in unmittelbarer Nähe des Flughafens Fiumincino, am 4. Mai 1994. Aufgenommen hat ihn ein Profi: ein Kameramann des Lokalsenders TV Roma, im Beisein von Dutzenden von Zeugen. Der Film, der damit aus glaubwürdiger Quelle stammt, ist ein exzellenter Beweis für die Echtheit der Diaz-Fotos und -Filme, zeigt er doch in vielen Details ein Objekt desselben Typs. Und er dokumentiert eindeutig eine Verbindung zwischen den „Schiffen aus Licht" und den leuchtenden Plasmakugeln, wie sie so häufig auch im Kornkreisgebiet gesichtet und gefilmt wurden. Es sind jene Sphären, die mit höchster Wahrscheinlichkeit für die Entstehung der Kornmuster verantwortlich sind.

Nicht ich, sondern Colin Andrews war es, der als Erster davon überzeugt war, dass eine Verbindung zwischen den UFOs von Tepoztlan und den Kornkreisen besteht. Er hatte Carlos Diaz im Oktober 1995 auf meiner internationalen UFO-Konferenz „D.U.-Dialog mit dem Universum" in Düsseldorf kennen gelernt und war, ganz wie John Mack, überzeugt von der Integrität des „Kontaktlers". Was ihn am meisten beeindruckte, war Carlos' Botschaft von der Notwendigkeit der Bewahrung des Lebens auf der Erde. Das, so hatten ihm indianische Medizinmänner erklärt, sei auch die Botschaft der Kornkreise: „Mutter Erde weint um ihre Kinder." So reiste auch er nach Tepoztlan, um sich sein eigenes Bild von dem Geschehen dort zu machen, sprach mit vielen Augenzeugen und war bald ebenso überzeugt von der Echtheit des Falles, wie ich es bin.

DAS PIKTOGRAMM – ANTWORT IN DER MAYA-HÖHLE

Doch als er Carlos Fotos von Kornkreisen zeigte, wusste dieser nicht so viel damit anzufangen. Er versprach Andrews aber, bei seinen „Freunden" nachzufragen, was sie zu bedeuten hatten. Dann, eines Nachts im Januar 1998, wachte er auf, weil er ein Gefühl in der Magengegend verspürte, wie immer, wenn „sie" ihn zu einem Kontakt riefen. Es war kurz nach Mitternacht. Er stand auf, schlich sich aus dem Schlafzimmer, ohne seine Frau zu wecken, stieg die Treppe hinunter, griff sich im Wohnzimmer seine Videokamera, zog seine Jacke an. Dann verließ er, gefolgt von seinen beiden Hunden, das Haus. Er ging den kurzen Weg zu einem nahegelegenen Fußballplatz am Ortsrand zu Fuß. Er wusste, dort würde es geschehen. Um sich die Zeit zu vertreiben, filmte er den Mond und die Sterne, als er plötzlich von einem gelben Licht umgeben war; das Schiff hatte sich direkt über ihm materialisiert. Sekunden später befand er sich in einer sehr, sehr großen, dunklen Höhle. Die Luft war kalt und feucht. Während Diaz seine Kamera auf ihr Stativ stellte, erschien in einiger Entfernung ein Schiff, um kurz darauf zu verschwinden. Immer wieder tauchte es auf, wie angeknipst, und war wieder weg. Da begriff Diaz, was das alles zu bedeuten hatte. Denn unter dem Schiff befand sich ein großer, glattpolierter Felsen, auf dem etwas eingraviert war: Die „Mutter aller Piktogramme", das Kornmuster von Barbury Castle. Diaz verstand, er hatte damit die Antwort, auf die er gehofft hatte. Ja, es bestand eine Verbindung zwischen „seinen" Außerirdischen und den Kornmustern in England. Und urplötzlich begriff er, was das Piktogramm zu bedeuten hatte. *„Das Dreieck steht für das Zusammenspiel von Körper, Seele und Geist"*, erklärte er mir, als ich ihn ein Jahr später für meinen Film „Schiffe aus Licht" interviewte, *„es steht für die Harmonie, die zwischen diesen drei Elementen eines jeden Lebewesens bestehen sollte. Die kleinen Kreise in jeder Ecke des Dreiecks bedeuten Folgendes: Der einfache Ring steht für die Natur, den Kreislauf des Lebens. Der zweite Kreis, der wie ein Rad aussieht, steht für die Bewegung und der dritte, die Spirale, für die Evolution des Bewusstseins der Menschheit, das in jedem Geist wie eine Spirale wächst. Alles zusammen tritt in ein höheres Stadium ein."*

Besteht also eine Verbindung zwischen den Kornkreisen und den Lichtschiffen von Mexiko? Alles deutet darauf hin. Ist es Zufall, dass die Ära der Piktogramme zeitgleich mit der UFO-Sichtungswelle in Mexiko einsetzte, kurz vor der Sonnenfinsternis vom 11. Juli 1991, die im Maya-Kalender als Beginn der Übergangsphase zu einem neuen Zeitalter bezeichnet wurde? Von der *„Geburt einer neuen Ordnung"*, einer *„Rückkehr zu den Wurzeln, dem Wissen der Alten"* und der *„Wiederkehr der Herren der Sterne"* ist im Dresdner Codex die Rede. Geht es nicht darum auch bei den Kornkreisen? Am 24. Dezember 2011 oder 2012, je nach Berechnung, bricht die „Sechste Sonne", das neue Zeitalter nach dem Maya-Kalender an. Endet dann auch die Ära der Kornkreise? Werden wir zu diesem Zeitpunkt in offenen Kontakt mit den kosmischen Lehrmeistern treten? Sicher ist nur soviel: Wenn wir dieses Datum erreichen wollen, müssen wir bald auf die Botschaft aus dem Kosmos hören, die uns vor der Selbstzerstörung warnt und mahnt, das Leben, alles Leben, zu schützen.

15. Kapitel

DIE SPRACHE DER ENGEL

Man braucht keine Kontakte mit Außerirdischen zu haben, um die Sprache der Kreise zu verstehen. Denn da es sich bei den Piktogrammen um eine Form der Kommunikation handelt, wurden ausschließlich Symbole gewählt, die wir verstehen – bewusst oder unbewusst. Viele davon kennen wir aus den Traditionen alter Kulturen. Wir kennen sie als ägyptische Hieroglyphen und indianische Petroglyphen, buddhistische Mandalas und kabbalistische Zeichen, die „Sprache der Engel" aus der jüdischen Geheimlehre. Bewusst scheinen sie dem kollektiven Unterbewusstsein der gesamten Menschheit entnommen worden zu sein. Ihr Adressat sind ganz offensichtlich wir alle, Bewohner einer planetaren Gesellschaft, und nicht die Vertreter einer bestimmten Kultur, Rasse oder Religionsgemeinschaft. Tatsache ist, dass wir einen Großteil der Kornmuster deuten, verstehen können. Bei anderen ist eine Entschlüsselung schwieriger – vielleicht sollen sie, ganz wie die Bildersprache des Buddhismus, eher auf unser Bewusstsein als auf unseren Verstand einwirken. In diesem Kapitel können wir schon aus Platzgründen nicht auf alle Verbindungen eingehen. Wir wollen uns stattdessen auf einen Teilaspekt beschränken, der die Wurzeln unserer westlich-christlichen Kultur und Geisteswelt betrifft und vielleicht einen weiteren Schlüssel zur Identifikation ihrer Urheber und der Deutung ihrer Intentionen liefert. Auf Vollständigkeit kann dabei kein Anspruch erhoben werden, dazu ist das Phänomen zu komplex; allenfalls kann ich Tendenzen aufzeigen. Vielleicht haben die Zirkelmacher ihre Gründe, weshalb sie es uns nicht allzu leicht machen. Echtes Verstehen, Wissen und Weisheit müssen mühsam erarbeitet werden; sie können nicht auf einem silbernen Tablett serviert werden.

DIE WÄCHTER

In meinen Büchern „Botschaft aus dem Kosmos" und „Kornkreise" zeige ich im 11. Kapitel die Verbindung zwischen den Kornkreisen und den „Wächtern" auf, wie die Ägypter ihre Götter (neteru) und die Juden eine Gruppe von Engeln nannten. Tatsächlich gehört die schlüssel- oder fahnenförmige „neteru"-Hieroglyphe (etwa geformt wie ein „F") zu den häufigsten „Auswüchsen" der Piktogramme. Zudem ist es gewiss kein Zufall, dass das Epizentrum des Kornkreisgeschehens ausgerechnet der Silbury Hill ist, einst eine sechsstufige Pyramide, die im selben Jahrhundert errichtet wurde, wie die ebenfalls sechsstufige Pyramide des Pharaos Djoser in Sakkara, Ägypten. Interessanterweise war ihr Architekt ein gewisser Imhotep, den die ägyptische Mythologie als Schüler eines der „Wächter", des „Weisheitsgottes" Thoth, beschreibt. Konnte es da ein Zufall sein, dass die Anlage von Avebury, deren Zentrum der Silbury Hill war, aus der Luft betrachtet ausgerechnet die Form einer Schlange hatte,

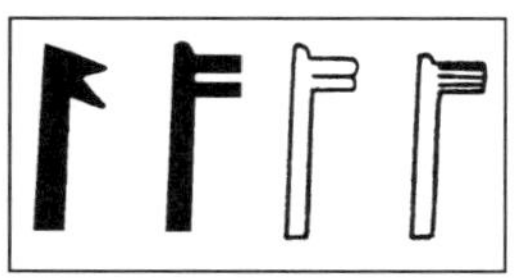

Die »neteru« Hieroglyphe

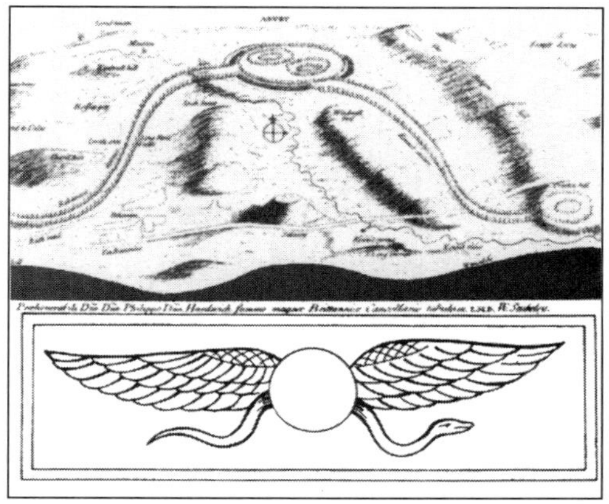

Stukeleys Darstellung der »heiligen Landschaft« von Avebury. Die Anlage bildete eine Schlange, die die Sonnenscheibe durchkreuzt, ein Symbol, das wir auch im alten Ägypten finden.

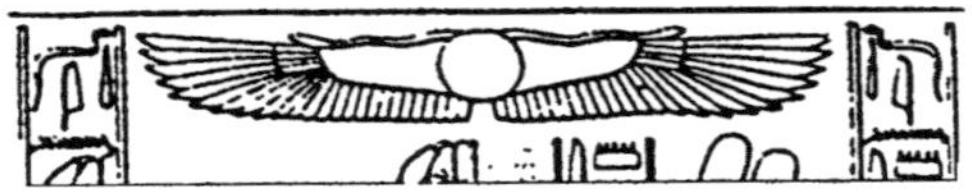

Die geflügelte Sonnenscheibe im Tempel von Luxor, Ägypten.

die die Sonnenscheibe durchkreuzte, ein Symbol, das wir über dem Eingang eines jeden ägyptischen Tempels finden? Und dass die „geflügelte Sonnenscheibe" der Ägypter 1999 als Kornkreispiktogramm ausgerechnet neben dem Silbury Hill erschien?

Die „Wächter" der Juden, von deren Abstieg zur Erde das apokryphe Buch Henoch berichtet, hatten noch einen anderen Namen. Sie wurden „Nefilim" genannt, *„die Herabgestiegenen"*. Sie wurden auch als Riesen beschrieben – eine interessante Verbindung zu den Begegnungen mit riesenhaften UFO-Besatzungen beim Entstehen der Kornkreise von Netanya, Israel – und „Anakim" genannt. Die Anakim hatten, so lesen wir im „Buch der Richter", sechs Finger an jeder Hand, weshalb sie vielleicht die Urheber des Duodezimalsystems sind, der (von Juden und Babyloniern übernommenen) alten sumerischen Mathematik, deren Grundzahl die 12 war und die den Tag in 2 x 12 Stunden, das Jahr in 12 Monate und den Kreis in 360° (12 x 30) einteilte. Erst später setzte sich das Dezimalsystem, das auf der Zahl der menschlichen Finger basierte, durch. Noch heute wird den Anakim ein astronomisch ausgerichteter Steinkreis im Golan zugeschrieben, der „Gilgal Refaim", den israelische Archäologen mit Fug und Recht als „israelisches Stonehenge" bezeichnen.

EIN STONEHENGE AM EUPHRAT

„Anakim" ist höchstwahrscheinlich eine Verballhornisierung des sumerischen Namens der Wächter, der „Anunnaki". „An-nun-na-ki" bedeutet, wörtlich übersetzt: „Die, die vom Himmel (Anu) auf die Erde (Ki) kamen". Die sumerischen Keilschrifttexte, die ältesten Schriften der Menschheit aus der Zeit um 3000 v. Chr., beschreiben sie als Siedler aus einer fernen Welt. Ihr Anführer Anu teilte die Erde für sie auf, ließ sie inmitten des Landes „edinu" (Ebene – daraus wurde unser „Garten Eden") eine Kolonie errichten, die sie „E.RI.DU", „fern erbautes Haus", nannten. Eridu, um 3800 v. Chr. begründet, gilt als eine der ältesten Städte der Erde (die daher ihren Namen hat) und Wiege der sumerischen Kultur, der ersten Hochkultur der Menschheit. Mathematik, Astronomie, Medizin, Architektur, die Rechtswissenschaften – sie alle haben ihren Ursprung in Sumer, dem Land zwischen Euphrat und Tigris im heutigen Südirak. „Dieses Wissen wurde uns von den Anunnaki, den Göttern, vermittelt", behaupteten die Sumerer. Und auch hier ließen sie ein „Stonehenge" errichten. Auf zwei Tonzylindern, die heute im Louvre in Paris aufbewahrt werden, schildert Gudea, König des Stadtstaates Lagash um 2100 v. Chr., wie er eines Nachts himmlischen Besuch erhielt. *„In dem Traum sah ich einen glänzenden Mann, wie Himmel glänzend – groß im Himmel, groß auf der Erde –, der seinem Kopfschmuck nach ein Dingir (Gott) war, an seiner Seite der göttliche Sturmvogel... Er befahl mir, einen Tempel zu bauen."* Kurz darauf folgte eine Göttin, *„das Ebenbild einer Tempelkonstruktion trug sie... in ihrer Hand hielt sie einen heiligen Stab; das Täfelchen mit den günstigsten Himmelssternen trug sie."* Als er schließlich aufwachte, fand Gudea eine Steintafel aus Lapislazuli auf seinem Schoß, mit dem eingeritzten Plan des Tempels darauf. Es war der Plan für den Bau einer siebenstufigen Pyramide. Vor ihr errichtete er, göttlichen Anweisungen folgend, auf einer Terrasse einen Kreis von sieben Steinsäulen, die mittlere nach der aufgehenden Sonne ausgerichtet. Um sie herum ließ er einen *„kronenartigen Kreis für den Neumond"* anlegen, einen Ring aus 13 aufrecht stehenden Kreisen, die oben durch Querblöcke miteinander verbunden waren. Sieben Steine im Zentrum, umgeben von einem Steinring, daraus entstehend ein solarer und lunarer Computer; das war nichts anderes als ein Stonehenge am Euphrat, ein perfektes Gegenstück zu dem englischen Steinkreis, der in seiner ersten Phase zeitgleich ebenfalls um 2100 v. Chr. entstand. Noch ein Zufall? Oder, ganz wie der Gilgal Refaim und die Djoser-Pyramide in Sakkara, ein klares Indiz für eine wie auch immer geartete Verbindung zwischen den alten Hochkulturen des „fruchtbaren Halbmonds" und dem Zirkelland in Südengland?

Eindeutig belegt ist die Verbindung zwischen der alten Hochkultur der Sumerer und dem Judentum. Wie wir wissen, stammte Abraham, der Stammvater der Juden, aus „Ur in Chaldäa", der Königsstadt Sumers. Der alte Name der Juden, „Ibri" (=Hebräer), weist ebenso wie Abrahams semitischer Name „Ibrahim" auf ihre Herkunft aus NI.IBRI.KI („Nippur") hin, der Tempelstadt des Königreiches Ur, in der der Himmelsgott EN.LIL verehrt wurde. EN.LIL hieß in der Volkssprache Akkadisch auch „Il" oder „Illil". Vieles deutet darauf hin, dass er identisch war mit „El", dem Gott der Juden, den die Moslems „Allah" nennen.

WAS LEHRTEN DIE WÄCHTER?

Unbestreitbar stammen der jüdische Kalender und die „jüdische" Astronomie und Mathematik (das Duodezimalsystem) aus Sumer. Speziell apokryphe Texte wie das geheimnisvolle „Buch Henoch" berichten von direkten Kontakten zu den „Wächtern", die interessanterweise als nächtliche Begegnungen mit leuchtenden Gestalten beschrieben werden, ganz wie wir es auch bei Gudea von Lagasch lesen. Henoch wurde sogar in den Himmel gehoben, dort in die Geheimnisse der Astronomie und Meteorologie (!) eingeweiht. Lange hielt man sein Buch, das uns in einer slawischen und einer äthiopischen Version erhalten ist, für ein eher spätes Werk. Erst als 1947 Fragmente des „Buches Henoch" in den Höhlen von Qumran oberhalb des Toten Meeres entdeckt wurden, war sein hohes Alter bestätigt. Sie stammten aus dem 2. Jh. v. Chr.. Das ist schon deshalb relevant, weil Henoch bereits in der Antike mit Hermes Trismegistos, dem großen Weisheitslehrer Ägyptens, identifiziert wurde. Auf ihn gehen die „hermetischen Wissenschaften", wie die Geheimwissenschaften auch genannt wurden, zurück. Auch andere Schriftrollenfragmente vom Toten Meer handeln von den „Wächtern". Eine davon beschreibt die „Geburt des Noah", des Urenkels von Henoch, dem nachgesagt wurde, ein Bastard zu sein. Jedenfalls schildert einer der Texte ausführlich, wie sich sein Vater Lamech bei Henoch beklagte, dass sein Weib eine Affäre mit einem der „Wächter" gehabt haben müsse; sein vermeintlicher Sohn habe schneeweißes Haar und rosige Wangen, sehe so gar nicht aus wie seine anderen Kinder. In dem Buch von der „Geburt des Noah" (4Q534-536), das der amerikanische Aramäisch-Professor Michael Wise übersetzte, heißt es über den Stammvater der nachsintflutlichen Menschheit: *„Lichter werden ihm offenbart werden... und sie werden ihn alles lehren, was ... menschliche Weisheit und jeder weise Mann ... er wird Geheimnisse offenbaren wie die höchsten Engel."* („..." kennzeichnet Textlücken; es sind nur Fragmente erhalten.) Und, in einem anderen Fragment: *„es ließ ein Zeichen zurück von ... Gerste (und) Linsen auf ... und winzige Zeichen an seinen Oberschenkeln... dann wird er weise werden."*

„Winzige Zeichen auf den Oberschenkeln" und an anderen Körperstellen kennen wir von den Opfern von UFO-Entführungen. Was aber ist mit den Zeichen gemeint, die offenbar auf Gerstenfeldern erscheinen und den jungen Noah Weisheit lehren sollen? Welche „Lichter" wurden ihm offenbart? Die Frage ist, was in den Lücken des Textes stand. Vielleicht *„es ließ ein Zeichen zurück AUS DER HÖHE IN DER Gerste und in Linsen AUF DEM FELD und winzige Zeichen an seinen Oberschenkeln"*? Eine solche Lesart ist gewiss zulässig... Wurde Noah also durch Piktogramme unterwiesen?

Tatsache ist, dass die Unterweisung in den hermetischen Wissenschaften tatsächlich mit Hilfe von Piktogrammen und Symbolen erfolgte und dass viele dieser Symbole, die wir aus der Alchemie, der Kabbalah und der „heiligen Geometrie" kennen, heute in Kornfeldern erscheinen.

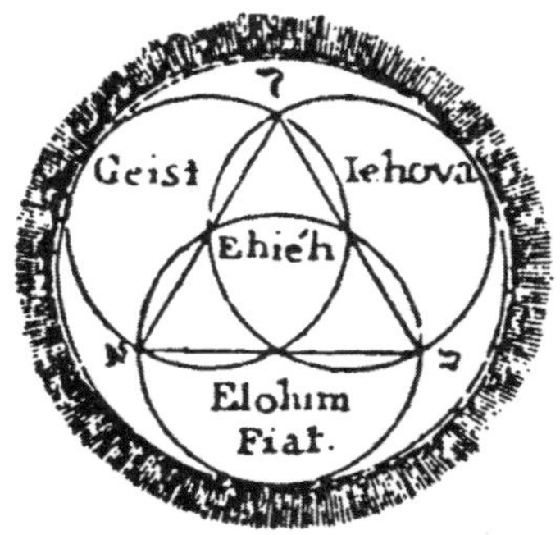

Der dreifach Eine, die Seele aller Kreaturen – hermetisches Symbol aus dem17. Jh.

KABBALISTISCHE SYMBOLE

Diese Symbolsprache untersuchte Manly P. Hill in dem Kapitel „Rosenkreuzerische und Kabbalistische Diagramme" seines 1928 erschienenen Buch-Klassikers „Die Geheimlehren aller Zeitalter". Eines dieser Diagramme besteht aus einem dreifach umrundeten Zentrum, von dem sieben Satellitenkreise ausgehen. Es stellt, so der Autor, „sieben Geister (oder Engel) vor dem Thron" dar. Ein Dreieck im Zentrum symbolisiert „den Mittelpunkt der Ewigkeit", die Heilige Dreifaltigkeit aus Vater, Sohn und Heiliger Geist. Man vergleiche das mit den Kronkreisen. Die konzentrischen Ringe stehen für „die Welt

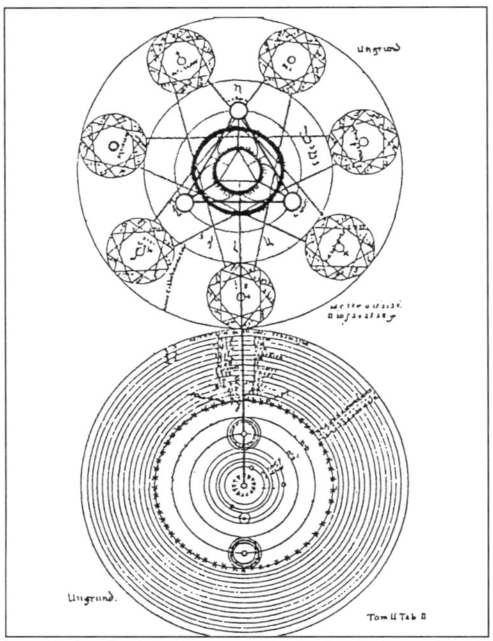

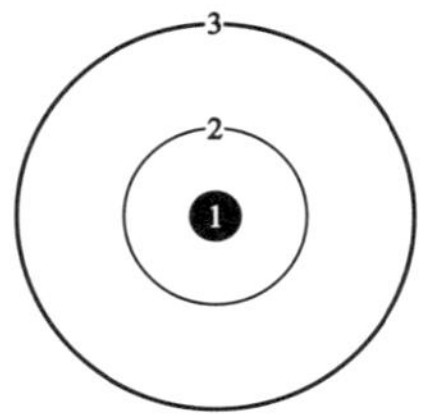

»Die erste Krone« der Kabbala: »Das Leben des Höchsten Schöpfers durchdringt alle Substanz, Raum und Zeit«, deutet Manly P. Hall das Symbol.

der Engel, die in der erkennbaren Welt der Söhne Gottes endet". Eine ähnliche Symbolsprache finden wir im letzten Buch der Bibel, der „Geheimen Offenbarung des Johannes": *„Gnade euch und Friede von dem, der ist und der war und der kommt, und von den sieben Geistern vor seinem Thron..."* (Offb 1,4)

Auch der so häufig beobachtete doppelt umringte Kornkreis hat eine kabbalistische Bedeutung. *„Das Leben des Höchsten Schöpfers durchdringt alle Substanz, allen Raum und alle Zeit"*, interpretiert Hall das Symbol. *„Im Diagramm wird das höchste, alles umschließende Leben von einem Kreis oder Ring umfasst, der ‚Grenzlinie der Göttlichen Existenz'."* Der Kreis im Zentrum steht für „die erste Krone", der erste Ring für „die kreativen Kräfte, die sich manifestieren", der zweite Ring für „das objektive Universum im Zwischenraum". Aus der Krone emaniert ein anderes Zeichen: *„Neun große Kugeln, die sich in Form eines Baumes anordnen. Alle zehn Kreise zusammen ergeben den Sefirah. Sie verbinden die 22 Pfade des Lebensbaums, entsprechend den 22 Buchstaben des hebräischen Alphabets. Jeder Buchstabe entspricht einer Zahl, womit Mathematik in Formen und Ideen Ausdruck findet."* Das Muster, das Hall

»Die große Krone« der Kabbalisten. Jeder Zacken des Doppelsterns entspricht einem der 22 Buchstaben des Hebräischen Alphabets. Ein ähnlicher Stern, der in 2 x 7 Kreise mündete, erschien am 31.7.1999 in einem Kornfeld bei Devizes.

beschreibt, ist der kabbalistische Lebensbaum, der am 3. Mai 1997 bei Barbury Castle erschien; an derselben Stelle wie sechs Jahre zuvor die mysteriöse „Mutter aller Kornkreise", die wir schon 1993 (in „Botschaft aus dem Kosmos") *als „graphische Wiedergabe des ‚Steins der Weisen' oder ‚kosmischen Eies'... aus dem alles Leben hervortrat zum Zeitpunkt der Transmutation der Materie, die der Vollendung vorausging"*, als *„Übergang von einer Dimension der Materie in eine andere"* deuteten. Oder, um Hall zu zitieren: *„Die ewige Welt aus dem inneren Kreis wird manifest im Wasser (Salz), Licht (Quecksilber) und Feuer (Schwefel) der archetypischen Welt, repräsentiert durch die drei äußeren Kreise, die miteinander verbunden werden durch das Dreieck der völligen Gleichheit, das teilweise umgeben ist vom Kreis des Hohen Thrones."*

Das „Lebensbaum"-Piktogramm geht einen Schritt weiter. „Richtig benutzt und verstanden ist der sefiroth (10 Kreise) eine

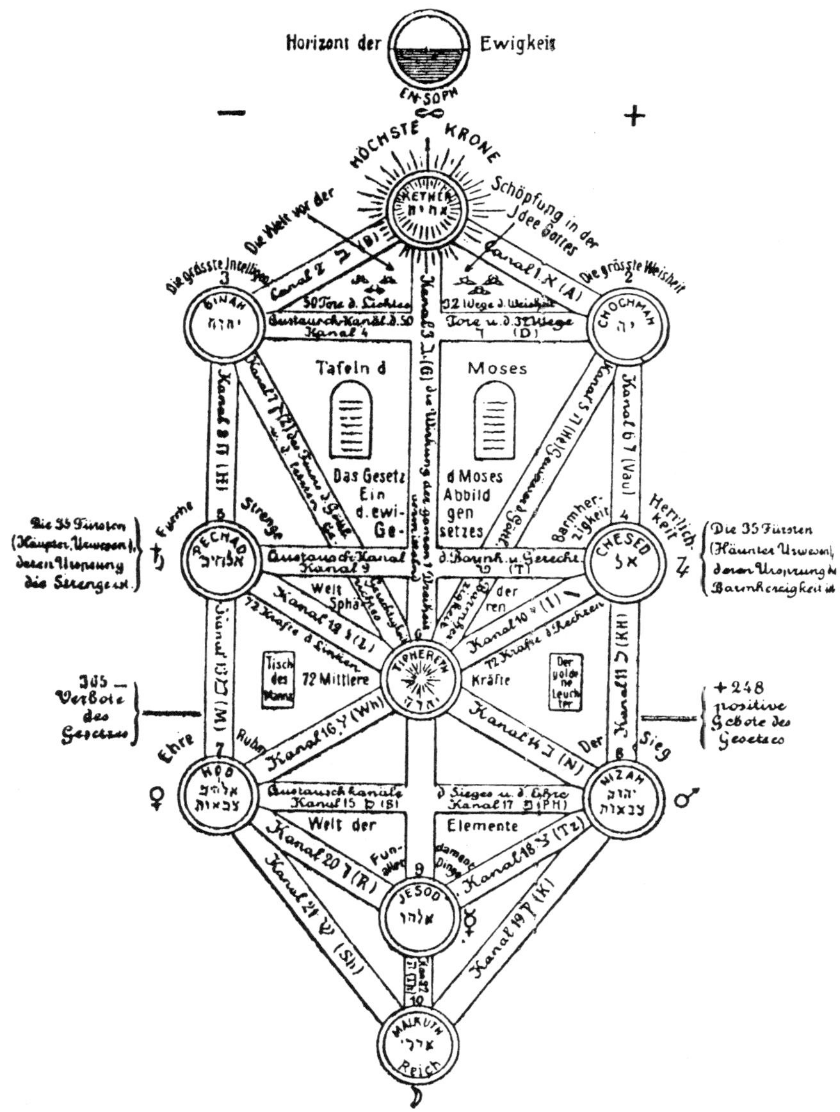

Der »Lebensbaum« der Kabbala. Ein Piktogramm mit diesem Symbol wurde am 3.5.1997 bei Barbury Castle gefunden.

Blaupause, mit der alle Phänomene – von kosmischen Kräften bis hin zu menschlichen Beziehungen, vom Aufstieg der Seele zu Gott bis hin zum Schicksal der Weltwirtschaft – erklärt und letztendlich kontrolliert werden können", schreibt Hall. *„Der Baum enthüllt die Organisation der Hierarchien, die die Schicksale aller Schöpfungen kontrollieren"*, glauben die Kabbalisten. Der Zentralkreis steht für Gott oder „Eheieh" selbst, dessen Kraft sich in der Schöpfung manifestiert.

Ausgerechnet auf dem gleichen Feld, wieder bei Barbury Castle, tauchte in der Nacht des 31. Mai 1999 eine Menorah, der siebenarmige Leuchter der Juden, auf. Er stand auf einem Dreifuß und unterschied sich darin von den modernen Menorah-Leuchtern, wie sie bei Juden in aller Welt in Gebrauch sind. Diese modernen Leuchter gehen auf die Menorah im 3. Tempel des Herodes zurück, der im Jahre 70 n. Chr. beim Sturm auf Jerusalem von den Römern erbeutet und im Triumphzug nach Rom gebracht wurde. Er ist noch heute auf dem Titusbogen dargestellt, der zur Erinnerung an den Sieg über die aufständischen Juden auf dem Forum Romanum errichtet wurde. Die Beute, der Schatz des Tempels, war so groß, dass aus ihr der Bau des Kolosseums vollständig finanziert werden konnte. Aber dieser Leuchter entsprach nicht dem Ur-Typus, wie ihn Moses im 15. Jh. v. Chr. anfertigen ließ. Von ihm heißt es im Buche „Exodus": *„Mache auch einen Leuchter aus reinem Gold; in getriebener Arbeit soll der Leuchter hergestellt*

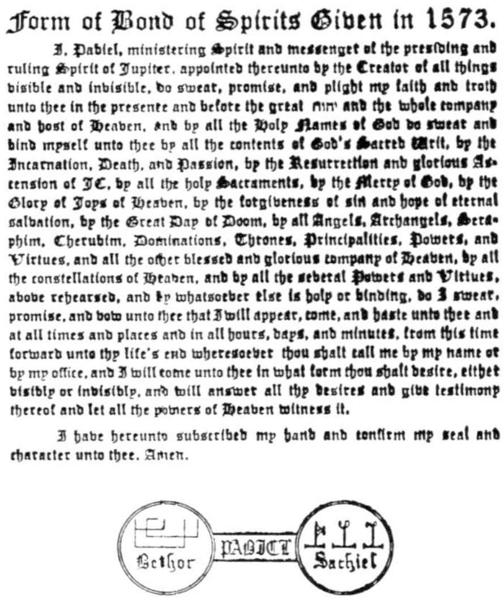

Form of Bond of Spirits Given in 1573.

I, Pabiel, ministering Spirit and messenger of the presiding and ruling Spirit of Jupiter, appointed thereunto by the Creator of all things visible and invisible, do swear, promise, and plight my faith and troth unto thee in the presence and before the great יהוה and the whole company and host of Heaven, and by all the Holy Names of God do swear and bind myself unto thee by all the contents of God's Sacred Writ, by the Incarnation, Death, and Passion, by the Resurrection and glorious Ascension of JC, by all the holy Sacraments, by the Mercy of God, by the Glory of Joys of Heaven, by the forgiveness of sin and hope of eternal salvation, by the Great Day of Doom, by all Angels, Archangels, Seraphim, Cherubim, Dominations, Thrones, Principalities, Powers, and Virtues, and all the other blessed and glorious company of Heaven, by all the constellations of Heaven, and by all the several Powers and Virtues, above rehearsed, and by whatsoever else is holy or binding, do I swear, promise, and vow unto thee that I will appear, come, and haste unto thee and at all times and places and in all hours, days, and minutes, from this time forward unto thy life's end wheresoever thou shalt call me by my name or by my office, and I will come unto thee in what form thou shalt desire, either visibly or invisibly, and will answer all thy desires and give testimony thereof and let all the powers of Heaven witness it.

I have hereunto subscribed my hand and confirm my seal and character unto thee. Amen.

Die Verbindung zu Geistern und Engeln aus einem magischen Buch des 16. Jh.

Die Symbole der Engel, aus dem mittelalterlichen »Book of Spirits« (16. Jh.).

De
LAPIDE PHILOSOPHICO
PERBREVE OPUSCULUM,
QUOD AB IGNOTO ALIQUO GERmanico Philosopho, pene ante ducentos annos, conscripum & LIBER ALZE nuncupatum fuit, nunc vero in lucem editum.

FRANCOFURTI
Apud HERMANNUM à SANDE.
Anno M DC LXXVII.

Der Stein der Weisen – Stern, Kreise, Ring und Dreieck – Titelseite eines alchemistischen Buches aus dem Jahre 1677.

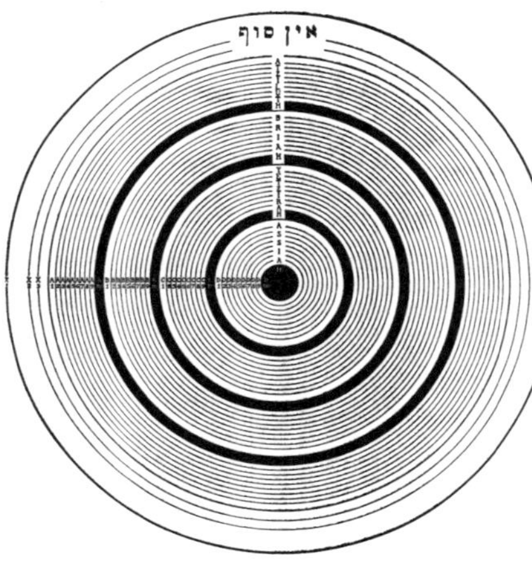

Das kabbalistische Schema der vier Welten.

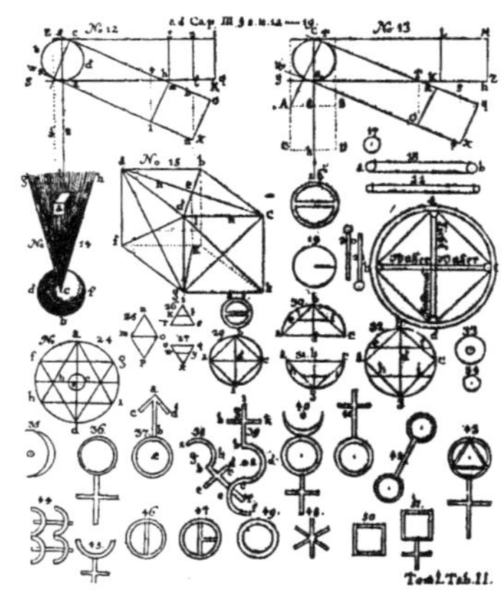

Rosenkreuzerische Symbole aus einem Buch des 18. Jh.

werden, sein Fußgestell und sein Schaft... das Ganze sei eine getriebene Arbeit aus einem Stück reinen Goldes.“ (2 Mos 25, 31-36) Jüdische Schriftgelehrte deuteten ihn als Symbol für *„die unveränderliche und einheitliche Göttliche Welt der Emanation“*. Als der Prophet Sacharja einen Engel fragte, was die Symbolik des Leuchters zu bedeuten hätte, erhielt er die Antwort: *„Diese sieben sind die Augen des Herrn, die auf der ganzen Erde umherschweifen.“* (Sach 4, 10) Wie das

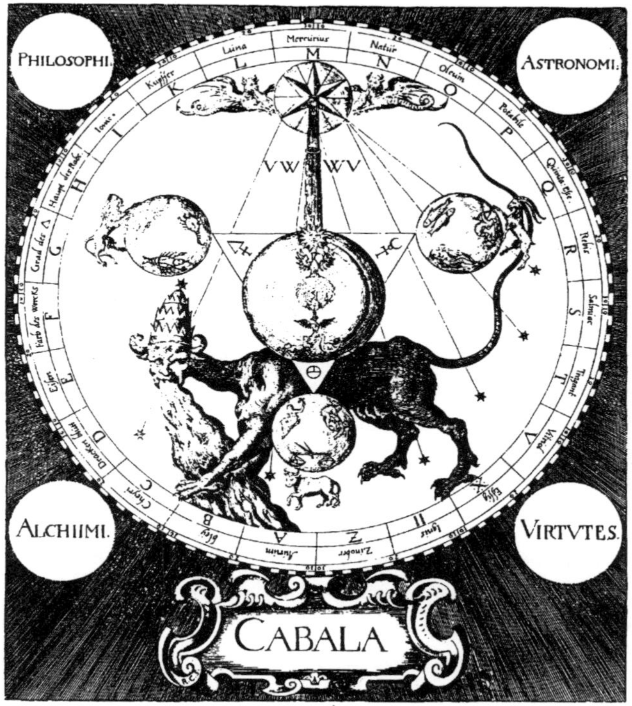

Die Menorah auf dem Dreifuß – Darstellung auf einem Kapitel der Synagoge von Kapharnaum. So erschien sie am 31.5.1999 bei Barbury Castle – und nicht, wie gewöhnlich (fälschlich) dargestellt, auf einem soliden Sockel.

Der Samen allen Seins: Alchemistisches Symbol aus dem 16. Jahrhundert.

Die Dreifaltigkeit – hermetisches Symbol aus dem 17. Jh.

Der »zehnte Schlüssel« des Mönches Basilius Valentinus, 15. Jh.

„Fußgestell“ aussah, verrät uns eine Darstellung in der Synagoge von Kapharnaum am See Genezareth, die schon Jesus besucht hat. Dort ist die Menorah auf einem dreibeinigen Fußgestell dargestellt, ganz wie in Barbury Castle. Und das macht Sinn. Denn nur so gehen die „sieben Augen Gottes“ von seiner eigentlichen Natur, der Dreizahl (aus der die Christen die Heilige Dreifaltigkeit machten), aus. Immer wieder finden wir die Dreizahl, die Tria Prima der Alchemie, in den Kornkreismustern, in Form von Dreierformationen, Dreifachringen, Dreiecksmustern oder Davidsternen (dem doppelten Dreieck!). Sie alle wirken wie kabbalistische und alchemistische Diagramme. Es sind Symbole des Göttlichen, die Zeichen der Kabbalah; offensichtlich ist es die „Sprache der Engel“, die in vielen Kornkreismustern gesprochen wird.

DIE SPRACHE DER MATHEMATIK

Mathematik ist die Sprache des Universums. Das wussten die Kabbalisten, das bestätigen heute die Physiker. Der Physiker Thomas Roy Dutton stellte fest, dass hinter dem Kornfluss echter Kreise ein einheitliches mathematisches Modell steht. Der Astronom und Mathematiker Prof. Dr. Gerald Hawkins vom Harvard College Observatory und der Boston University entdeckte in diversen Kornkreisen Verhältnisse niedriger ganzer Zahlen, die den Verhältnissen der diatonischen Tonleiter entsprachen. Diese Verhältnisse ergaben die acht Töne der Tonleiter. Weiter fand er vier verschiedene Theoreme und zugleich Sonderfälle eines fünften, allgemeineren Theorems, des „gemeinsamen Nenners" aller echten Kornmuster. Alle diese Theoreme gehen über die klassische Geometrie des Griechen Euklid hinaus. Hawkins, der schon die Geometrie und astronomische Ausrichtung von Stonehenge dechiffrierte, ist überzeugt, dass die Kornkreise nicht das Werk von Fälschern seien. *„Wie soll es ihnen gelungen sein, eine Reihe genialer und bislang unbekannter geometrischer Theoreme zu entwickeln? Die Anwendung von Trigonometrie ist äußerst schwierig; speziell in einem Kornfeld und dann noch im Dunkeln."*

Prof. Dr. Hawkins publizierte die Ergebnisse seiner geometrischen Studien an den Kornkreisen in Fachzeitschriften wie „Science News" und „Mathematics Teacher". Seine besondere Aufmerksamkeit galt dabei dem

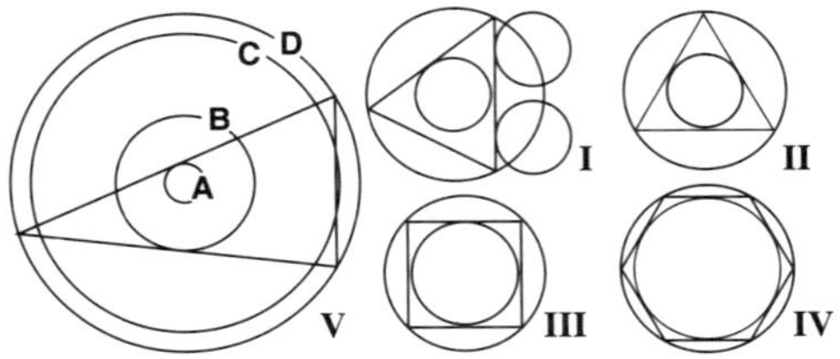

Die Theoreme I-V, die der Astronom und Mathematiker Gerald Hawkins nach der Untersuchung von Kornkreismustern der Jahre 1988-1993 entdeckte.

Barbury Castle-Piktogramm von 1991 und dem Lichtfeld-Piktogramm von 1995 – für ihn Musterbeispiele authentischer, geometrisch „perfekter" Kornmuster. *„Das fünfte Theorem besagt, dass in einem Dreieck, das so gezeichnet ist, dass seine Seiten konzentrische Kreise berühren, wenn es seine Form verändert, der Bereich der Kreise die Verhältnisse musikalischer Intervalle bildet"*, erklärte Dr. Hawkins der Kornkreisforscherin Linda Moulton Howe. *„Das ist besonders ungewöhnlich, denn das Diagramm pulsiert geradezu und verändert seine Form wie auf einem Computer-Bildschirm. Bei dem Lichfield-Piktogramm bildeten die Kreisemacher acht Ringe in gleichem Abstand voneinander. Ich wies nach, dass acht Ringe notwendig sind, um ein diatonisches Dreieck zu erschaffen. Die Basis des Dreiecks berührt Ring Sieben und die Seiten Ring Zwei. Es kann kein Zufall sein, dass sich die Tangenten von Ring Sieben exakt auf dem äußeren Ring, dem „Halsband", wie es genannt wurde, treffen. Diese 75-Meter-Formation wurde sehr genau vermessen und die Geometrie stimmt bis auf den Zentimeter."*

FRAKTALE

Andere Piktogramme, speziell der letzten Jahre, weisen in einen noch komplizierteren Bereich der Mathematik, die fraktale Geometrie. „Fraktal" ist vom lateinischen Verb „frangere", „brechen" abgeleitet. Fraktale Geometrie zeigt auf, wie Bäume wachsen, Eis bricht, wie sich Wolken formen und wie Preise steigen und fallen; sie enthüllt eine verborgene Ordnung hinter dem scheinbaren Chaos. Wie James Gleick in seinem Buch „Chaos" schrieb: *„Vor allem heißt fraktal selbst-angleichend... Formen werden nicht durch die Lösung einer Gleichung definiert, sondern durch ihre Wiederholung in einem Rückkopplungs-Sprung. Man nehme eine komplexe Zahl, multipliziere sie mit sich selbst, addiere dazu die ursprüngliche Zahl und wiederhole dies immer wieder ... fraktale Geometrie ist gewissermaßen eine Methode, die Unendlichkeit zu erfassen."* Einer der Pioniere dieser Wissenschaft war in den 60er und 70er-Jahren der IBM-Wissenschaftler Benoit Mandelbrot, der die Wiederholung komplizierter Prozesse untersuchte. Seine Forschung führte zur Entwicklung der fraktalen Geometrie, wie sie heute angewandt wird, um die Chaostheorie und ihre Anwendung auf Wachstumsmuster in der Natur zu überprüfen. Ihr liegt das Modell zugrunde, dass unser Universum und seine Energie und Masse durch einen wiederholten Rückkopplungssprung definiert sind, der in seiner Evolution mathematisch, aber durch ein Bewusstsein gesteuert ist.

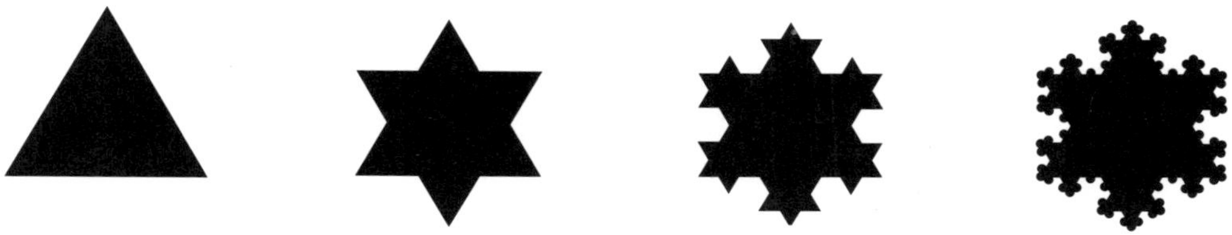

Die Entstehung eines Fraktals, der so genannten »von Koch-Schneeflocke«, nach Benoit Mandelbrot.

Liegt darin die Botschaft fraktaler Kornmuster? *„Könnten die Kornkreise eine Warnung sein, eine mysteriöse Sprache in einem mathematischen Code von einer fortgeschrittenen Intelligenz, die unsere Zukunft von einer zeitlosen Warte aus sieht, die weiß, dass sich die Menschheit in einer gefährlichen, selbstzerstörerischen Phase in unserer Evolutionsspirale befindet?"*, fragt die amerikanische Kornkreisforscherin Linda Moulton Howe in ihrem exzellenten Buch „Mysterious Lights and Crop Circles". *„Will/wollen diese Intelligenz/en hinter den Symbolen uns in den Kornfeldern der Welt daran erinnern, dass Nahrung und Leben bedroht sind, wenn wir so weitermachen mit unserer industriellen und militärischen Hochrüstung, der so viele Spezies, Tiere wie Pflanzen, auf unserem Planeten zum Opfer fallen?"* Dann wäre die Botschaft der Kornkreise die gleiche wie jene, die Carlos Diaz in Mexiko empfing; diesmal ausgedrückt in der Sprache der Mathematik, der Geheimwissenschaft unserer Zeit.

Es gibt auch Gegenmittel. Am 24. Juni 1999 erschien in Allington, Wiltshire eine Art Würfel in einem Kreis, vielleicht auch eine dreiarmige Swastika, ein Muster jedenfalls, das

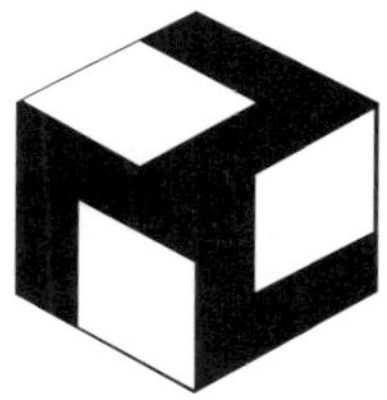

Das tibetische Antakharana-Symbol.

Buddhisten sofort als Antakharana erkannten. Dabei handelt es sich um ein uraltes tibetisches Meditations- und Heilsymbol. *„Es heißt, dass dieses Symbol nicht negativ genutzt werden kann; seine Energie heilt. Das haben Heiler seit Jahrtausenden bewiesen."* Wenn die Gefahr am größten ist, schrieb der Dichter Hölderlin, ist auch das Rettende nah.

ASTRONOMISCHE VORAUSSAGEN

Dass die Kornkreismacher nicht von dieser Erde sind, dass sie über ein überlegenes astronomisches Wissen verfügen und offenbar unseren Blick nach oben lenken wollen – möglicherweise hin zu einer kosmischen Bedrohung –, das zeigte sich an den Piktogrammen des Jahres 1995. In der Nacht des 22. Juli 1995 entdeckte der Amateurastronom Thomas Bopp aus Stansfield/Arizona im Sternbild Steinbock einen ihm bislang unbekannten Himmelskörper. Nach anderthalbstündiger Beobachtung beschloss er, seine Entdeckung dem Harvard-Observatorium zu melden. Einen Tag später rief ihn der Astronom Daniel Green an: „Gratuliere, Tom, ich glaube, Sie haben einen neuen Kometen entdeckt." Doch Bopp war nicht der einzige. Auch Alan Hale aus Cloudscraft/New Mexico hatte den Kometen im Sucher gehabt und seine Umlaufbahn mit dem Computer berechnet. Nach beiden wurde der Komet 1995 auch „Hale-Bopp" genannt. Während seine Entdeckung zuerst zu einer regelrechten Hysterie führte, stand bald fest: Er stellt keine Bedrohung für die Erde dar, er verfehlt den Blauen Planeten um ganze 197 Millionen Kilometer. Seinen erdnächsten Punkt sollte er am 27. März 1997 erreichen, seinen sonnennächsten Punkt am 1. April 1997. Zum Zeitpunkt seiner Entdeckung befand er sich zwischen Jupiter und Saturn. Seine Umlaufbahn lag bei etwa 3500 Jahren und verlief im Uhrzeigersinn, ganz im Gegensatz zu den neun Planeten des Sonnensystems. Damit entsprach sie dem Orbit des hypothetischen zehnten Planeten „Nibiru", von dem sumerische Keilschrifttafeln berichten. Der Orientalist Zecharia Sitchin errechnete seine Umlaufbahn, die ebenfalls im Uhrzeigersinn verläuft, mit 3600 Erdenjahren. Daher ist durchaus denkbar, dass es sich bei Hale-Bopp um den Bruchteil eines zerstörten Mondes von Nibiru handelte.

Obwohl er keine Katastrophen mit sich brachte, sondern uns nur über Wochen hinweg ein faszinierendes Himmelsschauspiel bot, schien Hale-Bopp als möglicher Vorbote des „Götterplaneten“ Nibiru doch eine gewisse Signifikanz zu haben. Jedenfalls war er das Hauptmotiv der Kornkreise des Jahres 1995 – und zwar schon bis zu acht Wochen vor seiner Entdeckung durch die amerikanischen Amateurastronomen! So konnten wir die acht wichtigsten Kornkreis-Piktogramme des Jahres, entstanden zwischen dem 29. Mai und dem 4. Juli 1995, wie folgt dechiffrieren:

- 29. Mai, Beckhampton, Wiltshire: Ein Sonnensystem mit neun Innenringen und einem breiteren Außenring – Hinweis auf etwas Unbekanntes, das von außerhalb in unser Sonnensystem eindringt.

- Erste Juniwoche, bei Bratton Castle/Warminster, Wilts: Das zweite Sonnensystem, noch eindeutiger. In einem Ring sind die vier äußeren Planeten (Saturn mit Ring, Neptun, Uranus und der kleine Pluto) dargestellt, in einem inneren Ring die fünf inneren Planeten (Merkur, Venus, Erde, Mars, Jupiter). Ganz offensichtlich wird auf etwas hingewiesen, das sich zwischen Jupiter und Saturn befindet. Die Erde ist von einem unsichtbaren (= gestörten) Ring umgeben, Hinweis auf den Mond oder den Orbit des Planeten.

- 12. Juni, Telegraph Hill, Hampshire: Der Jupiter wird auf klassische Weise mit seinen vier Hauptmonden dargestellt. Jenseits des Jupiters lauert etwas Unbekanntes.

- 16. Juni, Danebury, Hants: Zwölf Halbkugeln symbolisieren das Sonnensystem, die sieben Außenkugeln deuten auf den siebten Planeten (nach sumerischer Rechnung die Erde) hin. Dahinter ein Halbkreis als Symbol für die Umlaufbahn des Kometen, die bis jenseits der Erde reicht.

- 11. Juni, Bishop Sutton, Hants: Asteroidengürtel, 97 Kreise, drei Ringe – Hinweis auf 3/97 (März 1997), den Zeitpunkt, als Hale-Bopp der Erde am nächsten kam.

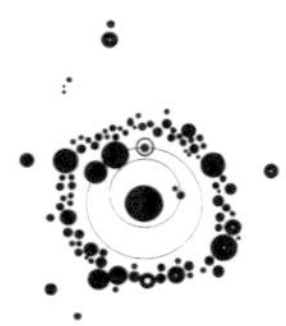

- 22. Juni, Longwood Warren, Hants: Das Sonnensystem bis zum – stark betonten – Asteroidengürtel. Merkur, Venus und Mars sind dargestellt, die Erde – von der Sonne aus der 3. Planet – fehlt: Hinweis auf eine Gefahr für die Erde?

- 1. Juli, Wherewill, Hants: „Etwas“ ist auf dem Weg zum 7. Planeten, der Erde (nach sumerischer Rechnung). Zu unserem besseren Verständnis sind außerhalb noch einmal drei „Grapeshot“-Kreise dargestellt: Die Erde ist für uns der dritte Planet.

- 4. Juli, Devils Punchbowl, Hants: Die durch die Jupitergravitation gestörte Umlaufbahn des Kometen reicht bis zwischen Erde (sieben Halbkugeln = 7. Planet) und Venus (acht Halbkugeln = 8. Planet, nach sumerischer Rechnung). Die damalige Position des Kometen wird als jenseits des Jupiter angegeben. Die fünf Planeten (Kreise) dahinter sind: Nibiru, Pluto, Neptun, Uranus und Saturn.

Damit aber hatten die Kreisemacher schon 18 Tage vor seiner Entdeckung alle relevanten Daten von Hale-Bopp enthüllt: seine Umlaufbahn, seine damalige Position, den Zeitpunkt seiner größten Annäherung an die Erde und seinen sonnennächsten Punkt.

NACHWORT

Niemand kann sagen, dass wir nicht gewarnt wurden. Zeichen am Himmel und auf der Erde kündigten die ganzen neunziger Jahre über an, dass uns große Gefahr droht. Wir haben es vorgezogen, sie zu ignorieren, fühlten uns wohl mit der Illusion, dass alles so bleiben würde, wie es war. Als im Juni des Jahres 2000 endlich, nach 83 Jahren, das Dritte Geheimnis von Fatima veröffentlicht wurde, war man überzeugt, dass es sich nur auf die Vergangenheit beziehen konnte. Zu unfassbar, zu erschreckend waren seine Bilder von Feuer, das vom Himmel fällt, von zerstörten Städten, mit Leichen übersät, vom Hass auf die christliche Kirche und dem Anschlag auf einen Papst, der, unsicheren Schrittes und von der Last des Alters gebeugt, für die Opfer betete. Heute, nach dem schrecklichen Terroranschlag auf New York, ist alles möglich geworden. Wir sind tief und in unserem Innersten erschüttert. Unsere scheinbare Sicherheit, unser Stolz auf die Errungenschaften unserer Zivilisation, ist in sich zusammengesunken wie ihr himmelragendes Symbol, die beiden Türme des World Trade Center. Der Nahe Osten kommt nicht zur Ruhe, immer neue Konflikte flammen auf, immer weiter greift der Dämon des Krieges um sich. Es wird, ganz wie es in den Prophezeiungen heißt, letztendlich ein Krieg um Jerusalem. Das Schlachtfeld von Harmageddon erwartet die Ankunft der Riesen-Heere. Gog und Magog, so scheint es, sind bereits aufgebrochen.

Umso unglaublicher ist es, wie präzise die Warnungen waren. War es ein Zufall, dass gleich in zwei Ländern, in England und Deutschland, die Kornkreissaison 2001 ausgerechnet am Jahrestag der ersten Erscheinung von Fatima, am 13. Mai, begann? Am 11. Juli, exakt zwei Monate vor der Katastrophe von New York, kündigte ein 666 Fuß großer Ring am Gog und Magog-Hügel in Cambridgeshire den bevorstehenden Krieg des Antichristen an. In 666 Millionen Meilen Entfernung wurde 1995 der Komet Hale Bopp entdeckt, dieser unheilverheißende Komet, auf den uns einen ganzen Sommer hindurch die Kornkreise vorbereitet hatten. Nur vier Monate später begann mit der Ermordung Rabins jene Kette von Ereignissen, die jetzt die Welt so nah an den Abgrund geführt haben.

Die Hoffnung auf eine bessere, friedlichere Welt war da. Wer weiß, was geschehen wäre, wenn wir die offene Einladung zu einem Kontakt mit Außerirdischen, die quasi in letzter Minute in Chilbolton eintraf, angenommen hätten? Ende oder Wende, wir hatten es in der Hand.

Ich hoffe immer noch, dass die Zeit der Angst und Unsicherheit, der täglichen Schreckensnachrichten aus dem Fernsehen und der Bilder vom Sterben unschuldiger Menschen in den Krisengebieten, bald ein Ende hat. Wenn wir jetzt handeln, wenn wir uns nicht vom Virus des Hasses anstecken lassen, ist das jederzeit möglich. Ebenso gut aber kann der Funken, der in New York entzündet wurde, einen Steppenbrand entfachen, der die ganze Welt in Flammen legt.

Wir sollten jetzt erkennen, dass unsere bisherigen Denkmuster, unsere Illusion der Trennung und Spaltung, die Probleme unserer Zeit nicht lösen, sondern nur verstärken können. Wir brauchen, dringender denn je, ein neues Bewusstsein, eine Redefinition unserer Stellung im Universum und unseres Verhältnisses zur Schöpfung. Wir müssen wieder die Verbindung, die re-ligio, zu unserem Schöpfer suchen. Nur so können wir verhindern, dass das 21. Jh. das letzte in der Geschichte der Menschheit sein wird. In diesem Sinn ist die Botschaft der Kornkreise, die uns so kraftvoll an unsere Wurzeln erinnern, heute aktueller denn je. Es ist gewiss kein Zufall, dass sie sich gerade in jenem entscheidenden Jahr 2001, quasi am Vorabend der Katastrophe von New York (exakt 30 Tage vorher!) mit dem Mega-Piktogramm von Milk Hill so kraftvoll und unüberhörbar zurückgemeldet haben und sich erneut einen Platz im Bewusstsein der Öffentlichkeit eroberten. Es ist leider auch kein Zufall, dass so unmittelbar nach diesem Moment größter Hoffnung, dem Eintreffen eines außerirdischen Signals, die Mächte der Finsternis zurückschlugen. Vielmehr werden wir aufgefordert zu entscheiden, welche Kräfte in dieser apokalyptischen Schlacht um die Seele des Menschen siegen sollen, die des Lichtes und der Hoffnung oder jene der inneren und äußeren Finsternis. Wollen wir der Zivilisation des Todes fröhnen oder entscheiden wir uns für das Leben? Wir haben die Wahl.

Wenn die Not am größten ist, ist das Rettende nahe, schrieb Hölderlin. Die Tatsache, dass wir gewarnt wurden, zeigt, dass wir nicht alleine sind. Jemand beobachtet uns, verfolgt unsere Entwicklung und lenkt uns durch Zeichen und Wunder. Sie erreichen uns auf eine Weise, die es uns überlässt, ob wir sie annehmen. Unser freier Wille wird dadurch nicht beeinträchtigt. Doch wir wären dumm, wenn wir sie weiterhin ignorieren würden. Eine Zeit ist gekommen, in der wir uns den Luxus der Ignoranz nicht länger leisten können.

DANK

Ich danke allen, die zum Entstehen dieses Buches beigetragen und mir die Ergebnisse ihrer Kornkreisstudien mitgeteilt haben, insbesondere Colin Andrews, Busty Taylor, George Wingfield, Thomas Roy Dutton, Peter Sorensen, Michael Glickman, John Michell, Paul Vigay, Dr. Steven Greer, Linda M. Howe, Hermann Hegge, Andreas Müller, Jürgen Krönig, Isabelle Kingston, Steve Canada, Ron Russel Werner Anderhub, Dr. Roberto Pinotti, Johannes Freiherr von Buttlar, Agnes Schejok, Peter Heppa, Foeke Kootje sowie Carlos und Margarita Diaz.

Ganz besonders danke ich Lucy Pringle, Steve Alexander, Karen Douglas, George Wingfield, Busty Taylor und Frank Laumen für die Bereitstellung ihrer exzellenten Fotos für dieses Buch und Bertold Zugelder für seine wertvollen Skizzen.

Mein spezieller Dank gilt meinen Verlegern M. Huber (Silberschnur-Verlag, Neuwied) und G. Canonico (Edizioni Mediterranee, Rom), die an dieses Buch und das Thema schon geglaubt hatten, bevor die Kornkreise ihr spektakuläres comeback erlebten.

Mein besonderer Dank aber geht an Natalie, die mich so liebevoll ins Kornkreisland begleitete.

ÜBER DEN AUTOR

Michael Hesemann ist international verlegter Fachautor, Dokumentarfilmer und Fachjournalist für grenz- und geisteswissenschaftliche Themen. Er wuchs in Neuss auf, studierte Kulturanthropologie und Geschichte an der Universität Göttingen, lebt heute in Düsseldorf. Von 1984 bis 2000 war er Chefredakteur des »MAGAZINs 2000«. Seine Bücher sind internationale Bestseller, die in einer Gesamtauflage von über einer Million Exemplaren in 15 Ländern der Erde erschienen. Seine Filme wurden mit diversen Filmpreisen ausgezeichnet. Hesemann beriet TV-Programme in den USA, Mexiko, Japan und Deutschland. Wie kein anderer auf seinem Gebiet recherchierte Hesemann in 42 Staaten und legte seit 1990 über 1.000.000 Flugzeugkilometer auf den Spuren der großen Menschheitsrätsel zurück. Über die Ergebnisse seiner Recherchen berichtet er in seinen Büchern und Vorträgen. Hesemann sprach auf internationalen Konferenzen in 24 Ländern aller fünf Kontinente – u.a. auf Einladung der Rockefeller/Human Potential Foundation und des Verkehrsministers der Republik von San Marino –, an über 30 Universitäten weltweit und vor Vertretern der Vereinten Nationen.

Seit 1990 ist Hesemann dem Phänomen der Kornkreise auf der Spur. Seine Bestseller »Botschaft aus dem Kosmos« (1992) und »Kornkreise« (1996) erschienen in elf Ländern der Erde mit einer Gesamtauflage von 120.000 Exemplaren und gelten als die wichtigsten Publikationen zu diesem faszinierenden Thema.

Empfehlenswerte websites

⏩ www.cropcircleconnector.com – das Internet-Forum der internationalen Kornkreisforschung ist unbedingt jedem Interessenten zu empfehlen. Hier ist man am besten über die neuesten Kornkreise in aller Welt informiert!

⏩ www.cropcircleresearch.com – Paul Vigays exzellente website hat die beste Datenbank fast aller bekannten Kornkreisformationen, die „International Cropcircle Database".

⏩ www.invisiblecircle.de – die beste deutschsprachige website zum Kornkreisthema, betreut von Kornkreisforscher Andreas Müller. Hier findet man die besten Fotos deutscher Piktogramme.

⏩ www.earthlink.com – Linda Moulton Howes website enthält viele interessante Einträge zum Kornkreisthema.

⏩ www.enterprisemission.com – auf Richard Hoaglands website dreht sich alles um das Marsgesicht, aber es gibt auch einige lesenswerte Analysen der Kornkreise.

⏩ www.alien.de – Deutschlands großes Internet-Forum zum UFO-Thema. Unter „Michael Hesemann" sind Fotos und ein Bericht zum Fall Carlos Diaz veröffentlicht.

⏩ www.michaelhesemann.com – die website des Verfassers.

Videos zum Thema

⏩ „Das Kornkreis-Phänomen" – Der beste Überblick zum Thema – beeindruckende Luftaufnahmen, der Oliver's Castle-Film, alle wichtigen Forscher kommen zu Wort.

⏩ „UFOs: Das Film-Archiv" (Teil 1-5) – Die große Sammlung von 460 UFO-Filmen aus aller Welt, einschließlich aller, die in diesem Buch erwähnt werden.

⏩ „Schiffe aus Licht" (2 Teile) – Die große Dokumentation zum Carlos Diaz-Fall.

Erhältlich bei:

Verlag Michael Hesemann
An der Obererft 88, D-41464 Neuss
(Fordern Sie auch den Gratis-Newsletter Magazin 3000 an!)

⏩ BITTE:

Wenn Sie ein Kornkreismuster entdecken – denken Sie immer daran, zuerst die Genehmigung des Bauern einzuholen, bevor Sie sein Feld betreten!

Kornkreis-Fotos und Grafiken

Erhalten Sie bei:

⏩ Steve Alexander,
27, St. Francis Road
GB-Gosport, Hants, PO12 2UG
e-mail:
temporarytemples@netscapeonline.co.uk

Steve Alexander gibt auch jedes Jahr ein „Crop Circle Yearbook" mit exzellenten Fotos heraus.

⏩ Frank Laumen
Dahlemer Str. 12
51377 Leverkusen
website: www.franklaumen.de

Frank Laumen bietet Poster und Videos mit vielen faszinierenden Kornkreisen an.

Graphiken:
Sämtliche Kornkreis-Skizzen in diesem Buch stammen von:
⏩ Bertold Zugelder
Dipl. Grafiker (FH)
Weingartenstr. 32
97972 Würzburg
bertold.zugelder@gmx.de

Vom gleichen Autor

Michael Hesemann

UFOs: die Kontakte

Das Buch zum Film

Die große Enzyklopädie der Begegnungen mit Außerirdischen: In diesem Buch lesen Sie die komplette Geschichte der Kontaktaufnahme außerirdischer Intelligenzen mit der Menschheit der Erde:

* Seit wann sie uns besuchen
* Weshalb sie kommen
* Mit wem sie Kontakt aufgenommen haben.

Menschen in aller Welt behaupten, Besuchern aus dem Weltraum begegnet zu sein. Dieses Buch dokumentiert die 60 interessantesten Fälle aus 26 Ländern der Erde. Lesen Sie, was die Außerirdischen enthüllten über:

* Die Geschichte der Erde und des Sonnensystems
* Atlantis und Phaeton, den zerstörten Planeten
* Leben auf dem Mars
* Intergalaktischen Raumflug
* Außerirdische, die unter uns leben
* Ihre Schiffe, ihre Technik
* Ihre Gesellschaft, ihre Wirtschaft, ihre Sozialstruktur
* Die kosmischen Gesetze, Gott, ihre Religion und Spiritualität
* Gesundheit, Heilung
* Drohende Erdumwälzungen
* Evakuierung in den Weltraum
* Das neue Zeitalter
* Wie wir unser Leben umstellen müssen, um die Erde zu retten

ISBN 3-931652-37-8
330 Seiten mit Farbfotos · broschiert
Euro 19,90

Jay Goldner

ET hat geantwortet:

Die Zeichen im Korn von Chilbolton

2001: Der Kontakt ist Realität!
Eine Analyse der Weltsensation, die von den Medien totgeschwiegen wurde!

Es ist tatsächlich passiert: Am 17. August 2001 kam es zum ersten offiziellen Alien-Kontakt mit der Erdenmenschheit! 1974 war mit dem Arecibo-Radioteleskop von der Erde aus eine Suchmeldung in den Kosmos gestrahlt worden – die Antwort kam mittels Binär-Code: In das britische Getreidefeld vor der Teleskopschüssel von Chilbolton wurde ein 25 x 80 Meter langes »Antwort-Fax« gebeamt. Drei Tage zuvor schon hatte sich ein ET im selben Feld mit seinem 49 mal 55 Meter großen »Passfoto« paranormal vorgestellt. Schwindel ist aufgrund der raffinierten Machart und des überraschenden Inhalts faktisch auszuschließen – diverse Details zeigen sogar, dass uns die Außerirdischen bereits seit Jahren auf diese spezielle Korrespondenz vorbereitet haben.

ISBN 3-89845-008-2
128 Seiten · durchgehend vierfarbig
broschiert · mit vielen Illustrationen und Bildern
Euro 13,00

Brit Morf

Countdown 2012

Ein Report aus der Zukunft

Ein esoterischer Roman mit prophetischer Weitsicht

Wir schreiben das Jahr 2011. Die Situation auf der Erde gestaltet sich schwierig. Arbeitslosigkeit und Armut nehmen überhand. Auf allen Kontinenten plagen riesige Umweltprobleme die Menschen. Gesellschaftliche Macht ist auf einen kleinen Kreis konzentriert. Dieser hat neben den ökonomischen Kräften auch eine geheimgehaltene außerirdische Gruppe von ›Beratern‹ hinter sich. Gemeinsam üben diese Potentaten globale mentale Kontrolle aus. Sie wollen alleinig über die Erde herrschen. Aber es gibt Menschen, die dies nicht einfach akzeptieren. Darum laufen auf faktisch allen Ebenen Bestrebungen nach Veränderung. Diesen Rebellen wird kosmische Hilfe gewährt, denn das Universum als Ganzes macht einen Schritt hin zu seinem ursprünglichen Zustand von höchstem Licht, höchster Liebe und höchstem Bewusst-Sein.

ISBN 3-931652-91-2
336 Seiten, broschiert
Euro 16,90

Bruce Rawles

Mandalas der Heiligen Geometrie

Das universale Design der Natur

Mit einem wunderschönen Mobile-Set von fünf verschiedenen Platonischen Körpern!

Die uralte Wissenschaft und Kunst der mystischen Mathematik wird an über 1000 grafischen Variationen demonstriert. Einer unerschöpflichen »Design-Quelle« geometrischer Urmodelle der Natur entnimmt die Evolution alle kosmischen Proportionen im Universum der Formen. Eine kurze philosophische Einleitung zeigt, dass alle Schöpfung auf den Prinzipien der Platonischen Körper beruht. Dieses Wissen der alten Geometriker wird heute neu entdeckt. Das Buch bietet Hunderte klassischer und darauf aufbauender neuer Strukturen, die für vielerlei kreative Zwecke genutzt werden können. Das ganzheitliche Bewusstsein kann in den spirituellen Urmustern, die vom Atom bis zu den Galaxien in immer neuen Überlagerungen wiederkehren, die göttliche Schöpferkraft entdecken.

27 Faltschnitte der schönsten Polyeder und ausführliche Konstruktionstabellen finden sich im Anhang. Mit beiliegenden vorgestanzten Faltkartons kann der Leser zudem die Platonischen Körper als dreidimensionales Mobile gestalten.

ISBN 3-931652-44-0
256 Seiten · gebunden
Euro 20,90

Uri Geller

Mein Wunder-volles Leben

Haben Sie schon über die Existenz dieser Phänomene nachgedacht?

Dematerialisation, Telekinese, Hellsichtigkeit, parapsychologische Beeinflussbarkeit gesellschaftlicher Ereignisse!

Von anerkannten wissenschaftlichen Instituten wurden diese Phänomene bereits bewiesen. Im Buch werden Sie aufgefordert, selbst Erfahrungen in diesem Bereich zu machen.
Sie erhalten von Geller sämtliche Hintergrundinformationen und warum die Medien sowohl an Geller als auch an einigen wissenschaftlichen Instituten Rufmord verübten.

ISBN 3-923781-90-3,
350 Seiten · gebunden
Euro 19,90

Billy Meier

Die Wahrheit über die Plejaden

Dieses Buch liest sich wie einer der fantastischsten Science-Fiction-Romane, die es je gegeben hat. Der Autor beschreibt fesselnd und überzeugend seine eigene wahre Lebensgeschichte, in der die Begegnungen mit Außerirdischen auch auf der physischen Ebene seit seiner Kindheit zum Alltag gehören.
Interessante Phänomene wie Beamen, Raum- und Zeit-Sprünge, die der Autor selbst persönlich erleben durfte, werden detailiert und verständlich erläutert.
Billy Meier erklärt auch die faszinierende Welt der Plejadier.

ISBN 3-931652-07-6
240 Seiten · gebunden
Euro 17,90

Phyllis Virtue-Carmel

Planet der Wandlung

Offenbarung des Rates der Neun

In diesem Buch geht es um die besondere Rolle, die der Planet Erde in unserem Universum spielt. Aus höchster Quelle erfahren wir, was wir tun können, um unser eigenes Leben und das anderer Menschen zu bereichern. In medialem Zustand trat Phyllis Virtue-Carmel in Kontakt mit dem Rat der Neun, einer Gruppe von Wesen aus dem Kosmos, die uns im Bewusstsein unendlich überlegen sind.

ISBN 3-923 781-92-X
370 Seiten · gebunden
Euro 19,90

Prof. Arthur David Horn

Götter gaben uns die Gene

Die außerirdischen Ursprünge der Menschheit

Endlich ist der gordische Knoten zu dem Geheimnis der Entstehung des Menschen und seiner Kultur gelöst. Prof. Horn mag mit dieser großen Tat noch eine weit größere Entdeckung geglückt sein, als jenen Entdeckern der Doppelhelix. Dieses für jeden verständlich geschriebene Buch dürfte das geschlossenste wissenschaftliche Werk sein, denn es korrigiert Darwin an seinen wundesten Punkten und revolutioniert gleichzeitig unser Denken über die Entstehung der Menschheit und ihrer Zivilisation.

ISBN 3-931 652-25-4
492 Seiten · gebunden
Euro 20,90

Timothy Willie

Delphine, Engel & Außerirdische

Das Phänomen der Telepathie

Das Phänomen der Telepathie ist in diesem Buch das verbindende Element zwischen Delphinen, Außerirdischen und Engeln.
Die Sensibilität des Autors spielt dabei eine große Rolle: Sein Bewusstsein erweiternd, gelingt es ihm, mit anderen intelligenten Systemen zu kommunizieren – und den Leser auf diese Reise mitzunehmen.

ISBN 3-931 652-33-5
264 Seiten · broschiert
Euro 15,90